KB082514

소크라테스 회상

대우고전총서
Daewoo Classical Library

055

소크라테스 회상

Sōkratous Apomnēmoneumatōn

크세노폰 / 김주일 옮김

아카넷

옮긴이 서문

크세노폰의 『소크라테스 회상』은 희랍어 원제대로만 번역하면 '소크라테스에 대한 비망록'이다. 서양에서는 흔히 1569년 요한 렌클라우(Johann Lenklau)가 라틴어 번역명으로 붙인 이름에 따라 '메모라빌리아(Memorabilia)'라고 불린다. '비망록'에 해당하는 희랍어 'apomnēmoneumata'를 라틴어로 옮긴 것이다. 이 책은 기원전 399년 소크라테스가 아테네에서 재판을 받고 사형을 당할 당시 아테네에 없던 그의 제자 크세노폰이 후일에 자신의 기억을 더듬어 소크라테스의 사형이 억울함을 변론하는 내용으로 되어 있다.

소크라테스는 생전에 책을 쓰지 않은 철학자로서, 그의 철학에 대한 기록은 제자들의 것을 통해서 확인할 수 있을 뿐이다. 현존하는 그의 철학에 대한 기록은 주로 플라톤과 크세노폰의 것으로 되어 있다. 그중 철학적으로는 플라톤의 기록과 해석이 소크라테스의 철학에 대한 주요 문헌으로 다루어진다. 일부 철학자들만이 특히 중하게 다루어지는 우리 학계에서는 소크라테스의 철학에 대한 이해에서 플라톤에 대한 편중이 압도적이다.

그러나 철학자 스펜서가 지적했다시피 고대 그리스 문명을 되살렸다고 하는 근대 서양의 르네상스 시기에 인문학자들이 소크라테스와 관련해 주로 참고한 책은 플라톤이 아니라 크세노폰의 책이었다. 또한 20세기에도 크세노폰의 책들은 고대 그리스어의 초급 강독 교재로 많이 채택되었다. 따라서 서양에서 소크라테스에 대한 일반적인 상식을 세우는 데는 플라톤보다는 오히려 크세노폰이 더 지대한 역할을 해왔다.

또한 그리스 고전기의 쇠퇴 후 이어진 헬레니즘 시기에 이루어진 소크라테스에 대한 이해도 주로 크세노폰의『소크라테스 회상』을 통해 얻어졌다. 특히 소크라테스를 현자의 이상형으로 꼽는 스토아학파의 소크라테스 이해는 바로 크세노폰의 책으로부터 얻어졌다.

그런 점에서 최근에 천병희와 오유석의 번역이 잇달아 나오기는 했지만, 우리 학계에 크세노폰에 대한 연구가 많지 않다는 것은 애석한 일이다. 또한 앞의 번역들도 모두 훌륭하기는 하지만, 학술번역으로 접근한 것이 아니라 아쉬운 점이 있다. 그래서 늦은 감은 있지만 뒤늦게라도 크세노폰의 소크라테스 관련 저작의 대표작인『소크라테스 회상』을 학술적으로 접근한 번역을 내놓게 되었다. 번역 원전은 미켈레 반디니(Michele Bandini)가 편집하고 루이앙드레 도리옹(Louis-Andre Dorion)이 번역한 *Xenophon*

Memorables(2011)를 원전으로 삼았다.

현대 문명의 여러 문제들과 관련해서 헬레니즘기의 철학이 새롭게 조명되고 있는 이 시점에 헬레니즘 철학의 성립에 지대한 영향을 미친 크세노폰의 소크라테스 이해가 우리에게 새로운 논의의 장을 마련해 주리라는 기대감에 이 번역본을 내놓는다. 관련 연구에 미력하나마 보탬이 되기를 소망해 본다.

끝으로 많이 늦어진 이 책의 출판을 기다려준 대우재단 관계자분들께 깊은 감사를 드린다. 이하심 부장을 비롯한 아카넷 편집부의 정성 어린 교정과 편집은 이 책의 마지막을 빛나게 해주었다. 감사한 마음을 드린다.

일러두기

* 번역의 기준 판본은 벨 레트르(Les Belles Lettres) 출판사에서 낸 미켈레
반디니(Michele Bandini)의 편집본으로, 페이지 표기는 공통적으로 따르
는 사우페(G.A.Saupe)의 편집에 따랐다.
* 고유명사의 우리말 표기는 이오타시즘을 따르지 않고, 윕실론 발음을
'위'로 옮겼다.
* 따라서 우리말로 아주 굳어진 경우를 제외하고는 가급적 고대 그리스
원발음을 살려 옮기고자 했다.

| 차례 |

1권

A

I. /1/ 소크라테스 선생님을 고발한[1] 자들[2]이 도대체 어떤 근거를 들어 그분이 나라가 사형에 처해 마땅한 사람이라고 아테네 사람들을[3] 설득할 수 있었는지를 나는 자주 의아하게 생각해 왔다.[4]

---

1) **고발한**: '재판을 청구하다'에 해당하는 그리스어는 여럿이 있는데, 그중 대표적인 것이 '고발하다(graphesthai)'와 '고소하다(dikazesthai)'이다. 본래 'graphesthai'는 기원전 6세기에 아테네의 개혁 정치가 솔론(Solōn)이 모든 시민에게 재판청구권을 부여하면서 재판청구를 서면(graphē)으로 하라고 규정한 데서 '글을 쓰다(graphein)'라는 동사의 변형으로 도입되었을 것이라고 한다.(Philips, 2013, p. 30 참고) 하지만 이후에는 대부분의 소송에 기소장이 서면으로 작성되면서 이 구별은 무의미해졌고, 그 이전에 쓰던 'dikazesthai'나 'graphesthai'나 일반적인 의미로는 구별 없이 사용되었다. 다만 좁은 의미에서 'graphesthai'는 시민이면 원하는 사람(ho boulomenos) 누구나 재판을 청구할 수 있는 공적 사건의 경우에 사용되고, 'dikazesthai'는 피해자나 그 관련자가 할 수 있는 사적 사건의 경우에 사용된다. 따라서 각각의 동사와 어근이 같은 'graphē'와 'dikai' 역시 각기 같은 의미의 소송을 의미한다. 따라서 이 차이를 구별하기 위해서 각각의 동사와 명사의 번역을 '고발(하다)'와 '고소(하다)'로 구별하였다. 참고로 아테네법의 이 특징은 플라톤의 『에우튀프론』 2a에서도 플라톤에 의해 지적이 된다. 다만 '사적 사건'이라는 개념이 오늘날과는 달라서 오늘날 공적 사건이라고 할 살인이 당시에는 사적 사건으로서, 살해된 사람의 친인척만 고소할 수 있었다는 점은 알아둘 필요가 있다. 'graphē'와 'dikai'를 구별하는 아테네법의 차이에 더해 '사적 사건'의 의미에 관해서는 강성훈의 『에우튀프론』(2021) 2a 이하의 본문과 주석을 참고할 수 있다.

2) **고발한 자들**: 플라톤은 『소크라테스의 변명』 23e 이하에서 아뉘토스, 뤼콘, 멜레토스 세 사람이 소크라테스를 고발했는데, 아뉘토스는 장인들과 정치인들을, 뤼콘은 연설가들을, 멜레토스는 시인들을 대변했다고 말한다.

3) **아테네 사람들을**: 구체적으로는 재판관들을 말한다. 당시 아테네는 별도의 재판

왜냐하면 소크라테스를 고발하는 고발장이 다음과 같은 내용이었
기 때문이다.

"소크라테스는 나라가 믿는[5] 신들을 믿지 않고 다른 새로운 신
령스런 존재들을[6] 끌어들이는 죄를 지었다. 또한[7] 젊은이들을 망

관을 두지 않고 시민들이 재판관으로서 유무죄와 형량을 표결로 결정했다. 그
래서 이들은 배심원이 아니라 재판관으로 불린다. 사안에 따라 재판관의 수는
달랐다. 소크라테스의 재판에 대한 공식기록은 남아 있지 않아 확실치는 않지
만, "무죄석방 표보다 더 많은 281표로 유죄판결을 받았다."는 디오게네스 라에
르티오스(Diogenēs Laertios)의 말(『유명한 철학자들의 생애와 사상』 2권 41절)
이나 "대개의 재판관은 500명"이라는 아리스토텔레스의 증언(『고대 그리스 정
치사 사료』 68절)에 따라 501명 또는 500명으로 추정한다. 플라톤은 직접적으
로 숫자를 대지는 않았지만 『소크라테스의 변명』 36a에서 "30표만 바뀌었다 해
도 내가 죄를 벗을 수 있었을 것 같다."며 "아뉘토스와 뤼콘이 나를 고발하러 올
라오지 않았던들 그는 총투표수의 5분의 1을 얻지 못해서 천 드라크마를 물 처
지가 되었으리라."고 소크라테스가 말한 것으로 기록함으로써 간접적으로 재판
관의 수를 드러냈다.

4) **소크라테스를 … 의아하게 생각해 왔다:** 크세노폰은 소크라테스가 재판을 받을 때
페르시아에 있었다. 그의 『페르시아 원정기(아나바시스)』에 나와 있듯이 그는
용병으로서 페르시아의 내전에 참가하고 있었기 때문이다. 그래서 그는 당시
법정에서 어떤 논고들이 오갔는지 직접 알지 못했고, 나중에 그 재판에 참가했
던 다른 사람들과 자료로부터 이 재판의 내용을 알았던 것으로 보인다.

5) **나라가 믿는:** 'nomizein'은 '믿다'와 '섬기다(/인정하다)' 두 가지 뜻이 있는 말이
다. 고발장의 내용 해석과 관련해서도 이 말의 뜻이 갈린다는 사실은 중요하다.
왜냐하면 플라톤의 『소크라테스의 변명』에서 소크라테스는 자신의 혐의를 '신들
의 존재를 믿지 않는다'란 의미로 해석하기 때문이다. 그런데 크세노폰은 바로
이런 의미로 'nomizein'의 의미를 파악하는 듯하다. 1권 1장 5절에 나오는 '누
가 이런 경우에 신 말고 다른 것을 믿겠는가? 그리고 신을 신뢰하면서 어찌 신
이 있다고 믿지 않았겠는가?'란 구절이 바로 이런 해석을 뒷받침한다. 물론 당
장 이 구절에서는 'nomizein'을 '섬기다'로도 '믿는다'로도 번역 가능하다.

치는 죄를 지었다."

/2/ 첫째, 소크라테스 선생님이 나라가 믿는[8] 신들을 믿지 않았다는 것에 대하여 그들은 도대체 어떤 종류의 증거를 들었는가?[9] 왜냐하면 그분이 집에서도 제의를 지냈고[10] 나라의 공공 제단들[11]에서도 자주 제의를 지낸 것은 다 아는 사실[12]이었으며, 예언술을 이용한다는 것 역시 다 아는 사실이 아니었다고 할 수 없기 때문이다. 왜냐하면 신령스런 존재가 자신에게 신호를 보낸다는 소크라테스 선생님의 말은 널리 알려져 있었기 때문이다. 내가 보기에 특

---

6) **신령스런 존재들:** '신령(daimōn)'은 그리스 신화에서 때로는 신으로 때로는 그보다 하급의 신격으로 등장하는 존재이다. '신령스런 존재'로 번역한 daimonion은 이것의 형용사형을 명사화시킨 것이다.

7) **또한:** 플라톤은 『소크라테스의 변명』 26b에서 불경한 소크라테스가 젊은이들도 불경하게 만들어 그들을 망쳤다는 취지로 말한다.(강철웅의 앞의 책 해당 부분 각주 참고) 반면에 크세노폰은 이 고발의 내용을 앞의 고발내용과 떨어뜨려 놓았다.

8) **믿는:** 앞선 주석에서 'nomizein'에 두 가지 뜻이 있다고 했고, 일관된 번역을 위해 '믿는다'라고 했지만, 문맥상 '섬기다'란 번역도 가능하다. 아테네를 비롯한 그리스 국가들이 다신교로서 여러 신들을 믿었지만, 각 도시가 주로 섬기는 신은 서로 달랐다는 점에서 그렇다.

9) **어떤 종류의 증거를 들었는가:** 크세노폰의 『소크라테스의 변론』 11절에도 같은 질문이 나온다.

10) **집에서도 제의를 지냈고:** 당시 그리스인들은 집에 간단한 제단을 차려놓고 일과를 시작하기 전에 조촐한 제의를 지내곤 했다.

11) **나라의 공공 제단들:** 시민들이 이용하도록 나라에서 공적으로 제공한 제단.

12) **다 아는 사실:** '다 아는 사실'로 번역한 'phaneros'는 '명확하다', '분명하다'란 뜻의 형용사인데, 재판정에서 변론하듯이 진행되는 이곳의 문맥에 맞춰 다소 의역했다.

히 바로 이걸 근거로 그들은 소크라테스 선생님이 새로운 신령스런 존재들을 끌어들인다고 고발했던 것 같다.[13] /3/ 하지만 예언술을 믿고 새[14]나 징조의 말,[15] 우연한 전조,[16] 제물[17]을 이용하는 사람들보다 그분이 더 새로운 것을 끌어들인 것은 아무것도 없었다. 왜냐하면 예언을 의뢰한 사람에게 이로운 것이 무엇인지를 아는 것은 새나 우연히 마주치는 사람들이 아니라 신들이며, 신들이 이것들을 통해 이로운 것들에 대한 /4/ 신호를 주는 것이라고, 그런 것들을 이용하여 예언을 하는 사람들이 생각하듯이, 소크라테스 선생님도 그것들을 그렇게 믿고 있었기 때문이다. 다만 대부분의 사람들은 어떤 일을 포기하게 되기도 하고 부추김을 받기도 하는 것이 새들이나 우연히 만나는 사람들 때문이라고 말을 하는 반면, 소크라테스 선생님은 자신이 알고 있던 대로, 그대로 말씀하셨

---

13) **바로 이걸 근거로 … 고발했던 것 같다:** 크세노폰의 『소크라테스의 변론』 12절, 플라톤의 『소크라테스의 변명』 31c~d, 『에우튀프론』 3b에 같은 주장이 나온다.

14) **새:** 점을 칠 때 날아가는 새의 수나 방향 등으로 점을 치는 방식이 있었다.

15) **징조의 말:** 신의 뜻을 해석할 수 있는 온갖 종류의 말. *A Greek-English Lexicon*(이하 LSJ)에는 이 말을 '신이 촉발시킨 말'이라고 나와 있다.('phēmē' 참고) 여기에는 신탁에서부터 '다른 사람이 무심코 한 말'(이것을 듣는 사람이 상황에 맞추어 어떤 징조로 해석한다. 『오뒷세이아』 20권 100행 참고)까지 다 포함된다.

16) **우연한 전조:** 점을 치는 순간 나타나는 여러 사건. 예언자는 점을 치는 순간 일어나는 천둥 번개와 같은 자연 현상이나 우연히 만난 사람 등을 통해서 예언을 한다.

17) **제물:** 번제를 드리기 위해 잡은 짐승의 내장을 보고 치는 점의 형태가 있었다.

다. 신령스런 존재가 신호를 준다는 것이었다. 그리고 그분은 신령스런 존재가 미리 신호를 주었다면서, 자기와 함께하는 이들[18] 중 여러 사람에게 어떤 것은 하고, 어떤 것은 하지 말라고 미리 일러 주셨다.[19] 그리고 그분의 말을 따른 사람은 이롭게 되곤 했고, 따르지 않은 사람은 후회하곤 했다. /5/ 더 나아가 소크라테스 선생님이 자신과 함께하는 사람들에게 자신이 바보나 엉터리로 보이고 싶어 하지 않았으리라는 데에 동의하지 않았을 사람이 누가 있겠는가? 만일 신에 의해서 나타난 것이라 믿고서 예언을 했는데, 그분이 거짓을 말한 것으로 판명이 났다면 그분이 바보이자 엉터리로 보였을 것이다. 그러니 만약 자신이 참된 말을 하는 거라고 믿지 않았다면 그분은 미리 일러주지 않았을 것이다. 그런데 이런 문제에서 누가 신 말고 다른 것을 신뢰하겠는가? 그리고 신을 신뢰하면서 어찌 신이 있다고 믿지 않았겠는가? /6/ 더 나아가 그분은 자신의 친한 친구들에 대해서 다음과 같은 일까지 하셨다. 즉 그분

---

18) **함께하는 이들**: '함께하다(syneinai)'는 우리말로도 여러 뜻을 갖는 말이듯이 그리스어에도 '교류하다', '함께 살다', '성교하다', '사귀다' 등의 뜻을 갖는다. 특히 '사귀다'는 말은 사제 간의 관계를 이르는 말로 쓰여서 여기 문맥에서는 '함께하는 사람들'을 '제자들'이라고 해석해도 무방하지만 그리스어의 언어적 맥락을 살리기 위해서 직역했다.

19) **미리 일러주었다**: 크세노폰의 말과 달리 플라톤은 신령스런 존재가 앞날을 알려주지는 않고 다만 금지한다고 한다. 플라톤의 『소크라테스의 변명』 31d, 『알키비아데스』 103a~b, 『에우튀데모스』 272e, 『파이드로스』 242b~3, 『국가』 496c, 『테아이테토스』 151a 참고.

은 할 수밖에 없는 일은 본인들이 생각하기에 가장 훌륭하게 하는 방식으로 하라고 조언했지만, 결과가 어떻게 될지 불확실한 일에 관해서는 해야 할지 말아야 할지를 묻기 위해 /7/ 예언을 받으라고 보내셨다. 그리고 그분은 장차 집안뿐만 아니라 나라도 훌륭하게 경영하고자 하는 사람들에게는 예언술이 별도로 필요하다고[20] 말씀하셨다. 목수 일이나 대장장 일, 또는 농사짓는 일이나 사람들을 통솔하는 일 또는 그런 일들을 검사하거나 계산하고 경영하거나 지휘하는 일과 같은 일을 잘하게 되는 것[21]은 전부 배워서 되는 것이고 인간의 지력에 의해 이룰 수 있는 일이라고 그분은 생각하셨다. 하지만 이 일들과 관련된 사항들 중 가장 /8/ 중요한 것은 신들이 자신들에게 남겨두었고, 그중 그 어떤 것도 인간에게 확실한 것은 없다고 그분은 말씀하셨다. 왜냐하면 밭에 훌륭하게 씨를 뿌린 사람에게도 누가 결실을 거둘지는 확실하지 않으며, 집을 훌륭하게 지은 사람에게도 누가 들어가 살게 될지는 확실하지 않으며,

---

20) **별도로**: 인간의 능력 외에.

21) **검사하거나 계산하고 … 잘하게 되는 것**: 모호한 문장인데, 맥락상으로 여기서 크세노폰이 목수, 대장장이, 농부가 하는 일은 1차 산물을 생산하는 일이고, 그런 사람들 또는 군인들을 통솔하거나 그들의 산물을 검사, 계산하는 행정적인 일, 그리고 1차적인 생산과 2차적인 생산관리를 더 상위에서 조종하거나 전쟁 등에서 최고지휘관이 하는 일 등으로 사람이 배워서 할 수 있는 일들을 나눴다고 보았다. 도리옹(Dorion, 2003) 주석 19 참고. 플라톤의 『에우튀데모스』 289a 이하에는 이런 기술들을 만드는 기술과 사용하는 기술로 나누는 논변이 나온다.

군대지휘를 잘하는 사람에게도 군대를 지휘하는 것이 이로운 결과
를 가져올지는 확실하지 않으며, 정치를 잘하는 사람에게도 나라
를 지배하는 것이 이로운 결과를 가져올지는 확실하지 않으며, 즐
겁게 살기 위해 아름다운 여인과 결혼한 사람에게도 이 여인으로
인해 슬퍼하게 될지 어떨지는 확실하지 않으며, 나라의 영향력 있
는 자들과 사돈을 맺은 사람에게도 이들로 인해 나라에서 쫓겨나
게 될지 어떨지는 확실하지 않기 때문이다. /9/ 그런데도 그런 일
들 중 어느 것도 신령스런 것[22]이 아니라 모두가 다 인간의 지식의
영역에 속한다고 생각하는 사람은 미친 것[23]이라고 그분은 말씀하
셨다. 반면에 신들이 인간에게 배움으로써 분간할 수 있게 해준 문
제들에 대해 예언을 받는 자들도 미쳤다고 그분은 말씀하셨다. 예
컨대 누가 마부를 고용할 때 고삐를 잡을 줄 아는 자를 고용하는

---

22) **신령스러운 것**: 'daimonion'은 '신령스런 존재'라고 번역하기 곤란한 경우에 '신
   령스런 것'이라고도 번역하였다. 여기서는 '존재하는 대상'이라기보다는 '영역'
   의 의미라고 보았기 때문이다.

23) **미친 것**: 그리스 사람들에게 신령(다이몬)은 좋은 것이기도 하고 나쁜 것이기
   도 했다. 그리스 사람들은 신령이 어떤 사람을 보호하는 수호자 역할을 하기도
   하지만, 어떤 경우에는 그 사람에게 들어가 미친 행동을 하게 한다고도 믿었
   기 때문이다. 소크라테스의 신령인 셈인 신령스런 존재(daimonion)는 소크라
   테스에게 긍정적으로 작용하였지만, 어떤 사람에게는 다이몬이 광기를 유발하
   는 원인이기도 했기 때문에 '다이몬에 사로잡혔다(daimonan)'는 말은 '미쳤다'
   란 말로 쓰였다. 우리말에 '귀신 들렸다'란 말과 같은 맥락이다. 신령의 일반적
   인 의미에 대해서는 도즈(Dodds, 2002) 24~27쪽, 신령과 광기의 관계에 대해
   서는 같은 책, 45쪽 이하 참고.

것이 더 좋을지 고삐를 잡을 줄 모르는 자를 고용하는 것이 좋을지를 의뢰하거나, 선원을 고용할 때 키를 잡을 줄 아는 자를 고용하는 것이 더 좋을지 키를 잡을 줄 모르는 자를 고용하는 것이 더 나을지를 신들에게 의뢰하는 것, 또는 계산을 하거나 측량을 해서, 또는 저울질을 해서 알 수 있는 것들에 대해 신들에게 의뢰하는 건 미친 짓이라고 그분은 말씀하셨다. 이런 일들을 신들에게서 듣고 아는 자들은 사리에 어긋나는 일을 하는 것이라고 그분은 생각하셨다. 그리고 배워서 하도록 신들께서 허락하신 것들은 배워야 하고, 인간들에게 확실하지 않은 것들은 예언술을 통해 신들에게서 듣고 알도록 노력해야 한다고 그분은 말씀하셨다. 신들은 총애하는 자들에게는 누구에게든 신호를 내려주시기 때문이라는 것이다.

/10/ 더구나 이분이야말로 언제나 눈에 보이는[24] 곳에 계셨다. 그분은 이른 아침에 집을 나와 산책로와 체력단련장에 갔고 아고라[25]가 붐빌 시간인 아침 시간에는 거기에 모습을 보였으며[26] 하루의 나머지 시간에도 늘 많은 사람들과 같이 있게 되는 곳에 계셨

---

24) **눈에 보이는:** 이 말은 앞의 2절에서 '다 아는 사실'로 번역한 'phaneros'와 같은 말이다. 문맥에 맞게 달리 번역했다.

25) **아고라:** 그리스의 폴리스(나라)에서 아고라는 시장과 광장의 기능을 겸한 곳이었다. 게다가 온갖 행정 건물들이 들어서 있어 행정의 중심지이기도 해서 그리스 사람들에게는 도시 생활의 중심이 되는 곳이었다. 이런 말을 한 단어로 번역할 길이 없어 부득이 아고라는 음차를 사용했다.

26) **모습을 보였으며:** 이 말 역시 앞에서 '다 아는 사실'과 '눈에 보이는'으로 번역한 'phaneros'이다.

다. 그리고 그분은 대개의 경우 말을 하고 있었고, 원하는 사람은 /11/ 누구든 들을 수 있었다. 그러나 누구도 소크라테스 선생님이 신에 대하여 불충하거나 불경한 행동을 하거나 말을 하시는 것을 본 적도 들은 적도 없었다. 왜냐하면 그분은 모든 것의 본성과 관련하여 대부분의 다른 사람들이 하는 대로, 소피스트들[27]이 우주[28]라고 부르는 것이 어떻게 되어 있고 어떤 필연적인 법칙들에 의해 하늘에 있는 것들이 각기 생겼는지를 관찰하고 논의하지 않았을 뿐만 아니라,[29] 그런 것들에 /12/ 골몰하는[30] 사람들은 어리석은 짓을 하는 것이라는 점을 일러주곤 하셨기 때문이다.[31] 우선 그분은

---

27) **소피스트:** 소피스트는 말 그대로는 '지혜로운 사람들'이란 뜻이지만 소크라테스 당대에는 아테네에서 연설술을 가르치고 돈을 받던 일종의 직업교사를 일컫는 말이었다. 그중 유명한 소피스트가 프로타고라스, 고르기아스, 히피아스, 프로디코스 등인데, 대개 이들은 연설술과 언어, 윤리적 문제들에 대해 논의했으며 윤리적 문제에 대해서 상대주의적인 태도를 취했다. 그래서 여기서 크세노폰이 말하는 소피스트는 소크라테스 당대의 소피스트가 아니라 이전 시대의 자연철학자들을 폭넓게 부르는 말로 이해하는 것이 맞겠다.

28) **우주:** 오늘날 받아들이기 쉬운 의미로 '우주'라고 하였지만 정확하게는 '질서를 갖춘 세계'라는 뜻이다. 피타고라스학파가 존재하는 모든 것의 집합에 처음으로 'kosmos'란 이름을 붙였다고 한다.

29) **소피스트들이 … 관찰하고 논의하지 않았을 뿐만 아니라:** 크세노폰의 이런 증언은 아리스토파네스의 희극 『구름』에서 소크라테스가 자연철학자이자 무신론자로 등장해 희화화되었던 것을 염두에 두고 한 증언이다. 아리스토파네스의 희극 내용에 반대하는 증언을 플라톤도 『소크라테스의 변론』에서 소크라테스 자신의 입을 통해 하게 한 적이 있다.

30) **골몰하는:** '골몰하다'는 'phrontizein'을 번역한 말인데, 아리스토파네스는 『구름』에서 소크라테스의 집을 'phrontisterion'이라고 불렀다.

그들에 대해 그들이 사람의 일들을 이미 충분히 알고 나서 그런 문제에 골몰하는 것인지, 아니면 사람의 일들은 제쳐두고서 신령스런 것들[32]을 살펴보면서 자신들이 합당한 것들을 행하고 있다고 생각하는 것인지를 살펴보곤 하셨다. /13/ 그런데 이것들을 발견하는 것이 인간에게는 불가능하다는 사실을 그들이 확실하게 알지 못하는 게 아닌가 하고 그분은 의아해하곤 하셨다. 왜냐하면 이것들에 관한 문제에 대해 가장 자신 있게 이야기하는 사람들조차도 서로의 주장이 같지 않고 서로 마치 미친 사람들처럼 굴었기 때문이라는 것이다. /14/ 왜냐하면 미친 사람들 중에서 어떤 사람들은 무서운 것들도 무서워하지 않으며, 어떤 사람들은 두렵지 않은 것들도 두려워하기 때문이라는 것이다. 그리고 어떤 사람들은 군중 속에서도 무슨 말과 행동을 하든 전혀 부끄럽다고 여기지 않는가 하면,

---

31) **일러주곤 하셨기 때문이다:** 4권 7장 6절에서 아낙사고라스를 예로 들고 있다.

32) **신령스런 것들:** 앞서 사용된 'daimōn' 관련어들(daimonion, daimonan)과는 또 다른 의미로 '신령스런 것들'이 여기서 사용되었다. 그리스 사람들은 천체들도 일종의 신이라고 믿었다. 그래서 그것들은 '신령스런 것들'이다. 아리스토파네스는 『구름』에서 소크라테스가 해와 달과 같은 것들은 다 돌이라고 말하게 함으로써 소크라테스가 무신론자라는 편견을 형성시켰다고 플라톤은 『소크라테스의 변명』에서 말한다. 크세노폰이 천체를 가리켜 굳이 '신령스런 것(daimonion)'이라고 한 것은 바로 이런 오해를 불식시키고자 하는 의도로 보인다. 플라톤의 『파이돈』에서는 소크라테스가 젊은 시절에 자연철학을 공부하다 실망했다면서 아낙사고라스의 '지성(nous)'에 대한 이야기를 하는 장면이 나오는데, 자연철학에 대한 소크라테스의 태도에 대한 플라톤과 크네소폰의 비슷한 듯 다른 해석이 흥미롭다.

어떤 사람들은 밖으로 나가 사람들 틈에 끼어서는 안 된다고 여기기 때문이라는 것이다. 그리고 어떤 사람들은 신전도 제단도 신과 관련된 그 밖의 어떤 것도 존중하지 않지만 어떤 사람들은 돌과 흔히 만나는 나무와 짐승들까지 경배하기 때문이라는 것이다.[33] 모든 것들의 본성에 애태우는 사람들 중에서도 어떤 사람들은 있는 것[34]이 오직 하나라고 여기고, 다른 사람들은 수적으로 무한하다고 여기기 때문이라는 것이다. 그리고 어떤 사람들은 모든 것이 언제나 움직인다고 여기고, 어떤 사람들은 전혀 움직여진 적이 없다고 여기기 때문이라는 것이다. 그리고 어떤 사람들은 모든 것이 생성하고 소멸한다고 여기고, 어떤 이들은 어떤 것도 생겨난 적이 없고 소멸되는 적도 없다고 여기기 때문이라는 것이다.[35] /15/ 이들에 대해서 그분은 다음과 같은 것도 살펴보았다. 즉 그분은 인간의 일을 배우는 사람들이 자신들이 배우는 것이 무엇이든 다 그들 자신을 위해 써먹을 수 있고, 또 그들이 해주고 싶어 하는 다른 사람

---

33) **경배하기 때문이라는 것이다:** 여기까지가 미친 사람의 행동이고 이다음부터는 사람의 일을 도외시하고 신령스런 것들에 몰두하는 사람들의 행동이다.

34) **있는 것:** '존재' 또는 '실재'라고도 번역할 수 있는 말인데, 현상이나 허상에 대비하여 '참으로 있는 것'이란 말이다. 플라톤 철학에서는 형상(이데아)을 가리키는 말로 쓰이기도 한다.

35) **어떤 사람들은 … 때문이라는 것이다:** 있는 것과 운동에 관한 앞의 네 가지 철학적 입장들은 순서대로 엘레아학파, 데모크리토스, 헤라클레이토스, 엘레아학파가 대변한다고 볼 수 있다. 다시 뒤의 두 입장은 실체의 문제와 관련된 헤라클레이토스와 엘레아학파의 입장이라고 볼 수 있다.

들을 위해서도 써먹을 수 있게 되리라고 생각하듯이, 신적인 것들을 탐구하는 사람들도 모든 것이 각기 어떤 필연적인 것들에 의해 생겨나는지를 알면, 자신들이 원하는 때면 언제든지 바람도 물도 계절도 그 밖의 그들이 필요한 것은 무엇이든 만들 수 있다고 믿는 것인지,[36] 아니면 그런 것은 전혀 기대하지 않고 그런 것들 각각이 어떤 것에 의해 생겨나는지를 알기만 하면 스스로 만족하는지를 살펴보았다.

/16/ 그리하여 이것들에 대해 연구하는 사람들에 대해서는 그분이 이와 같은 말을 하셨다. 반면에 그분 자신은 인간적인 것들에 대해서 대화를 나누셨다. 즉 그분은 경건한 것은 무엇인지, 불경한 것은 무엇인지, 아름다운 것은 무엇인지, 부끄러운 것은 무엇인지, 정의로운 것은 무엇인지, 부정의한 것은 무엇인지, 절제는 무엇인지, 미친 상태는 무엇인지, 용기는 무엇인지, 비겁은 무엇인지, 나라는 무엇인지, 정치가란 무엇인지, 사람들의 다스림이란 무엇인지, 사람들을 다스릴 수 있는 자란 무엇인지, 그리고 그 밖의 다른 것들에 관하여 살펴보며 대화를 나누었다. 그분은 이것들을 아는 사람들은 아름답고 훌륭하지만[37] 모르는 사람들은 노예와 같은 자

---

36) **바람도 물도 … 믿는 것인지**: 자연철학자 엠페도클레스는 이런 일을 자신이 할 수 있다고 단편 111에서 말한다.(『소크라테스 이전 철학자들의 단편선집』 417~418쪽 참고)

37) **아름답고 훌륭하지만**: 일반인들에게 이 말은 대개 집안 좋고 인물 좋고 정치적으로 출세한, 또는 그럴 자격이 있어 보이는 사람에게 붙이는 말이었다. 소크라테스는 이 말을 도덕적인 품성을 갖춘 사람에게 붙인다.

로 불려 마땅할 것이라 생각했다.

/17/ 그분이 어떤 판단을 하고 있었는지가 확실하게 알려지지 않은 것들과 관련해서 재판관들이 그분에 대하여 오판을 하는 것은 놀랄 만한 것이 아니다. 그러나 모두가 알고 있던 것들에 관하여 그들이 주목하지 않았다는 것은 놀랍지 않은가? /18/ 언젠가 그분이 평의회 의원이 되어[38] 법에 따라 평의회 의원직을 수행하겠다는 평의회 의원의 맹세를 하였고, 민회[39]의 의장직을[40] 맡은 적이 있었다. 그런데 민중[41]이 법에 어긋나게 트라쉴로스와 에라시니데스를 포함한 9명의 장군들 모두를 한 번의 투표로 사형에 처하고 싶어 하였으나[42] 그분이 표결에 부치기를 거부하여, 민중이 그에게

---

38) **평의회 의원이 되어:** 평의회(boulē)는 아테네의 최종의결기관인 민회(ekklēsia)의 업무를 보조하고 일부 행정일을 맡아보던 기관으로 10개 부족(phylē)에서 각기 50명씩 매년 추첨으로 선출되었다. 강철웅의 『소크라테스의 변명』 25a 주석 참고.

39) **민회:** '민회'로 번역한 'dēmos'는 '민중'이라는 뜻도 있다. 본래 '지역', '땅'이란 뜻이었는데, 거기에 사는 평범한 사람을 가리키는 말로도 쓰이게 된 것이다. 여기에다 바로 그 민중들의 뜻을 대변하는 회의체라는 의미로 민회(본래 민회를 가리키는 공식용어는 'ekklēsia'이지만)라는 뜻도 겸하게 됐다.

40) **의장직을:** 500명의 평의회를 구성하는 10개 부족의 부족대표단 50명은 평의회 의원 임기의 10분의 1, 즉 35일이나 36일씩 평의회운영을 맡아보고, 50명 중 매일 투표로 운영위원장, 즉 의장(epistatēs)을 뽑았다.

41) **민중:** 이 말은 앞에서는 '민회'로 번역한 'dēmos'이다. 소크라테스가 평의회의원으로 있었으니 평의회와 민회의 대립으로 봐서 '민회'라고 번역할 수도 있겠으나 '대다수의 민회 참석자들' 정도의 의미로 봐도 될 것이다. 크세노폰이 'dēmos'가 갖는 이 복잡한 의미망을 적절히 이용하고 있는 것으로 보인다.

42) **법에 어긋나게 … 싶어 하였으나:** 기원전 406년 레스보스섬 근처 아르기누사이

분노했고 많은 유력자들은 그를 협박하였다. 그러나 그분은 법을 어겨가며 민중에게 환심을 사고 협박하는 자들로부터 자신을 지키는 것보다는 맹세를 지키는 것이 더 중하다고 생각했다. /19/ 왜냐하면 그분도 신들이 인간들을 돌봐준다고는 믿었지만 대중이 믿는 방식으로는 아니라고 생각했기 때문이다. 왜냐하면 대중은 신들이 아는 것도 있고 알지 못하는 것도 있다고 생각하지만 소크라테스는 신들이 모든 것을, 즉 말하는 것, 행동하는 것, 말없이 마음에 품는 것들을 알고 어디에나 있으며 인간의 모든 일에 대하여 인간들에게 신호를 보내준다고 생각하기 때문이다.

/20/ 그리하여 신들에 대해 불충한 말을 한 적도 그런 행동을 한 적도 없을 뿐만 아니라 오히려 말을 하든 행동을 하든 실제로 가장 경건하고, 또 그러리라고 믿어지는 사람이 할 법한 것들을 말하고 행동한 소크라테스 선생님이 신들에 대해서 건전한 생각을 갖지 않고 있다는 말에 아테네 사람들이 어떻게 해서 설득되었는지가 의아스럽다.

에서 치른 해전에서 아테네는 스파르타 함대와 싸워 승리를 거두었으나, 갑작스런 태풍으로 난파된 배의 생존자들과 시신들을 제대로 거두지 못했다. 아테네인들은 시신을 수습하지 않으면 영혼을 잃어버린다고 믿었기 때문에, 이 문제로 인해 10명의 장군 중 해전에 참여한 8명의 장군 가운데 다시 2명이 귀국하지 않았고 나머지 6인은 귀국하여 민회에서 재판을 받았다. 본래 법에 따르면 재판은 한 사람마다 따로 이루어져야 했으나 선동가들은 이를 일괄처리하기를 원했다고 한다. 크세노폰의 『헬레니카』 1권 7장 20절 이하 참고.

II. /1/ 내가 또 의아스럽게 여기는 것은 소크라테스 선생님이 젊은이들을 망쳤다는 말에 설득당한 사람들이 있다는 점이다. 앞서 말했던 것들에 더해 소크라테스 선생님은 우선 성욕과 식욕을 모든 사람 중에서 가장 잘 지배하며, 다음으로는 추위와 더위, 그리고 어떠한 고된 일도 가장 잘 견디고, 더 나아가 적절한 정도의 것들만을 필요로 하도록 스스로를 훈육하였기[43] 때문에 아주 적은 정도의 것을 갖고도 아주 쉽게 만족할 수 있는 분이다. /2/ 그러니 이와 같은 분 자신이 어떻게 다른 사람들을 불경하거나 법을 어기게 만들거나 게걸스럽거나 성욕을 지배 못하거나 고된 일을 하는 데 취약하게 만들 수 있었겠는가? 오히려 그는 많은 사람에게 덕에 대한 욕구를 갖게 하고 자신들을 돌보면[44] 아름답고 훌륭해질 수 있다는 희망을 주어 많은 사람이 이것들을[45] 멀리하게 했다. /3/ 사실 그분은 자신이 이것의 선생이라고 자칭한 적이 한 번도 없었지만 그분이 그런 사람이라는 것이 분명했기 때문에 그분은 같이 지내는 사람들로 하여금 저분을 모방하면 그런 사람이 되겠구나 하는 희망을 갖게 만들었다.

/4/ 더 나아가 그분은 본인 스스로도 몸을 소홀히 하지 않았고 소홀히 하는 사람들을 칭찬하지도 않았다. 그런 점에서 그분은 지

---

43) **훈육하였기**: '훈육하다'로 번역한 'paideuein'은 '아이를 기르다'란 뜻에서 '교육하다'로 의미가 발전한 말이다.
44) **자신들을 돌보면**: '자기 자신을 돌본다'는 플라톤의 『알키비아데스』의 주제이다.
45) **이것들을**: 성욕, 식욕, 불경 등의 욕구.

나치게 많이 먹고 지나치게 운동하는 것은 비난했지만 영혼이 즐겁게 받아들이는 정도를 먹고 운동으로 소화시키는 것에는 찬성했다. 그분은 이 상태[46]가 건강에도 상당히 좋고 영혼을 돌보는 것도 방해하지 않기 때문이라고 말했다. /5/ 하지만 그렇다고 그분이 입는 것과 신는 것과 그 밖의 사는 방식으로 멋을 부리지도 않았고, 그렇다고 그런 것들로 가식적으로 과장하지도 않았다.[47] 또한 그분은 함께하는 사람들을 재물을 밝히는 사람들로 만들지도 않았다. 왜냐하면 그는 함께하는 사람들로 하여금 다른 욕구들을[48] 끊게 했기 때문이며, 그분을 욕구하는[49] 사람들로부터 재물을 받지 않았기 때문이다. /6/ 그분은 재물을 멀리함으로써 자유를 돌본다고 믿었다. 반면에 교유[50]의 대가를 받는 사람들은 대가를 지불하는 사람

---

46) **상태:** '습관'으로 번역할 수도 있는데, 소크라테스가 말하는 것은 '적당히 배부른 상태'라고 생각해서 이렇게 번역했다.

47) **가식적으로 과장하지도 않았다:** 앞의 '멋을 부린다'는 것이 의복 등으로 직접 멋을 낸다는 일상적인 뜻이라면 '가식적으로 과장한다'는 말은 잘 알려져 있듯이 소크라테스의 남루한 의복이나 빈곤을 일부러 자랑하거나 티 내지 않았다는 뜻이다. 플라톤의 『향연』174a에는 소크라테스의 평소 행색이 남루했음이 간접적으로 밝혀져 있다.

48) **다른 욕구들을:** 여기서 '다른 욕구들'이라는 표현은 '재물에 대한 욕구를 제외한 다른 욕구'라는 뜻이 아니라 뒤에 나오는 '소크라테스를 사귀고자 하는 욕구'를 예외로 한다는 뜻을 담고 있다.

49) **그분을 욕구하는:** 소크라테스에게서 가르침을 얻으려고 한다는 소리를 앞의 말과 말을 맞추기 위해서 재치를 부린 문장이다.

50) **교유:** '가르침'이라고 해야 더 뜻이 분명하겠지만, 소크라테스로부터 가르침을 받는 방식은 오늘날처럼 강의를 일방적으로 받는 것이 아니라 만남을 갖고 대

들과 어쩔 수 없이 대화를 해야 하기 때문에 그분은 그들을 자신들을 파는 노예상인이라고 낮춰 불렀다. /7/ 그런가 하면 그분은 덕을 장담하면서 돈을 요구하는 사람이 있고, 좋은 친구를 얻음으로써 최대의 이득을 취할 것이라 믿지 않고 아름답고 훌륭해지는 사람이 최대의 은혜를 베푼 사람에게 최대의 감사를 표하지 않을까 걱정하는 사람이 있다는 것을 의아하게 생각했다. /8/ 한편 소크라테스 선생님은 누구에게든 그런 것[51]을 어느 하나라도 장담한 적이 한 번도 없었지만 자신과 함께하는 사람들 중에서 자신의 검토를 거친 것들을 받아들인 사람들은 평생에 걸쳐서 그 자신과 서로에게 좋은 친구들이 되어주리라고 믿었다. 그러니 이런 사람이 어떻게 젊은이들을 망칠 수 있겠는가? 정녕 덕의 돌봄이 망침이 아니라면 말이다.

/9/ "하지만 제우스께 맹세코, 그는 함께하는 자들이 현행법[52]을 깔보게 만들었으니, 키잡이든, 목수든, 아울로스[53] 연주자든, 또는

화를 나눔으로써 가르침을 받는 방식이었다. 만남의 대가를 받았던 소피스트들의 가르침 역시 일방적인 강의로만 가르침을 전수한 것이 아니었기에 이 말이 적절하다고 보았다.

51) **그런 것**: 덕(aretē).

52) **현행법**: 그리스의 법은 그 말이 갖는 의미의 범위와 제도가 갖는 모호함으로 해서 '관습(법)'이라고도 이해하고 번역할 수 있다. 성문법과 불문법, 법과 관습의 구별이 분명하지 않았던 탓이다.

53) **아울로스**: 고대 그리스의 관악기. 앞에 리드가 있어 오보에처럼 세로로 불었다. 보통 두 개를 한 조로 사용해서 연주했다.

잘못하게 되더라도 나랏일을 잘못할 때보다는 훨씬 덜한 해를 끼치게 되는 다른 그 어떤 경우에든 추첨된 사람을 쓰기를 원하는 사람은 아무도 없거늘, 나라를 다스리는 사람들을 추첨[54]으로 임명하는 것은 얼빠진 짓이라고 말을 하였기 때문입니다."라고 고발자는 말했다.[55] 한편 고발자는 이런 말들이 젊은이들로 하여금 현행 정

---

54) **추첨**: '추첨'으로 번역한 'kyamos'는 본래 이집트산 콩인데, 추첨을 해서 흰 콩이 나오는 사람이 관리가 되는 아테네의 제도에 따라서 '추첨'이라는 뜻이 되었다. 투퀴디데스, 『펠로폰네소스 전쟁사』 6권 109 참고.

55) **고발자는 말했다**: 여기서부터 나오는 고발내용들의 고발자는 앞에서 이미 언급한 소크라테스를 직접 재판정에 서게 한 세 명의 고발자가 아닌 것으로 보인다. 도리옹이 지적하듯이(도리옹, 2003, 79쪽 이하 주석 77 참고) 여기서부터 나오는 고발내용은 앞의 세 명의 고발자가 한 고발내용과도 다르고 플라톤이 『소크라테스의 변명』에서 밝히는 고발내용과도 역시 다르기 때문이다. 플라톤이 『에우튀프론』을 비롯한 몇 개의 대화편에서 밝혔듯이 소크라테스가 공식적으로 고발당한 내용은 불경죄로 묶이는 죄목들이라고 볼 수 있는데, 여기서부터 나오는 고발내용은 아테네의 정치적 상황과 연관된 것이기 때문이다. 이와 관련해서는 도리옹을 비롯한 여러 학자들이 기원전 404년에 아테네가 스파르타에 패전하고 아테네에 세워진 30인 과두정이 403년에 민주파의 내란으로 무너지고 포고되었던 사면령에 주목해야 한다고 말한다.(같은 곳; 콜라이아코, 『소크라테스의 재판』 192쪽 참고) 다시 회복된 민주정은 이 사면령을 내려 "다시는 과거사를 들추지 않겠다는 서약"(크세노폰, 『헬레니카』 2권 4장 43절)을 했으며 "누구에 대해서도 좋지 못한 과거 일을 캐서는 안 된다."(아리스토텔레스, 『아테네 정치제도사』 39장 6절)고 하였다. 심지어 "어떤 이가 돌아온 사람들에 대해 좋지 못한 과거사를 들추었을 때 ⋯ 그를 재판 없이 처형하도록 의원들을 설득하였다."(같은 책, 40장 2절) 콜라이아코는 소크라테스에 대한 공식고발장의 내용이 구체적이지 않은 이유는 과거의 일을 적시할 경우 사면령에 저촉되어 재판을 망칠 수 있었기 때문이라고 보며, 그러면서 불경죄로 소크라테스를 고발한 것은 당시 아테네가 몰락하는 상황에서 한 집단의 개인이 지

치체제를 업신여기도록 부추겼고 그들을 폭력적이게 만들었다고
말했다. /10/ 내 생각에는 스스로 현명함을 수련하며 그럼으로써
자신이 시민들에게 이로운 일을 가르치기에 충분하게 되리라고 믿
는 사람들은 거의 폭력적으로 되지 않는다. 왜냐하면 그들은 같은
결과가 나오더라도 폭력에는 적대감과 위험이 결부되는 반면, 설
득함을 통해서는 위험스럽지 않고 우호적인 분위기에서 결과가 나
온다는 사실을 잘 알기 때문이다. 왜냐하면 폭력을 당한 사람들은
선택권을 박탈당했다고[56] 생각해서 미워하지만, 설득을 당한 사람
들은 흡족한 마음에서 좋아하기 때문이다. 그러니 폭력을 가하는
것은 분별을 수련하는 사람들의 일이 아니고, 그런 짓을 하는 것은
식견은 없이 무력을 가진 사람들의 일이다. /11/ 더더구나 동맹군
의 경우도, 폭력을 마다하지 않는 쪽은 적지 않은 동맹군이 필요하
겠지만 설득할 수 있는 쪽은 동맹군이 전혀 필요하지 않을 것이다.
왜냐하면 혼자서라도 설득은 할 수 있기 때문이다. 그리고 그런 사

은 불경죄로 집단 전체가 죄를 받는 오염(miasma)에 대한 대중적인 공포를 효
과적으로 활용한 죄목이었다고 본다. 따라서 이후에 나오는 고발내용은 공식
고발장에는 밝히지 못한 소크라테스에 대한 아테네인들의 비공식적인 반감을
크세노폰이 드러낸 것이라 볼 수 있을 것이다.

56) **선택권을 박탈당했다고**: '빼앗기다'는 'aphairein'이란 희랍어의 수동형 번역이
다. 이 'aphairein'의 어원을 'apo'와 'hairein'의 합성어로 본다면 'hairein'은 '선
택하다'란 뜻이고, 'apo'는 '~에서 벗어나', '~을 결여한'의 뜻을 주는 접두사이
므로 '선택을 빼앗기다'로 볼 수 있을 것이다. 이 말은 이와 대비되는 '설득당하
다'가 자신의 자발적인 의지로 '선택을 내준', 결국 '자신이 선택한' 것과는 어원
적으로 대비된다.

람들의 경우에는 살인에 이르는 경우가 거의 없다. 사실 누군들 자신에게 설득당한 산 사람을 이용하기보다 누군가를 죽이길 원하겠는가?

/12/ 물론, "그렇더라도 소크라테스의 제자가 된 크리티아스[57]와 알키비아데스[58] 두 사람은 나라에 너무도 많은 나쁜 짓을 했습니다. 크리티아스는 과두정에 가담한 사람들 중에서 누구보다도 탐욕스럽고 폭력적이며 살육을 일삼는 사람이 되었는가 하면, 알키비아데스는 민주정에 참여한 사람들 중에서 누구보다도 무절제하고 오만한 사람이 되었으니까요."라고 고발자가 말하기는 했다.[59]

---

57) **크리티아스**: 기원전 404년 아테네가 펠로폰네소스 전쟁에서 스파르타에 패하고 아테네에는 스파르타에 의해 30인 과두정권이 세워졌다. 이 정권의 핵심 인물 중 하나가 크리티아스이다. 그는 플라톤의 외당숙이기도 한데, 소크라테스와 자주 어울렸던 인물이다. 이 30인 과두정권은 약 8개월 동안 아테네인 1,500명을 숙청하는 등 만행을 저지르다 민주정 지지자들의 내란으로 붕괴되었다.

58) **알키비아데스**: 플라톤의 제자이며 아테네의 미남자이자 뛰어난 장군으로 유명한 알키비아데스는 민주정권하에서 여러 차례의 전쟁에서 이겨 명성을 쌓았으나 시칠리아 원정 도중 적국 스파르타로 망명했다. 다시 페르시아로 망명하였다. 그 후 위기에 처한 아테네군을 도와 일부 전투를 승리로 이끌며 아테네로 귀환한 그는 다시 전쟁터에서 페르시아로 달아나는 등 아테네에 대한 배신을 일삼았다. 그는 기원전 404년 스파르타의 사주를 받은 페르시아인들에 의해 페르시아 땅에서 암살되었다.

59) **말하기는 했다**: 이 고발자는 이소크라테스(Isokra)가 자신의 작품 『부시리스 (Bousiris)』에서 밝힌 폴뤼크라테스(Polykrates)를 말하는 것으로 보인다. (이소크라테스의 『부시리스』 4~6절 참고) 여기서 이소크라테스는 폴뤼크라테스가 소크라테스를 고발하면서 알키비아데스를 끌어들인 것은 수사학적으로 적절한 공략이 아니었다고 꼬집을 뿐, 고발에 대한 구체적인 내용을 밝히지는 않는

/13/ 만약 저들 둘이 나라에 뭔가 나쁜 짓을 한 것이 사실이라면, 나로서는 그들을 위해 변론을 할 생각은 없다. 하지만 소크라테스 선생님과 나눈 그 둘의 교유가 어떻게 이루어진 것인가에 대해서는 자세한 설명을 하고자 한다. /14/ 사실 이 두 사람은 모든 아테네 사람들 중에서 천성이 가장 명예욕이 강한 사람들이었으니, 만사가 자신들을 통해 행해지며 모든 사람 가운데 자신들이 가장 이름이 나기를 원했던 것이다. 그런데 그들은 소크라테스 선생님이 최소한의 재산을 가지고 아주 자족적으로 사는 것을 보았고, 그분이 모든 쾌락을 아주 잘 지배하며 그분과 대화를 나누는 사람들 모두를 자신의 말을 통해서 자신이 원하는 방식대로 다루는 것을 보았다. /15/ 그런데 그 두 사람이 이런 사실을 보았고, 또 그 두 사람은 앞서 내가 말했던 그런 사람들이었으니, 누군가가 말하길, 그 둘이 그분과 만나기를 원한 것은 소크라테스 선생님의 삶과 그분이 가진 절제를 욕구해서라고 말하겠는가, 아니면 그와 교유하게 되면 말하고 행하는 데 최고의 능력을 갖게 되리라고 해서라고 말하겠는가? /16/ 왜냐하면 내가 생각하기로는 만약 신이 그 두 사람에게 그들이 보아온 것처럼 소크라테스가 산 방식대로 평생을 살거나 아니면 죽을 수 있게 해준다면 그 두 사람은 차라리 죽기를 택할 것이기 때문이다. 그 둘이 그렇다는 것은 자신들이 한 행동으로부터 분명히 드러났다. 왜냐하면 그 둘은 함께 지내는 사람들보

데, 본문에서 크세노폰이 그 내용을 밝혀준 셈이다.

다 자신들이 더 강하다고 생각되자마자 바로 소크라테스 선생님을 훌쩍 떠나[60] 정치를 했기 때문이다. 바로 그 정치를 하려고 그 둘은 소크라테스 선생님을 원했던 것이다.

/17/ 그러니 아마도 어떤 사람은 이를 두고 소크라테스 선생님이 함께하는 사람들에게 절제하는 법을 가르치기 전에는 정치적인 것들을 가르치지 말았어야 한다[61]고 말할지도 모르겠다. 나는 이에 대해서는 반박하지 않는다. 하지만 가르치는 사람들은 모두 배우는 사람들에게 자신들을 드러내어 자신들이 가르치는 것들을 스스로 어떻게 실천에 옮기는지를 배우는 사람들에게 보여주기도 하고 말로 설득하기도 한다는 것을 나는 보아서 알고 있다. /18/ 소크라테스 선생님 또한 함께하는 사람들에게 자신이 아름답고 훌륭하다는 것을 보여주며,[62] 그분이 덕을 비롯한 그 밖의 인간다운 것들에 대해 가장 아름답게 대화를 나눈다는 것을 나는 알고 있다. 한편 저들 두 사람 역시 소크라테스와 함께 지내는 동안까지는 절제하

---

60) **훌쩍 떠나:** '훌쩍 떠나다'로 번역한 말은 'apopēdan'으로 본래는 '말에서 뛰어내리다'란 말이다. 말을 이용해서 갈 곳을 가서 내리듯이 소크라테스를 이용했다는 뜻이다.

61) **절제하는 … 가르치지 말았어야 한다:** 플라톤의 『고르기아스』 459d 이하에는 고르기아스로부터 연설술을 배우려고 오는 사람들이 만일 좋고 나쁜 것, 훌륭한 것, 부끄러운 것, 정의로운 것, 부정의한 것이 무엇인지 모른 채로 온다면 그들에게 연설술을 가르쳐주지 않을지를 소크라테스가 묻는 장면이 나온다.

62) **아름답고 훌륭하다는 것을 보여주며:** 자칫 소크라테스가 오만한 것으로 보일 수도 있는 말이다. 하지만 앞의 주석 37에서 밝혔듯이 이 말은 도덕적인 품성을 갖추었다는 뜻으로 쓰이는 말이다.

였고, 이는 벌을 받거나 소크라테스 선생님에게 질책을 받을까봐 두려워서가 아니라 그때에는 그렇게 행동하는 것이 가장 훌륭하다고 그 두 사람이 생각했기 때문이라는 것을 나는 알고 있다.

/19/ 이렇다고 하면 아마도 철학을 한다고 떠드는 많은 사람들은 정의로운 사람이 부정의한 사람이 되는 경우도 없고, 절제 있는 사람이 방종한 사람이 되는 경우도 없으며, 배움의 대상이 되는 다른 어떤 것에 대해서도 배운 사람이 전혀 무지한 사람이 되는 경우는 없다[63]고 말할 수도 있을 것이다. 하지만 나는 이에 대해서 그렇게 알고 있지 않다. 왜냐하면 몸의 일을 몸을 수련하지 않은 사람들이 하지 못하듯이 영혼의 일 역시 영혼을 수련하지 않은 사람이 하지 못하는 모습을 내가 보아서 알고 있기 때문이다. 그런 자들은 해야 할 것들을 할 능력도 없고 멀리해야 할 것들을 멀리할 능력도 없기 때문이다. /20/ 아버지들이 자기 아들들이 비록 절제가 있을지라도 나쁜 사람들로부터 차단하는 것이 바로 그런 이유 때문이다. 쓸모 있는 사람들과 나누는 교제는 덕의 수련이 되지만 나쁜 사람들과 나누는 것은 덕의 망실이 된다는 이유에서이다. 시인들 중에서도 다음과 같이 말하여 이에 대해 증인이 되어주는 사람이 있다.

---

63) **철학을 한다고 … 경우는 없다:** 이처럼 특정한 상태에 있는 사람이 다른 상태에 있게 되는 일이 불가능하다는 논변은 소크라테스 당시 널리 퍼져 있던 소피스트들의 논변이었던 것으로 보인다. 플라톤의 대화편 중에서도 『에우튀데모스』, 『메논』 등에는 이런 논변들이 소개되고 논파되는 장면이 등장한다.

그대는 고귀한 자들로부터는 고귀한 것들에 대해 가르침을 받을 것이기 때문이라. 허나 나쁜 자들과 어울려서는 있는 정신마저 망치리니.[64]

그리고 다음과 같이 말하는 시인도 있다.

게다가 훌륭한 사람이 어떤 때는 나쁘고, 다른 때에는 훌륭하니.[65]

/21/ 나 역시 이들 편에 서서 증언한다. 왜냐하면 나는 연습하지[66] 않는 사람들이 운율을 넣어 지은 시구들을 잊어먹듯이, 가르침을 주는 말들에 대해서도 소홀히 하는[67] 사람에게 망각이 일어나는 모습을 보아서 알기 때문이다. 한편 누군가가 교훈을 주는 말들을 잊어먹는다면, 그는 영혼이 그 영향을 받아 절제를 욕구하게 되었던 것들[68] 역시 잊어먹게 된다. 그리고 이것들을 잊어먹은 사람

---

64) **그대는 … 망치리니:** 기원전 6세기경 활동했던 메가라 출신의 시인인 테오그니스(Theognis)의 시 35와 36. 똑같은 이 시가 크세노폰의 『향연』 2.4, 플라톤의 『메논』 95d에 인용된다.

65) **게다가 … 훌륭하니:** 작자 미상의 시. 이 시는 플라톤의 『프로타고라스』 344d에도 인용된다.

66) **연습하지:** 희랍어로 이 말은 본래 주로 암송을 위한 연습을 뜻하는 말이다.

67) **소홀히 하는:** 앞의 '연습하다'와 여기 '소홀히 하다'는 같은 어근에서 온 말이다. 어근은 같아도 정확히 같은 뜻은 아니기 때문에 번역은 조금 달리했지만, 서로 이어지는 뜻이라는 점은 알아둘 필요가 있다.

68) **절제를 욕구하게 되었던 것들:** 문장상으로 명료하게 드러나지는 않지만, 앞뒤 문맥을 따져 읽으면, 교훈을 주는 말을 듣고 느낀 감정, 즉 감화된 상태의 느낌들

이라면 그가 절제를 잊어먹는다 해도 하등 놀라울 게 없다. /22/ 한편 나는 술 좋아하는 쪽으로 이끌린 사람들과 사랑에 휩싸인 사람들은 해야 할 것들을 돌보고 하지 말아야 할 것들을 삼가는 능력이 떨어지는 모습을 보아서 알고 있다. 왜냐하면 재물을 아낄 줄 아는 많은 사람이, 사랑하기 전에는 그랬다가 사랑에 빠지고 나서는 더 이상 그러지 못하기 때문이다. 그리고 재물을 탕진하고 나서는 그 전에는 부끄러운 것이라 믿고서 멀리했던 돈벌이를 멀리하지 않는다. /23/ 그러니 어떻게 해서 이전에는 절제 있게 행동했던 사람이 다시금 절제 있게 행동하지 않고, 정의로운 일들을 실천할 수 있었던 사람이 다시금 그럴 능력이 없는 일이 가능하겠는가? 그러니 내가 보기에는 모든 아름다운 것과 훌륭한 것은 수련될 수 있고, 절제 역시 못지않게 그럴 수 있는 것 같다. 왜냐하면 쾌락은 한 육체에 영혼과 함께 심어져서는 절제 있게 행동하지 말고 쾌락 자신과 육체를 기쁘게 해주라고 영혼을 설득하기 때문이다.

/24/ 그래서 크리티아스도 알카비아데스도 소크라테스 선생님과 함께할 때까지는 소크라테스 선생님을 동맹군으로 삼아 아름답지 못한 욕구들을 이길 수 있었다. 하지만 그 둘이 소크라테스 선생님을 떠나 크리티아스는 테살리아로 달아나서[69] 거기서 정의보다는

을 말한다고 볼 수 있다.

69) 크세노폰이 쓴 『헬레니카』(2권 3장 15절)에 따르면 크리티아스는 기원전 407년에 추방당해 테살리아로 갔고, 거기서는 민주주의를 선동하여 노예들에게 주인들에 대항하여 무장을 하게 했다고 한다.(같은 책, 2권 3장 36절) 그는 404년

무도함을 일삼는 사람들과 함께했고, 알키비아데스는 미모 탓으로는 많은 귀부인의 사냥감이 되는 한편, 자신의 나라와 동맹국들에게 갖는 그의 권력 탓으로는 아첨을 잘하는[70] 많은 사람에 의해 기고만장해지고[71] 민중의 떠받듦을 받아 쉽게 일인자가 되어,[72] 마치 운동 경기의 선수들이 쉽게 일등이 되면 수련을 소홀히 하듯이 그도 자신을 소홀히 했다. /25/ 이런 일들이 이 둘에게 일어나게 되었으니, 가문으로 인해 자신만만했고 부로 인해 의기양양했고 권력으로 인해 우쭐했으며 많은 사람이 떠받들어 줘 기고만장해졌고, 이런 모든 점으로 인해 망가진 데다 소크라테스 선생님과 오랜 시간 떨어져 있었으니, 그 둘이 거만해졌다 한들 뭐가 놀랍겠는가? /26/ 그런데도 이 둘이 무언가 어긋난 행동을 했다고 해서, 고발자

아테네가 스파르타에 항복하자 고국으로 돌아와 30인 과두정에 참여한다.

70) **아첨을 잘하는:** 마찬트(Marchant E.C.)가 편집한 Oxford Classicla Texts(이하 OCT) 시리즈의 편집본에서는 이 부분에서 사본에 있는 '아첨하다(kolakeuein)'를 삭제한 편집을 받아들였다. '권력'으로 번역된 'dynamis'를 '능력'으로 이해했기 때문으로 보인다. 이럴 경우 번역은 '자신의 나라와 동맹국에서 그가 보여주는 능력 탓으로는 많은 사람들에 의해 기고만장해지고'가 될 것이다. 그러나 바로 밑의 주석에서 설명했듯이 '기고만장해지다'란 말이 '아첨'과 잘 맞아떨어지기 때문에 굳이 사본에 있는 말을 뺄 이유가 없다고 보고 반디니(2003)의 편집본과 같이 이 말을 살려서 번역하였다.

71) **기고만장해지고:** '기고만장하다'로 번역한 'diathryptein'의 정확한 뜻은 '하고 싶은 걸 다 들어주어 우쭐하게 되다'란 뜻인데, 우리말로 한 단어로 표현하지 못했다. 원래 의미로는 '아첨하다'와 잘 맞아 떨어지는 말이다.

72) **민중의 … 일인자가 되어:** 『알키비아데스』 132a에는 알키비아데스가 민중의 애인이 되어 망가지지 않을까 걱정하는 소크라테스의 우려가 나온다.

는 그 탓을 소크라테스 선생님에게 하면서도, 그 둘이 젊어서 너무도 무지하고 너무도 단순하기 십상이었던 그 시절에 그 둘을 소크라테스 선생님이 절제 있게 행동하게 했기에 칭송을 받을 가치가 있다는 생각은 그 고발자에게 전혀 들지 않는가? /27/ 분명히 다른 경우에는 이런 식으로 판정이 이루어지지 않는다. 어느 아울로스 선생이나 키타라 선생이, 또는 다른 어느 선생이 학생들을 버젓하게 키워놨는데, 그들이 다른 사람들에게 가서 더 나빠졌다고 해서, 그것에 대한 책임을 지는가? 또 어느 아버지가 그의 자식이 어떤 사람과 어울려 지내면서는 절제 있게 행동했는데, 나중에 다른 누군가와 함께 지내면서 몹쓸 사람이 되었다면, 나중 사람 곁에서 나빠진 모습을 보인 만큼 더더욱 앞선 사람을 칭송하지 않고 그 앞선 사람에게 탓을 하겠는가? 하지만 아버지야말로 본인은 아들과 함께하지만 그 자식이 어긋난 행동을 한다고 하더라도 아버지 본인이 절제 있게 행동한다면, 그 책임을 지지 않는다. /28/ 그런 식으로 소크라테스 선생님도 판정했어야 정당했다. 만약 소크라테스 선생님 스스로 저열한 짓을 했었다면, 몹쓸 사람으로 여겨지는 것도 일리가 있었을 것이다. 하지만 그분 자신이 절제 있는 행동으로 일관했다면, 그의 속에 없는 악덕에 대해 그분이 책임을 지는 것이 어떻게 정당할 수 있겠는가?

/29/ 하지만 그분 자신은 전혀 몹쓸 짓을 하지 않으면서도 저들이 저열한 짓들을 하는 것을 보면서 칭찬하고 있었다면, 그분이 비난받는 것이 정당할 수 있을 것이다. 그런데 그분은 크리티아스가

에우튀데모스[73)]를 사랑하면서 성적 쾌락의 측면에서 육체를 탐닉하는 사람들과 마찬가지로 그를 다루려 드는 것을 알아채고는 사랑받는 자에게 자신이 귀중한 사람으로 보이기를 원하면서도 사랑받는 자[74)]에게 애원하며 나눠줄 것을(하물며 좋지도 않은 것을) 간청하며 거지들처럼 구걸하는 것은 자유인답지 못하고 아름답고 훌륭한 사람에게는 걸맞지 않다고 역설하면서 그를 돌려 세우려고 노력했다. /30/ 하지만 크리티아스가 그런 말에 귀 기울이지 않고 돌아서지도 않자 다른 사람들뿐만 아니라 에우튀데모스까지 있는 자리에서 소크라테스 선생님은 돼지 새끼가 돌에 몸을 부비기를 욕망하듯이 그가 에우튀데모스에게 부비기를 욕망하니 자기가 보기에는 크리티아스는 돼지 같은 꼴이라고 말씀하셨다고 한다. /31/ 바로 그렇게 해서 그는 소크라테스 선생님을 미워하기까지 해서 그 결과 심지어 그가 카리클레스[75)]와 함께 30인의 입법가가 되었을 때도 소크라테스 선생님에 대해 앙심을 품고 말에 대한 기술을 가

---

73) 에우튀데모스 디오클레스의 아들. 이 책 4권 2절에도 나온다. 플라톤의 대화편 『에우튀데모스』에 나오는 소피스트 에우튀데모스와는 다른 사람이다.

74) **사랑받는 사람:** '사랑받는 사람(erōmenos)'은 '소년애인(paidika)'이라고도 한다. 그리스 사람들은 '사랑(erōs)'이 사랑하는 사람(erastēs)과 사랑받는 사람 사이에서 성립되는 것이고, 이 둘의 사랑은 쌍방 관계가 아니고 일방 관계라고 생각했다. 우리말의 '사랑하는 사람'이나 '애인'은 모두 쌍방 관계에 기반을 둔 애매어지만 그나마 '사랑하는 사람', '사랑받는 사람'이 이 관계를 드러내기에 낫다고 생각하여 이렇게 옮겼다.

75) **카리클레스:** 30인 과두정에서 중심적인 역할을 했던 인물. 아리스토텔레스의 『정치학』 1305b에도 그에 대한 언급이 나온다.

르치면 안 된다고 법으로 제정했다. 이것은 그가 소크라테스 선생님을 위협하기는 했으나 공격할 방도는 없어서 대중이 철학자들을 싸잡아서 하는 비난[76]을 그분에게 전가하여 그분과 대중을 이간질하기 위한 것이었다. 왜냐하면 나로서는 나 자신도 소크라테스 선생님이 그런 것[77]을 말하는 것을 들어본 적도 없고, 누구 다른 사람이 들었다고 주장하는 걸 본 적도 없기 때문이다. /32/ 하지만 사정은 분명해졌다. 왜냐하면 30인 정권이 많은 시민들을, 그것도 최악이 아닌 사람들을 죽이고 다른 많은 사람들은 불의를 행하도록 조장했을 때,[78] 어디선가 소크라테스 선생님은 누군가가 소 떼의 목자가 되어서 소들의 수를 줄이고 상태를 더 나쁘게 만들면서도

---

76) **대중이 철학자들을 싸잡아서 하는 비난**: 당시 일반인들로서는 플라톤이나 크세노폰이 말하는 철학자들과 분간하기 어려웠던 소피스트들은 보수를 받고 '약한 논증을 강하게 만들고, 강한 논증을 약하게 만든다'는 비난을 받았다. 앞에서 '말에 대한 기술을 가르치는 것을 금한' 법률은 바로 이런 소피스트와 소크라테스를 구별하지 않고 한데 묶어 그들의 철학 활동을 저지하는 것이다. 이 비난은 아리스토파네스의 『구름』 112 이하, 872 이하; 플라톤의 『변론』 18b, 19b 등에서 찾아볼 수 있다.

77) **그런 것**: 직접적으로는 '대중이 철학자들을 싸잡아서 하는 비난'을 살 만한 행동이나 말일 듯하다. 예컨대 강한 논증을 약하게 만들거나 약한 논증을 강하게 만들 수 있다고 말하는 것을 꼽을 수 있겠다.

78) **다른 많은 사람들은 불의를 행하도록 조장했을 때**: 플라톤의 『소크라테스의 변명』 32c 이하에는 30인 정권이 소크라테스를 포함한 다섯 사람에게 살라미스 사람 레온을 잡아오게 한 일이 있었다. 이 명령을 소크라테스는 거부했으나, 이렇게 30인 정권은 시민들이 병사이기도 한 점을 이용해 불의한 일을 하게 만들었다.

자신이 나쁜 소치기라는 데 동의하지 않는다면 소크라테스 선생님이 보기에 그는 이상스런 사람이며, 누군가가 나라의 지도자가 되어서는 시민들의 수를 줄이고 상태를 더 나쁘게 만들면서 부끄러워하지도 않고 자신이 나라의 나쁜 지도자라고 생각하지도 않는다면 더더욱 이상스러운 사람이라고 말했기 때문이다. /33/ 이 이야기가 그들에게 전해지자 크리티아스와 카리클레스는 둘이 같이 소크라테스 선생님을 불러 그 법을 그에게 제시하며 젊은이들과 대화하는 것을 금했다. 소크라테스 선생님은 선고된 것 중에 모르는 것이 있으면 질문해도 되는지를 그 둘에게 추가로 물었다. 그 둘은 그렇다고 했다. /34/ 그분이 "그렇다면 나로서는 법에 복종할 자세가 되어 있소. 그런데 무지로 인해 나도 모르게 뭔가 법을 어기는 일이 없도록 당신들로부터 이것을, 즉 두 분은 말에 대한 기술이 올바르게 말한 이야기를 동반한다고 믿고서 그 기술을 멀리하라고 명하는 것인지 올바르지 못하게 말한 이야기를 동반한다고 믿고서 그런 것인지를 분명하게 알고 싶소. 왜냐하면 그 기술이 올바르게 말한 이야기를 동반한다면, 분명히 나는 올바르게 말하는 것을 멀리해야 할 것이기 때문이오. 반면에 그것이 올바르지 못하게 말한 이야기를 동반한다면, 분명히 나는 올바르게 이야기하도록 노력해야 하기 때문이오." /35/ 그러자 카리클레스는 그에게 화를 내며 말했다. "소크라테스, 당신이 무지하니까 더 알기 쉬운 선고를 우리가 내리오. 무조건 젊은이들과 대화하지 마시오." 그러자 소크라테스가 말했다. "그러면 그 말이 애매한 말이 되지 않도록, 그리고 내가 선고된 것들과 다른 뭔가를 행하지 않도록[79] 두 분이 내게 사람은 몇 살까지 젊은이라고 생각해야 하는지를 정해주시오." 그러자 카리클레스가 말했다. "아직 분별을 갖추지 못한 자로서, 심의하는 것[80]이 허용되지 않는 나이까지요. 당신은 30세보다 젊은 사람들과 대화하지 마시오." /36/ "내가 뭔가를 사려고 하는데, 30세보다 젊은 사람이 판다고 한다면, 그가 얼마에 파는지를 묻는 것도 안 되오?" 그가 말했다. "아니, 그런 것은 되오." 카리클레스가 말했다. "하지만 사실 당신은 말이지 소크라테스, 대체로 사실이 어떤지 알면서도 묻곤 하는데, 그런 것은 묻지 마시오." "그러면 어떤 젊은이가 예컨대 카리클레스가 어디 사는지, 또는 크리티아스가 어디 있는지를 묻는다면, 그리고 내가 그걸 안다면 그래도 대답하지 말까요?" 그가 말했다. "아니, 그런 것은 되오." 카리클레스가 말했다. /37/ 한편 크리티아스는 "하지만 소크라테스, 당신은 갖바치와 목수들과 대장장이들을 멀리할 필요가 있소."라고 말했다. "그리고 그 이유는 그들이 당신 때문에 귀가 먹먹해져서[81] 이

---

79) **그리고 내가 선고된 것들과 다른 뭔가를 행하지 않도록:** OCT는 이 부분을 문법적인 문제 때문에 삭제하였다. 그러나 반디니는 문법적인 어려움을 일으킨 것으로 보이는 'hōs'를 'kai'로 대체하고 나머지 부분을 살린 편집을 하였다.

80) **심의하는 것:** '심의하다'로 번역한 'bouleuein'은 원래 '충고하다'란 뜻이다. 그런데 여기서는 아테네의 기관 중 민회에 상정할 안건을 심의하는 평의회(boulē)의 구성원으로서 심의하는 자격이 되는 30세를 기준으로 말하기 위해 이 말을 쓴 것이라서 '평의회 의원으로 일하다'와 '충고하다'의 중간이 되는 뜻으로 정했다.

제는 지쳐버렸다고 내가 생각하기 때문이오." "그러면 그들을 뒤따르는 것들,[82] 즉 정의로운 것과 경건한 것과 그런 유의 다른 것들도 멀리해야 하오?" 소크라테스 선생님이 말했다. "물론이오." 카리클레스가 말했다. "소치기들도 멀리하시오. 만약 그렇게 하지 않으면 당신 역시 소들의 수를 적게 만들지는 않는지 조심해야 할 거요." /38/ 그 점을 보더라도 그 둘에게 소들에 대한 소크라테스 선생님의 이야기가 전해졌을 때 그들이 그분에 대해 화가 났던 것이 분명했다.

이리하여 크리티아스와 소크라테스 선생님의 교유[83]가 어떠했었는지와 서로의 관계가 어떠했는지가 이야기되었다. /39/ 그런데 나로서는 어느 누구에게도 자신의 마음에 맞지 않는 사람으로부터 받는 교육이란 없다고 말할 것이다. 그런데 크리티아스와 알키비아데스가 소크라테스 선생님과 만나는 동안 그들이 그분과 만난 이유는 소크라테스 선생님이 그들의 마음에 맞아서가 아니라 아예 처음부터 나라의 선두에 서기를 열망해서였다. 왜냐하면 심

---

81) **귀가 먹먹해져서:** 이 말은 다소 애매한 표현이다. 소크라테스는 논의를 할 때 이들과 같은 기술자들을 예로 들어 많이 이야기했다. 따라서 소크라테스가 듣는 사람이 귀가 먹먹하도록 한 이야기는 이들을 소재로 한 주제일 텐데, 이들 자신이 귀가 먹먹해졌다는 말은 이상하다. 크리티아스는 이들에 대해 한 이야기를 이들에게 한 이야기인 양 치부하고 있는 것으로 보인다.

82) **그들을 뒤따르는 것들:** 이들을 예로 들어 논의하는 주제들을 말한다.

83) **교유:** '교유'로 번역한 'synousia'는 앞에서 '함께하다'로 번역한 말의 명사형이다.

지어 소크라테스 선생님과 함께하면서도 그들은 다른 사람들보다는 나랏일을 가장 많이 하는 사람들과 대화를 더 나누려 했기 때문이다. /40/ 실제로 알키비아데스는 자신의 후원자이자 나라의 지도자인 페리클레스[84]와 법에 대하여 이런 대화를 나누었다고 전해진다. /41/ 그가 말했다고 한다. "페리클레스. 제게 말씀해 주세요. 제게 법이 무엇인지를 가르쳐주실 수 있나요?" "그야 물론이지." 페리클레스가 말했다고 한다. "그럼 부디 가르쳐주십시오." 알키비아데스가 말했다고 한다. "저는 어떤 사람들이 법을 잘 지키는 사람들이라고 칭송받는 것을 들으면서 법이 무엇인지 모르는 사람이 그런 칭송을 받는 것은 옳지 못한 것이 아닌가 하는 생각이 들어서 말이죠." /42/ "하지만 알키비아데스, 자네가 알고 싶어 하는 문제는 전혀 까다로울 게 없는 문제라네. 법이 무엇인지를 알기를 원하는 거 말이지." 페리클레스가 말했다고 한다. "인민대중이 모여 무엇을 하고 무엇을 하지 말아야 할지를 심의하고 승인하고 성문화하여 선포하는 것이 모두 법이거든." "그런데 좋은 것들을 해야 한다고 믿고서인가요, 나쁜 것들을 해야 한다고 믿고서인가요?" "여보게, 그건 물론 좋은 것들이지, 나쁜 것들이 아니야." 그가 말했다고 한다. /43/ "그런데 인민대중이 아니라 과두정체가 있는 곳에서처럼 소수가 모여서 무엇을 해야 할지를 성문화한다면[85] 그것은 뭐

---

84) **페리클레스**: 페리클레스(기원전 495?~429)는 아테네의 정치가이자 장군으로서 아테네 민주주의의 황금시대를 이끌었다.

85) **성문화한다면**: '성문화하다(graphein)'는 원래 '글을 쓰다'라는 말인데, 고대의

가요?" "나라에서 강한 편이 무엇을 해야 할지를 숙의해서 성문화하는 것은 다 법이라 불리지." "그러면 만약에 참주가 나라를 지배하여 시민들에게 무엇을 해야 할지를 성문화한다면, 그것도 법인가요?" "참주가 지배자로서 성문화하는 것도 역시 모두 법이라 불리지." 그가 말했다고 한다. /44/ "그런데 폭력과 무법은 무엇인가요, 페리클레스? 강한 자가 약한 자를 설득하지 않고 폭력을 행사해서 자신의 마음에 드는 것은 무엇이든 하도록 강제할 때 아닌가요?" "내가 보기에는 그렇네." 페리클레스가 말했다고 한다. "그러면 참주가 시민들을 설득하지 않고 성문화해서 하도록 강제한다면, 무법인가요?" "내가 보기에 그런 거 같군." 페리클레스가 말했다고 한다. "참주가 설득하지 않고 성문화한 것이 모두 법이라는 말은 내가 물리지.[86]" /45/ "그런데 소수가 시민들을 설득하지 않고 지배하면서 성문화하는 것은 모두 폭력이라고 말할까요? 아니라고 말할까요?" "누군가가 누군가를 설득하지 않고 하도록 강요하는 것은 모두, 그것을 성문화하든 하지 않든 법이라기보다는 폭력인 것으로 내게는 보이는군." 페리클레스가 말했다고 한다. "그러면 전체 인민대중이 재물을 가진 사람들을 지배하여 설득하지 않고 성문화하는 것은 법이라기보다는 폭력일까요?" /46/ "알겠지만,

---

법들이 대개 불문법 내지는 관습법 중심이기 때문에, 새롭게 법을 제정한다는 것은 법령을 문자화한다는 것이 된다. 앞에서 다중이 모여서 정하는 법 역시 성문법이기는 마찬가지이다.

86) **물리지**: 장기 같은 놀이에서 한 번 두었던 수를 취소하는 것을 가리키는 말이다.

알키비아데스, 물론 우리도 그만한 나이 때에는 그런 문제들에 강했지.[87] 내가 보기에 자네도 지금 연습하고 있는 것으로 보이는 그런 문제들을 우리도 연습하곤 했고 그런 교묘한 재간을 부리곤[88] 했으니까." 한편 알키비아데스가 말했다고 한다. "페리클레스, 당신이 그런 문제들에 대해서 당신 일생에 가장 강했던 그 시절에 당신과 함께했더라면 좋았을 텐데요."[89]

/47/ 그리하여 그들은 자신들이 공동체의 일원들 중에서 가장 강하다고 생각하자마자, 더 이상 소크라테스 선생님을 찾지 않았다. 왜냐하면 다른 점에서는 그분이 그들의 마음에 맞지 않기 때문이기도 하고, 그들이 찾아간다면 그들이 잘못한 것들 때문에 나무람

---

87) **강했지**: '강하다'로 번역한 'deinos'는 본래 '무시무시하다', '영악하다'란 뜻이다. 특히 이 말은 궤변을 구사하는 소피스트들에게 플라톤과 같은 철학자들이 잘 붙이던 표현이다.

88) **교묘한 재간을 부리곤**: '교묘한 재간을 부리다'로 번역한 'sophizein'이란 말은 본래 '소피스트들이 사용하는 것과 같은 교묘한 논변을 사용한다'란 뜻이다. 여기서도 암시되어 있듯이 페리클레스 자신이 소피스트의 영향을 받았고, 또한 소피스트를 정치적으로 후원했던 인물이기도 하다.

89) **좋았을 텐데요**: 페리클레스를 상대로 한 이 장면은 바로 앞에서 카리클레스와 크리티아스가 '말에 대한 기술'을 금지하는 법을 제정하여 소크라테스를 압박했다는 내용과 관계 깊다. 플라톤의 『소크라테스의 변명』에서는 소크라테스가 자신은 말을 잘해서 남을 논박하는 기술을 젊은이들에게 가르친 적이 없다고 했으나, 그 주변에 있던 젊은이들이 소크라테스가 대화하는 장면을 보면서 이런 기술을 배운 것은 사실로 보인다. 바로 알키비아데스가 당대 최고의 권력자인 페리클레스를 상대로 논의를 해서 그를 곤경에 처하게 하는 이런 장면이 좋은 사례가 된다. 다만 크세노폰은 이 사례를 그런 나쁜 사례에 속하는 것으로 보지 않고 알키비아데스의 정치적 야심의 증거로만 이해한 듯하다.

을 받아[90] 괴롭게 될 것이기 때문이기도 했다. 소크라테스 선생님을 찾는 대신에 그들은 나랏일을 했다. 바로 그것 때문에 그들은 소크라테스 선생님도 찾아갔던 것이다. /48/ 하지만 크리톤,[91] 카이레폰,[92] 카이레크라테스,[93] 헤르모게네스,[94] 심미아스,[95] 케베스,[96] 파이돈다스[97]와 그 밖의 사람들은 소크라테스 선생님의 제자

---

90) **나무람을 받아**: '나무라다(elenchein)'는 말은 플라톤의 대화편들에서는 질문을 통해 상대방의 의견을 검토하고 논박한다는 뜻으로 사용된다. 그런데 일단 이 책의 이 문맥에서는 그 뜻보다는 일반적인 의미로 사용되어 이렇게 번역했다.

91) **크리톤**: 소크라테스와 동갑으로 소크라테스와 같은 구(dēmos)인 알로페케 출신으로 소크라테스의 오랜 친구이다. 디오게네스 라에르티오스의 『유명한 철학자들의 생애와 사상』 2권 121절에는 그가 저술한 책 목록이 전해진다. 플라톤의 대화편 제목이기도 한 『크리톤』에는 소크라테스에 대한 그의 애정이 잘 드러나 있다. 또한 『변론』, 『에우튀데모스』, 『파이돈』에도 그가 등장하거나 그의 이름이 나온다.

92) **카이레폰**: 아테네 스페토스구 출신. 크리톤과 마찬가지로 어려서부터 소크라테스와 친구였다. 민주파로서 404년에 추방되었다가 돌아왔다. 플라톤의 대화편에는 그의 이름이 『소크라테스의 변명』에 나오며 『카르미데스』와 『고르기아스』에는 그가 등장한다. 아리스토파네스는 『구름』, 『새』, 『말벌』에서 그를 소크라테스의 열렬한 찬미자로 등장시킨다.

93) **카이레크라테스**: 카이레폰의 형제. 디오게네스 라에르티오스(앞의 책, 2권 120절)에 따르면 메가라학파인 스틸폰이 그의 이름을 딴 대화편을 저술했다고 한다.

94) **헤르모게네스**: 아테네의 부자 히포니코스의 아들. 크세노폰은 자신의 책 『소크라테스의 변론』의 내용 출처가 헤르모게네스임을 밝히고 있으며, 플라톤의 『파이돈』에는 소크라테스의 임종을 지킨 사람들 중 하나로 나오고, 『크라튈로스』에는 대화자들 중 하나로 나온다.

95) **심미아스**: 테베 출신으로 플라톤의 『파이돈』에 친구인 케베스와 함께 소크라테스의 임종을 지키며 영혼불멸에 관한 논의를 한 인물들 중 하나로 등장한다.

96) **케베스**: 테베 출신으로 역시 플라톤의 『파이돈』에서 논의에 적극적으로 참여하

48

였지만, 그들은 대중연설을 잘하고 재판에 능하게 되기 위해서가 아니라 아름답고 훌륭하게 되고 가정과 집안 노예들, 식구들과 친구들과 나라와 시민들의 일을 훌륭하게 건사하기 위해 그분과 함께하였다. 그리고 이들은 모두 너무 젊지도 너무 연로하지도 않은 사람들로서 아무런 나쁜 짓도 하지 않았고 비난을 받지도 않았다.

/49/ "하지만 분명 소크라테스는 아버지들을 짓밟으라고 가르쳤으니, 이는 한편으로는 자신이 자신과 함께하는 자들을 그들의 아버지들보다 지혜롭게 만든다고 설득하고, 다른 한편으로는 정신이상의 판결을 받아내면 자기 아버지라도 구속하는 것이 법적으로 허용된다고 공언해서이니, 더 무지한 자는 더 지혜로운 자에 의해 구속되는 것이 적법하다는 주장의 근거로 이것을 사용해서였습니다."라고 고발자는 말했다.[98] /50/ 하지만 소크라테스 선생님은 무지를 이유로 족쇄를 채우는 사람은 자신이 모르는 것을 아는 사람들에 의해 그 자신 역시 구속되는 것이 정당화될 수 있다고 생각하

는 중심 인물로 등장하며 피타고라스학파의 철학자 필롤라오스의 제자이기도 하다.

97) **파이돈다스:** '파이돈데스'라고도 하는데 역시 테베 출신으로 소크라테스의 임종을 지킨 것으로 플라톤의『파이돈』에 나온다.

98) **고발자는 말했다:** 플라톤이 『소크라테스의 변명』에서 말하는 고발자, 즉 소크라테스를 법정 고발하기 이전에 이미 소크라테스에 대한 악평을 퍼트린 사람 중 하나인 아리스토파네스는 소크라테스를 희화한『구름』에서 자신의 아버지를 때리는 것을 정당화하는 논변을 소크라테스가 가르치고, 이 근거로 본문에 든 법률조항, 즉 '무지한 자는 더 배운 자에 의해 구속될 수 있다'는 조항을 사용하는 장면을 보여준다.(『구름』1321 이하, 844 이하 참고)

셨다. 그리고 그는 이런 사람들을 위해서 미친 상태와 무지가 어떻게 다른지를 살펴보곤 했다.[99] 그래서 미친 사람들은 구속되는 것이 자신들과 친구들을 위해서 이익이 되는 한편, 필요한 것들을 알지 못하는 사람들은 아는 사람들에게서 배우는 것이 정당하다고 소크라테스 선생님은 생각했다. /51/ "하지만 소크라테스는 분명 자신과 함께하는 사람들 쪽에서 그들의 아버지들뿐만 아니라 친척들에게까지 망신을 주게 만들었으니, 이는 병을 앓는 사람들이나 재판을 받는 사람들에게 도움이 되는 사람들은 친척들이 아니라 한쪽 사람들은 의사요, 다른 쪽 사람들은 재판을 도와줄[100] 줄 아는 사람들이 도움을 준다고 말함으로써였습니다."라고 고발자는 말했다.[101] /52/ 한편 친구들과 관련해서도 이로움을 줄 수 있는 능력을 겸비하고 있지 못하다면 친구들이 호의를 갖고 있다는 것은 아무런 이로움이 안 될 것이라고 소크라테스 선생님이 말했다고

---

99) **살펴보곤 했다:** 이에 관한 논의는 3권 9장 6절에서 한다.

100) **재판을 도와줄:** 고대 아테네에는 전문적인 변호사나 검사가 없었다. 원하는 시민 누구나 기소할 수 있었고, 기소한 측이 검사의 역할을, 기소된 쪽이 변호사 역할을 하였다. 한편 기소된 쪽은 다른 사람에게 변호사 역할을 전적으로 일임할 수는 없고 최소한으로라도 자기변호를 해야 했지만, 자신을 도울 사람을 구해 변호의 대부분을 맡길 수는 있었다. 이 행위를 희랍어로 'syndikein'이라고 한다. '변호하다'라고 하면 큰 무리는 없지만, 당시 전문 변호사가 없었다는 점을 밝히기 위해 풀어서 번역했다.

101) **고발자는 말했다:** 이런 점은 플라톤이 『프로타고라스』 316c 이하에서 프로타고라스의 입을 통해 소피스트가 젊은이들과 관련해서 다른 사람들의 질시를 받는다고 한 말과 관련지어 생각해 볼 수 있다.

고발자는 말했다. 한편 그분은 필요한 것들을 알고 있고 설명해 줄 능력이 있는 사람들만이 존경의 가치가 있다고 공언했다고 고발자는 말한다. 그리하여 그분은 자기 자신이 가장 지혜로울 뿐만 아니라 다른 사람들까지도 지혜롭게 만들 충분한 능력이 있다고 젊은 이들이 믿게끔 만들어 자기와 함께하는 사람들이 그들 편에서 보기에 다른 사람들은 소크라테스 자신과는 전혀 비교가 되지 않는다고 생각하게끔 만들었다고 한다. /53/ 그런데 나는 소크라테스 선생님이 아버지들과 다른 친척들과 친구들에 대해서도 그런 말을 한다는 사실을 알고 있다. 그뿐만 아니라 심지어 현명함이 유일하게 생기는 곳인 영혼이 빠져나가면 아무리 가까운 친척인 사람의 몸일지라도 최대한 서둘러 밖으로 내다 치워버리는 법이라고까지 그분은 말했다. /54/ 한편 살아 있을 때도 각자는 무엇보다도 사랑하는 자신의 신체 중에서 쓸모없고 이롭지 않은 것은 무엇이든 스스로 제거하기도 하고 남에게도 그러라고 맡긴다고 그분은 말했다. 그들은 스스로 자신들의 손발톱, 머리카락, 굳은살을 제거할 뿐만 아니라 고역과 고통을 감수하면서 의사들에게도 자신의 신체를 절단하고 태우라고 맡기며, 이것에 감사하여 심지어 그들에게 보수까지 지불해야 한다고 생각한다고 그분은 말했다. 또한 그들은 입에서 침을 가능한 한 멀리 뱉는데, 그 이유는 그것은 안에 있어서 그들에게 아무런 이로움을 주지 못하고 도리어 해를 더 많이 끼치기 때문이라고 그분은 말했다. /55/ 그러니 그분이 이런 말을 한 것은 아버지를 산 채로 파묻으라거나 자신을 난도질하라고 가르치느라 한 것이 아니고 어리석은 것은 무가치한 것이라는 사실을 밝혀서 최대한 현명하고 이로운 것을 돌볼 것을 환기시켰던 것이다. 이는 아버지에게서든 형제에게서든 다른 누구에게서든 존중을 받고자 원한다면, 친척 간이라는 것을 믿고 자신을 소홀히 하지 말고 존중을 받고자 하는 이들에게 자신이 도움이 되도록 노력하기 위해서라는 것이다.

/56/ 하지만 고발자는 그분이 명성이 드높은 시인들에게서 아주 몹쓸 구절들을 인용하기도 하고, 또 그런 증거들을 이용하기도 해서 함께하는 사람들에게 못된 짓을 하고 전횡을 일삼으라고[102] 가르쳤다고 말했다. 그분은 헤시오도스로부터는

일은 전혀 비난거리가 아니고, 게으름이 비난거리이다.[103]

를 인용했다고 고발자는 말한다. 그리고 그 시인은 어떤 일도, 즉 부정의한 일도 부끄러운 일도 멀리하지 말고 그것들도 이익을 고려해서 행하라고 시키는 것이라고 그분이 말했다고 한다. /57/ 하지만 소크라테스 선생님이 일꾼이 되는 것은 사람에게 이롭고도 좋지만 게으름뱅이가 되는 것은 해롭고 나쁘며, 일을 하는 것은 좋

---

102) **전횡을 일삼으라고**: '전횡을 일삼다'로 번역한 'tyrannikos'는 본래 왕이 아니었던 자가 왕이 되어 전제적인 권력을 갖는 것을 일컫는다. 보통 '참주적'이라고 번역하지만 문맥에 맞게 바꿨다.

103) **일은 … 비난거리이다**: 헤시오도스, 『일과 나날』 311행.

지만 게으름을 피우는 것은 나쁘다는 데 동의했을 때는 뭔가 좋은 것을 하는 사람은 일을 하는 것이고 좋은 일꾼이지만 주사위 노름을 하거나 다른 어떤 나쁘고 벌 받을 일을 하는 사람은 게으르다고 일컫는 취지에서 하신 말이다. 이런 근거에서 '일은 전혀 비난거리가 아니고, 게으름이 비난거리다'란 말이 옳을 수 있을 것이다. /58/ 그런데 고발자는 다음과 같은 호메로스의 말을 소크라테스 선생님이 자주 했다고 말했다.

오뒤세우스는

왕과 뛰어난 사내를 만날 때면
그 곁에 서서 부드러운 말로 만류하였다.
"신적인 분이여, 당신이 하찮은 자처럼 겁을 집어먹는 것은 어울리지 않습니다.
그러니 당신 스스로는 앉아 있도록 하시고 다른 사람들이 앉도록 명하십시오."
그런 반면에 백성들 가운데 소리치는 자가 보이고 눈에 띄면,
그는 지휘봉으로 때리고 말로 꾸짖었다.
"신적인 분이여, 꼼짝 말고 앉아서 다른 사람들의 이야기를 들으시오,
그대보다 용감한 분들의 말을. 그대는 싸움을 싫어하고 잘하지도 못하니,
전쟁에도 회의에도 끼지 못하오."[104]

라고 했다. 그렇게 해서 그분이 이 말들을 '그 시인이 일반백성들과 가난한 자들을 때리는 것을 칭찬했다'고 해석했다는 것이다. /59/ 그러나 소크라테스 선생님은 그런 말을 하지 않았다. 왜냐하면 그랬더라면 그는 자신도 때려야 한다고 생각했을 것이기 때문이다.[105] 오히려 그분은 말로나 행동으로나 이롭지 못하고, 만약 뭔가가 필요한 때에 군대도 나라도 민중 자체도 도울 능력이 충분하지 못한 사람들은(특히 이에 더해 그들이 무모하다면), 비록 그들이 매우 부유하더라도 그런 직위에 오르지 못하도록 어떻게 해서든 막아야 한다고 말했다. /60/ 소크라테스 선생님이야말로 그런 자들과는 정반대로 민중을 위하고 사람을 사랑하는 사람이 분명했다. 왜냐하면 그분은 동료 시민과 외국인을 막론하고 많은 추종자들이 있었지만 자신과의 교유에 대한 보수를 요구한 적이 전혀 없었고, 오히려 자신의 것들을 모든 사람에게 아낌없이 나눠주었기 때문이다. 어떤 사람들은 자기 몫으로 그에게서 작은 것을 공짜로 받아서 다른 사람들에게 비싼 값으로 팔기도 했지만, 그들은 그분처럼 민중을 위하지 않았다. 왜냐하면 그들은 재물을 갖고 있지 않은 사람들에게는 대화를 허락하지 않았기 때문이다. /61/ 반면에 소크라테스 선생님은 다른 나라 사람들과의 관계에서도 그런 일로 이름난

---

104) **오뒤세우스는 … 끼지 못하오:** 『일리아스』 2권 188~191, 198~202행.

105) **자신도 때려야 한다고 생각했을 것이기 때문이다:** 소크라테스 본인이 가난했기 때문이다.

사람인 리카스가 라케다이몬[106] 사람들의 나라에 했던 것보다 더 많이 나라를 영예롭게 하였다. 왜냐하면 리카스는 귐노파이디아이 축제[107] 때문에 라케다이몬에 묵고 있는 외지인들을 환대하곤 했던 데 반해[108] 소크라테스 선생님은 평생토록 자신의 가장 중요한 것들을 써가며 원하는 사람들 모두에게 도움을 주었기 때문이다. 왜냐하면 그분은 함께하는 사람들을 더 훌륭하게 만들어 보냈기 때문이다.

/62/ 소크라테스 선생님은 그런 분이기에 내가 보기에 그분은 사형보다는 나라에서 존경을 받아야 마땅하였다. 그리고 법에 따라서 살펴본다면 누구라도 그 사실을 발견할 수 있을 것이다. 왜냐하면 법에 따르면 도둑질을 하거나 옷을 훔치거나 소매치기를 하거나 집을 털거나 인신매매를 하거나 신전을 약탈하다가 발각되면,

---

106) **라케다이몬:** 아테네가 아티카 지역에 있는 도시이듯이, 스파르타 역시 라케다이몬 지역에 있는 도시이다. 그래서 그들의 나라를 라케다이몬이라고도 하고 스파르타라고도 한다.

107) **귐노파이디아이 축제:** 7월에 거행되는 아폴론 신을 위한 스파르타의 축제이다. 성인 남자들과 소년들이 옷을 벗고 춤과 노래를 하고 운동 경기를 벌였다고 한다. 이때에 스파르타 사람들은 같은 연령끼리 모둠을 지어 이 축제에 참여했다고 한다. 플라톤은 『법률』에서 이와 같은 연령별 모둠 활동을 시민교육을 위한 중요한 활동으로 정한다. '귐노파이디아이'에서 '귐노스'가 '옷을 벗은'이라는 뜻이다.

108) **외지인들을 환대하곤 했던 데 반해:** 플루타르코스, 『영웅비교열전』「키몬」 10절에 따르면 아테네의 키몬이 자신의 재산을 써서 사람들을 환대함으로써 인기를 얻는 것을 보고 스파르타 사람인 리카스는 귐노파이디아이 축제를 보러 온 다른 나라 사람들을 환대해서 인기를 얻었다고 한다.

그런 사람들에게는 그 형벌이 사형이지만 저분은 그 어떤 사람들보다도 그런 일들에서 가장 멀리 벗어나 있었기 때문이다. /63/ 정말이지 그분은 공적으로 나쁜 결과를 가져온 전쟁이나 내란이나 반역에 대해 책임질 일을 한 적이 전혀 없었다. 사적으로도 역시 어떤 사람에게서도 좋은 것들을 강탈한 적도 나쁜 일에 연루시킨 적도 전혀 없었을 뿐만 아니라 이미 이야기한 일들 중 어떤 것에도 책임질 일을 한 적이 전혀 없었다. /64/ 그러니 어떻게 그분이 고발 대상이 될 수 있겠는가? 신을 믿지 않는다고 고발장에 적힌 것과는 반대로 다른 어떤 사람들보다 훨씬 더 많이 신들을 섬겼다는 것이 잘 알려져 있고, 고발한 자가 그에게 씌웠던 죄목인 젊은이들을 망친다는 바로 그 죄목과는 반대로 함께하는 사람들 중에서 악한 욕구를 가진 자들이 그 욕구로부터 물러서게 하고 나라와 가정이 잘 경영되게 하는 가장 아름답고 위대한 덕을 욕구하도록 권유했다는 것이 잘 알려져 있는 그가 말이다. 반면에 그가 이런 일들을 실천했으니 어찌 나라에서 크나큰 영예를 받아 마땅하지 않을 수 있는가?

III. /1/ 뿐만 아니라 그분이 자신이 어떤 사람인지를 행동으로 보여주는 한편, 대화까지 함으로써 함께하는 사람들을 얼마나 이롭게 한 것으로 내게 보였는지를 나는 내가 정확하게 기억할 수 있는 한에서 글로 옮기고자 한다. 한편으로 신들에 대해서 그분은 퓌티아[109]가 제사나 선조들의 섬김이나 그와 유사한 것들에 대

한 다른 어떤 것[110]에 대해서 어떻게 해야 할지를 묻는 사람들에게
답해 주는 그대로 행하고 말했다는 것은 잘 알려져 있다. 왜냐하면
퓌티아가 나라의 법에 따라 행하는 사람들이 경건하게 행하는 것
이라고 정해주듯이 그렇게 소크라테스 선생님 역시 그 자신도 행
하고 다른 사람들에게도 권했으며, 달리 어떻게 행하는 사람들은
따지기 좋아하는 허튼 사람들이라고 믿었기 때문이다. /2/ 그리고
그분은 어떤 것들이 좋은 것인지는 신들이 가장 잘 안다고 믿고 신
들에게 그저 좋은 것들을 달라고만 빌었다.[111] 한편 그분은 금이나
은이나 참주 자리나 그와 유사한 것들 중 다른 무엇을 비는 사람
들은 주사위놀음이나 전쟁, 또는 그 결과가 어떨지 불확실하다고
잘 알려진 것들 중 다른 무엇을 비는 것과 전혀 다르지 않다고 믿

---

109) **퓌티아**: 델포이에 있는 아폴론 신전의 무녀를 통칭해서 부르는 이름이다. 아
   폴론 신전에서는 역사적으로 유명한 신탁들이 많이 나왔으며 '소크라테스보
   다 현명한 자는 없다'(『소크라테스의 변명』 21a)라는 신탁을 내린 것도 이 무
   녀이다.

110) **다른 어떤 것**: '신이나 선조들 이외에 그와 유사한 존재들에 대한 제사나 섬김
   과는 다른 관계 방식'이라고 풀 수 있다.

111) **그저 좋은 것들을 달라고만 빌었다**: '인간은 무지하고, 자신이 좋은 것이라고 생
   각한 것이 정작 좋지 못한 것일 수도 있기 때문에 구체적인 좋은 것이 아니라
   그저 좋은 것들을 달라고만 빌어야 한다'는 생각은 위서 의심을 강하게 받고
   있는 『알키비아데스 II』의 주제이다. 하지만 이와 같은 기도와 연관된 세부 주
   제들은 플라톤의 『법률』에서 찾아볼 수 있다. 즉 '부모라도 분노하게 되면 자
   식들에게 나쁜 것들을 주라고 빌 수 있다'(『법률』 931b~c), '누군가가 원하는
   대로 되게 해달라고 기도하는 것은 옳지 못한 것일 수 있다'(687d), '부지불식
   간에 나쁜 것을 좋은 것인 듯이 신에게 기도해서는 안 된다'(801a~b) 등이다.

었다. /3/ 한편 그분은 조촐한 것들로 조촐한 제의를 드린다고 해
서 거창한 많은 것들로 거창한 여러 번의 제사를 드리는 것보다 모
자란 것이 된다고는 전혀 생각하지 않았다. 왜냐하면 그분은 신들
이 조촐한 제의보다 거창한 제의를 더 반긴다면, 그것은 신들에게
도 결코 좋은 일이 아닐 것이라고 말했기 때문이다. (왜냐하면 그럴
경우 쓸모 있는 사람들에서 온 것보다 몹쓸 사람들에서 온 것이 신들에게
더 반가운 것이 될 경우가 많았을 것이니까.) 또한 몹쓸 것들에서 온 것
이 쓸모 있는 것들에서 온 것보다 신들에게 더 반가운 것이 된다
면, 인간들로서는 살아갈 가치가 없을 것이기 때문이라는 것이다.
그러나 그분은 신들이 가장 경건한 자들에게서 오는 것들을 무엇
보다도 반긴다고 믿고 있었다. 또한 그분은 다음과 같은 시에 대해
서 찬탄하는 분이기도 했다.

제물을 불사하는 신들께 능력껏 드리는 것,[112] 또한

친구들에 대해서도 외국인들[113]에 대해서도, 여타 다른 생활방식

---

112) **제물을 불사하는 신들께 능력껏 드리는 것**: 헤시오도스, 『일과 나날』 336행. 완
    결된 문장이 되기 위해 나머지 부분까지 번역하면, "능력껏 제물을 불사하는
    신들께 순결하고 정결하게 드리리니."가 된다.
113) **외국인들**: '외국인'이라 번역한 'xenos'는 본래 '자신과 친분이 있는 다른 나라
    사람'을 일컫는 말이다. 여기서는 뒤에 나오는 '다른 생활방식'에 맞추어 외국
    인이라고 했다. 그러니 '다른 생활방식'은 '다른 생활방식을 가진 사람들'이라
    고 풀어서 이해할 수도 있다.

에 대해서도 '능력껏 드린다'는 것은 아름다운 권고라고 그분은 말했다. /4/ 한편 신들로부터 어떤 것을 뜻하는 징표가 주어졌다고 그분이 생각하는 경우에, 그 징표들에 어긋나게 행동하도록 그분을 설득하기란 설령 누가 그에게 눈이 보이고 길을 아는 사람 대신에 눈이 멀고 길을 알지 못하는 길잡이를 택하라고 설득할 경우보다도 더 어려울 것이다. 또한 그분은 사람들 사이의 악평을 막아내느라 신들에게서 주어진 징표들에 어긋나게 어떤 행동을 하는 다른 사람들의 어리석은 짓들도 꾸짖곤 했다. 그분 자신은 모든 인간적인 것들을 신들에서 온 충고에 비해 낮춰 보곤 했다.

/5/ 한편 그 생활방식을 누군가가 택하게 되면, 신적인 일이 없는 한[114] 굳세고 굳건하게 지낼 수 있고 쪼들리지 않을 정도의 지출을 하게 하는 그런 생활방식을 그분은 택해 그것으로 자신의 영혼과 마음을 훈육하였다. 그만큼 그분은 아주 검소해서 내가 알기로는 누군가가 아무리 적게 일해도 소크라테스 선생님의 필요는 충족시킬 만큼은 구할 수 있을 정도였다. 왜냐하면 그분은 맛있게 먹을 정도의 식사만을 했으며, 그에 더하여 시장이 반찬일 정도로[115] 준비된 상태에서 식사에 임했기 때문이다. 한편 그분은 목이 마

---

114) **신적인 일이 없는 한**: 이 말의 일관된 뜻을 위하여 직역했지만, 풀어쓰면 '불가항력적인 일이 생기지 않는 한', '천재지변이 없는 한' 정도의 뜻이다.

115) **시장이 반찬일 정도로**: '반찬'으로 번역한 'opsos'는 '요리(특히 생선요리)', '양념', 또는 '주식에 끼워먹는 것'이라는 뜻이다. 우리 속담과 워낙 발상이 흡사해 의역했다. 직역하면 '식사에 대한 욕구가 양념이다'라고 할 수 있다.

르지 않으면 마시지 않기 때문에 마실 것은 모두 그분에게 맛있었다. /6/ 초대를 받아 저녁 식사에 가기로 응한 경우에, 그분은 대부분의 사람들에게는 배부른 것 이상으로 배를 채우는 것을 삼가기가 아주 힘든데도 그분은 이것을 아주 쉽게 삼가곤 했다. 반면에 그분은 그걸 하지 못하는 사람들에게는 배가 고프지 않으면 유혹하는 것들을[116] 먹지도 말고 목이 마르지 않으면 마시지도 말라고 조언하곤 했다. 왜냐하면 사실 위장과 머리와 영혼을 혹사시키는 것이 그것이기 때문이라고 그분은 말했다. /7/ 그분은 키르케[117]도 그런 것들로 많은 사람을 식사대접을 해서 돼지로 만들었다고 생각한다고 농담 삼아 말했다. 반면에 오뒤세우스는 헤르메스의 충고도 있었고 그 자신이 강인하기도 했기 때문에 배부른 것 이상으로 그와 같은 것들에 손대는 것을 멀리했고, 그렇기 때문에 돼지가 되지 않았다는 것이다. /8/ 그분은 이것들에 대하여 이와 같은 진지한 이야기와 농담을 같이 하곤 하였다.

한편 그분은 아름다운 자들과의 성적 쾌락은 적극적으로 멀리하라고 권고하곤 하였다. 왜냐하면 아름다운 자들에게 손을 대는 사람이 …[118] 절제할 수는 없기 때문이라고 그분은 말했다. 그럴 뿐

---

116) **유혹하는 것들:** 음식물을 말한다. 번역으로는 살릴 길이 없지만, '배고프다'와 '유혹하다'는 각기 희랍어로 'peinein'과 'peithein'이라서 희랍어로는 비슷한 음이 연이어지는 효과가 있다.

117) **키르케:** 오뒤세우스의 부하들을 돼지로 만든 여신이다. 『오뒷세이아』 10권 210행 이하, 헤시오도스의 『신들의 계보』 1011행 이하 참고.

118) …: '절제하다'의 목적격이 나올 법한 대목의 글자가 누락되어 있다.

만 아니라 언젠가 크리톤의 아들 크리토불로스[119])가 알키비아데스의 아름다운 아들[120])에게 입을 맞췄다는 말을 들어 알고서 그는 크리토불로스가 곁에 있었을 때 크세노폰[121])에게 다음과 같이 묻기도 하였다. /9/ "내게 말해 보게. 크세노폰, 자네는 크리토불로스가 성급한 사람들보다는 절제 있는 사람들 축에 들고, 어리석고 무모

---

119) **크리토불로스**: 크리토불로스는 플라톤의 대화편에는 『소크라테스의 변론(*Apologia Sōkratis*)』과 『파이돈(*Phaidōn*)』, 그리고 『에우튀데모스』에 그 이름이 나온다. 플라톤의 대화편에는 이름만 나올 뿐이지만, 크세노폰의 대화편에는 직접 여러 번 등장한다. 크세노폰의 『향연(*Symposion*)』에서 크리토불로스는 자신의 아름다움에 자부심을 갖는 한편 클레이니아스를 열렬히 사랑하는 인물로 묘사되어 있다. 또한 『경영론(*Oikonomikos*)』에서 크리토불로스는 소크라테스의 대화 상대자로 등장한다. 그는 플라톤의 『소크라테스의 변명』과 『파이돈』에 나오듯이 소크라테스의 벌금을 대신 내주겠다고 나설 정도로 소크라테스를 따랐던 인물이고, 그가 임종할 때에도 곁에 있었다고 한다.

120) **알키비아데스의 아름다운 아들**: 크세노폰의 『향연』 4장 12절에는 크리토불로스가 사랑한 이가 클레이니아스라고 나온다. 그런데 클레이니아스가 누구의 아들인지에 대해서는 논란이 있다. 알키비아데스는 클레이니아스라는 이름의 아들을 하나 두었는데, 기원전 416년에 태어난 것으로 알려져 있다. 따라서 본문의 사건이 일어났을 것으로 짐작되는 422년에는 태어나지도 않았다. 알키비아데스 주변에는 클레이니아스라는 이름을 가진 인물이 셋이 더 있는데, 알키비아데스의 아버지인 클레이니아스, 아버지 클레이니아스의 형제인 악시오코스의 아들인 클레이니아스, 그리고 알키비아데스의 형제인 클레이니아스이다. 그중 알키비아데스의 형제인 클레이니아스는 본문의 시점에는 너무 어렸던 것으로 보인다. 따라서 플라톤의 『에우튀데모스』에서도 크리토불로스와 빗대어지기도 하는 악시오코스의 아들이자 알키비아데스의 사촌인 클레이니아스가 크리토불로스의 연인으로 가장 적당해 보인다.

121) **크세노폰**: 크세노폰이 자신을 일인칭으로 부르지 않고 자신의 이름을 직접 밝힌 것은 여기가 처음이다.

한 사람들보다는 사려 깊은 사람들 축에 든다고 믿지 않았는가?"
라고 그가 말했다. "물론이지요."라고 크세노폰이 말했다. "그러면
이제는 그가 성미가 불같기 짝이 없고 못하는 짓이 없는 사람이라
믿게. 이 사람은 단검들 속으로 재주를 넘어 들어갈 수도 있고 불
속으로 뛰어들 수도 있다네." /10/ "아니 대체 그가 무슨 일을 하
는 것을 보셨길래 그에 대해서 그런 판정을 내리시게 된 거죠?"라
고 크세노폰이 말했다. "아니 그럼 이 사람이 대담하게도 아주 잘
생기고 무르익을 대로 익은 알키비아데스의 아들에게 입 맞추지
않았단 말인가?"라고 그가 말했다. "하지만 그런 것이 무모한 행동
이라면, 저도 그런 위험을 감수하고 있는 것 같네요."라고 크세노
폰이 말했다. /11/ "딱한 사람, 아름다운 자에게 입 맞추어서 자네
가 무슨 일을 겪으리라 생각하는가?"라고 소크라테스 선생님이 말
했다. "그 즉시 자유인 대신에 노예 신세인 것이고, 해로운 쾌락을
위하여 막대한 비용을 치르고 아름답고 훌륭한[122] 누군가를 돌보
느라 전혀 다른 겨를이 없으며, 미친 사람이라도 심각해하지 않을
것들에 심각해할 수밖에 없게 되는 것이 아니겠나?" /12/ "세상에,
선생님은 입맞춤에 뭔가 아주 무시무시한 위력이 있다고 말씀하시
는 것이군요."라고 크세노폰이 말했다. "그래서 자네는 그게 놀랍

---

122) **아름답고 훌륭한:** 1권 1장 16절에 나온 말이다. 해당 주에서 밝혔듯이 소크라
테스는 이 말을 진정으로 훌륭한 사람에게 붙이지만, 여기서는 '아주 잘생긴'
정도의 뜻이다. 그리스 사람들이 이 말에 대해 갖는 여러 가지 의미를 한 가
지 표현으로 보여주기 위해서 직역을 택했다.

단 말인가? 자네는 독거미도 역시 그 크기가 반 오볼로스[123]만도 못한데, 그만한 크기로도 입에 갖다 대기만 해도 고통으로 사람들의 목숨을 빼앗고 제정신이 나가게 만든다는 것을 모르는가?" "물론 알지요."라고 크세노폰이 말했다. "독거미는 침(針)을 통해 뭔가를 주입하기 때문이지요." /13/ "답답한 사람, 자네는 아름다운 자들이 입 맞추면서 뭔가를 집어넣는다는 생각을 안 하는 건가? 자네에게 안 보인다고 해서 말이야. 자네는 사람들이 아름답고 무르익었다고 부르는 이 짐승이 독거미보다 더 무시무시하다는 것을 모르는가? 독거미는 접촉해서지만 이것은 접촉하지 않고도 누가 그것을 보기만 하면 아주 멀리서도 사람을 미치게 만드는 그런 뭔가를 집어넣는다는 점에서 말이지. 아마 사랑이라는 것들도 활잡이라 불리는 이유는[124] 아름다운 자들이 아주 멀리서도 상처를 입히기 때문일 게야.[125] 자네에게 조언하지, 크세노폰. 아름다운 누

---

123) **오볼로스**: 오볼로스는 아테네 화폐의 단위이면서 무게의 단위이기도 했다. 1오볼로스는 6분의 1드라크마이고, 1드라크마는 미숙련 노동자의 하루 일당이었다고 한다. 반 오볼로스는 말 그대로 오볼로스의 반인데, 그보다 더 작은 크기의 동전은 4분의 1오볼로스가 최소 단위였다고 한다.(http://blog.garycorby.com/2009/04/this-is-athenian-coin.html 참고)

124) **활잡이라 불리는 이유는**: 우리가 익히 알고 있는 화살 쏘는 에로스를 일컫는 말이다. 이에 대한 언급은 에우리피데스의 『히폴리토스』 531행 등에 있다.

125) **아마 … 때문일 게야**: '아마'로 시작하는 이 문장은 사본에 따라서는 빠져 있는 경우도 있다. 아마도 이 문장이 후대에 일종의 주석으로 가필된 것으로 보았기 때문일 것이다. 이 문장을 빼면 다음 문장과 약간은 더 자연스럽게 연결되는 측면도 있긴 하다. 그렇더라도 굳이 빼야 할 정도는 아니라고 봐서 반디니

군가를 보거든, 그게 언제든 뒤도 돌아보지 말고 달아나게. 크리토 불로스, 자네에게는 일 년 동안 멀리 나가 있으라고[126] 조언하네. 못해도 그 정도 시간은 되어야 물린 것이 아마 건강해질 테니 말이야." /14/ 바로 그래서 그분은 성행위를 하는 경우에도[127] 성적 쾌락에 대해 안전하지 못한 사람들은 몸이 그다지 요구하지 않으면 영혼이 안 받아들일 수도 있고, 요구할 때에도 말썽을 일으키지 않을 수 있는 정도의 것들을 상대로 성행위를 해야 한다고 생각했다. 한편 성적 쾌락에 대해 그분 자신이 다른 사람들이 가장 추하고 전혀 무르익지 않은 자들을 멀리하는 것보다 더 쉽게 가장 아름답고 무르익을 대로 익은 자들을 멀리할 수 있을 정도로 자세를 갖추고 있다는 것은 잘 알려져 있다. /15/ 이리하여 그분은 먹을 것과 마실 것과 성적 쾌락에 대해 이 정도로 자세를 갖추고 있었고 자신은 이 것들을 위해 많은 수고를 하는 사람들 못지않게 즐거움을 충분하게 누리는 한편 고통은 훨씬 적게 받는다고 생각했다.

IV. /1/ 한편 어떤 사람들이 그분에 대하여 쓰는 글이나 하는 말을 근거로 삼아서 그분이 덕을 향하도록 사람들에게 권유하는 데에는 아주 대단했지만, 덕으로 이끌고 가는 데는 충분하지 못했다

의 판본에 따라 살려서 번역했다.
126) **일 년 동안 멀리 나가 있으라고:** 원래 의미는 '일 년간 유배생활을 하다'라는 뜻이다.
127) **성행위를 하는 경우에도:** 앞의 6절에서 한 충고와 이어지는 것이다.

고 믿는 사람들이 있다면, 안다고 생각하는 모든 사람을 혼내기 위해 그분이 질문을 해가면서 논박했던 말들뿐만 아니라 함께 시간을 보내는 사람들과 하루하루를 같이 지내며 하는 말들까지 살펴보고서 그분이 함께하는 사람들을 가장 훌륭하게 만들기에 충분했는지 않았는지를 결정하게 하라. /2/ 나는 우선 언젠가 그분이 땅딸이라는 별명을 가진 아리스토데모스[128]와 신령스런 것에 대해서 이야기를 나눈 것에 대해서 그로부터 들었던 사실을 이야기하고자 한다. 아리스토데모스가 전쟁을 하고 있지 않을 때는[129] 신들을 섬기지도 않고 …[130] 예언술에 의뢰하지도 않을 뿐만 아니라 그런 것들을 하는 이들을 비웃기까지 하는 것을 알아채고는 그분이 말하길, "말해 보게, 아리스토데모스. 지혜 때문에 자네가 감탄하는 사람들이 있는가?" "그렇습니다." 그가 말했다. /3/ "그들의 이름을 우리에게 말해 주게." 그분이 말했다. "그러니까 서사시의 작시 분야에서는 호메로스에게 저는 가장 감탄하고, 디튀람보스 분

---

128) **아리스토데모스:** 플라톤의 『향연』 173b에 아리스토데모스는 소크라테스의 열렬한 추종자로서 키가 작달막하고 소크라테스처럼 맨발로 다니는 인물로 소개되고 있다.

129) **전쟁을 하고 있지 않을 때에는:** 이 구절에 반디니는 사본이 훼손돼서 정확한 내용을 판별하긴 어렵다는 표시를 했다.

130) …: OCT에는 망실된 수고의 이 부분을 다른 파피루스 쪼가리에서 읽어 와 보충하고 있지만, 반디니의 최근 편집본에는 원래 수고의 형태로 되어 있다. 개연성이 부족하다고 판단한 탓으로 보인다. 보충된 부분을 넣어서 번역하면 "신들을 섬기지도 않고, 기도도 드리지 않고, 예언술에 의뢰하지도 않는다는 사실이 잘 알려진 것을 알아채고"가 된다.

야에서는 멜라니피데스에게, 비극 분야에서는 소포클레스, 조각 분야에서는 폴뤼클레이토스, 그림 분야에서는 제욱시스[131]에게 감탄하지요. /4/ 자네에게는 지각없고 움직이지 않는 모상을 만들어내는 사람들이 지각 있고 활동하는 산 것들을 만들어내는 사람들보다 더 감탄할 만하다고 여겨지는가?" "그야 물론 산 것들을 만드는 사람들이 훨씬 감탄할 만하지요. 어떤 운에 의해서가 아니라 진력으로부터 그것들이 이루어지는 것이기만 하다면 말이죠." "그럼 자네는 있는 목적이 불분명한 것들과 그 이로움이 분명한 것들 중에서 어느 쪽이 운의 결과이고 어느 쪽이 지력의 결과라고 판단하는가?" "이로움에 기초해서 생기는 것들은 지력의 산물인 것이 적합하지요." /5/ "자네에게는 처음에 사람들을 만드신 분이 이로움에 기반해서 그들에게 각각의 것들을 지각하는 기관들을, 즉 보이는 것들을 보기 위해서는 눈을, 들리는 것들을 듣기 위해서는 귀를 붙여주었다고 생각되지 않는가? 더 나아가 코를 붙여주지 않았더라면 무슨 냄새인들 우리에게 소용이 되겠는가? 한편 달콤함과 매콤함, 그리고 입을 통한 모든 즐거운 것에 대해서는, 만약 이것들의 검사자인 혀가 그 안에 만들어지지지 않았더라면, 무슨 지각이 있을 수 있겠는가? /6/ 이것들에 더해서 다음과 같은 것들 역시 자네에게는 예지의 산물들인 것 같다고 생각되지 않는가? 눈이 약하기

---

131) **디튀람보스** … **제욱시스:** 디튀람보스는 디오뉘시오스를 찬양하는 합창곡으로서 기원전 4~5세기에 대중적인 음악형식이고, 여기 나오는 인물들은 기원전 5세기에 활약하던 인물들이다.

때문에 눈꺼풀을 거기에 문처럼 달아줘서 눈을 어딘가에 써야 할 때에는 그것이 열리고, 잠을 잘 때에는 닫히도록 하며, 바람에라도 해를 입지 않도록 눈썹을 거르개로 심어주고 머리에서 내려오는 땀이 해를 끼치지 못하도록 눈 윗부분을 눈썹으로 처마를 두르는 것 말일세. 반면에 듣는 부분은 전혀 채워지지 않고 모든 소리를 받아들이지. 그리고 모든 동물에게 앞니는 자를 수가 있고, 어금니는 앞니로부터 받아들여서는 잘게 부스러뜨릴 수 있지. 그리고 입은 거길 통해 동물들이 욕구하는 것들을 들여보내는 것이라 눈과 코 가까이 낮은 곳에 배치했지. 반면에 배설하는 것들은 견디기 고약하니까, 이것들의 통로는 구부려져 있고 가능한 한 감각기관에서 멀리 배출하는 것이지. 이렇듯이 이것들이 미리 예견되어 작업이 이루어져 있으니 자네는 그것이 운의 산물인지 지력의 산물인지가 헷갈리는가?" /7/ "전혀 그렇지 않습니다." 그가 말했다. "바로 그렇게 살펴보는 사람에게 이것들은 어떤 지혜롭고 생명을 사랑하는 제작자의 솜씨와 닮아 보입니다." "출산에 대한 사랑을 심어주는 한편, 출산한 것들에게는 기르는 사랑을, 길러진 것들에게는 삶에 대한 크나큰 열망과 죽음에 대한 크나큰 두려움을 심는 것은 어떠한가?" "당연히 이것들 역시 동물들이 생존하도록 심사숙고한 자의 고안물과 닮아 보입니다." /8/ "그런데 자네 생각에 자네 자신에게는 사려하는 부분이 있고[132] 다른 데는 그 어디에도 사려

---

132) **사려하는 부분이 있고:** 반디니의 텍스트에 따랐다. OCT에 따르면 "사려

하는 부분이 전혀 없는 것 같은가? 자네는 많은 흙 중 작은 일부와 많은 물 중 소량의 물만을 자네 몸 안에 갖고 있으며, 자네의 몸은 다른 큰 것들 중에서도 각각의 작은 일부만을 갖고 있음이 분명한 자네와[133] 맞춰져 있다는 걸 알면서도 그렇게 생각하는가?[134] 그래서 어디에도 없는 지성을 자네는 어떤 식으로든 운 좋게 그것만을 떼내 갖고 있으면서도 이 막대하고 수적으로 무한한 어떤 것들은 무사려를 통해 이처럼 질서정연하게 있다고 생각하는 건가?"[135] /9/ "그야 물론 그것들의 주인들은 제가 이곳에서 생겨나는 것들의 제작자들처럼 보지 못하기 때문이지요." "몸의 주인이 되는 자네의 영혼도 역시 자네는 보지 못하니까 말이지. 그래서 적어도 이에 따른다면 자네로서는 지력이 아니라 운으로 모든 것을 행한다고 말할 수 있겠군." /10/ 그리고 아리스토데모스가 말했다. "정말

부분이 있고"를 끊어 의문문을 만들고 그다음에 "아무튼 물어보시죠. 대답하겠습니다."를 아리스토데모스의 말로 넣고, 그 뒤를 다시 "다른 데는 그 어디에도 사려하는 것이 전혀 없는 것 같은가?"를 소크라테스의 말로 처리했다. OCT는 소크라테스가 앞 절에서 지력과 예지에 대한 논의를 이어가는 질문을 한 것을 아리스토데모스가 자신의 지력을 의심하는 말로 알아들은 것으로 텍스트를 이해하고 텍스트를 편집한 것으로 보인다.

133) **자네의 몸은 … 자네와:** 얼른 이해하기 쉽지 않은 문장인데, '자네'와 '자네의 몸', 즉 '자아'와 '신체'가 앞뒤 문장에서 한 번씩 자리바꿈을 함으로써 '자아'와 '신체'를 동일시하는 사고를 드러냈다고 보면 이해가 될 것이다.

134) **많은 흙 중 … 그렇게 생각하는가:** 플라톤의 『필레보스』 29a 이하에도 이와 유사한 논의가 등장한다.

135) **질서정연하게 있다고 생각하는 건가:** 키케로는 『신들에 본성에 대하여』 2권 18장, 3권 27장에서 크세노폰의 이 구절을 인용한다.

이지 저는, 소크라테스 선생님, 신령스런 것을 무시하는 게 아니라 저의 보살핌을 보태기에는 그것이 너무 위대하다고 생각하는 것입니다." "그러니 자네는 그것이 자네를 보살피는[136] 위대함만큼 더욱더 그것을 존경해야겠네." /11/ "확실히 말씀드릴 수 있는 것은 만약 제가 신들이 인간들에 대해서 조금이라도 신경을 쓴다면 그들에게 소홀하지 않을 것이라는 점입니다." 그가 말했다. "그래서 자네는 신들이 신경 쓰지 않는다고 생각하는가? 그들은 처음에 동물들 중에서 인간만을 똑바로 서게 했지. 그런데 똑바로 섬은 앞을 더 많이 보는 것도 위에 있는 것들을 더 많이 보는 것도 가능하게 하고 해를 덜 입게 하지. 그리고 눈과 귀와 입을 위에다 만드셨지. 그다음에 신들은 다른 네 발 동물들에게는 걷는 것만이 가능한 발을 주셨고 인간들에게는 손까지 덧붙여서 우리를 저것들보다 더 행복하게 해줄 대부분의 것을 만들 수 있게 하셨지. /12/ 더더구나 모든 동물이 혀를 갖고 있지만, 유독 인간의 혀는 언제라도 입의 어느 곳에나 닿아서 분절음을 내어 우리가 뜻하는 모든 것을 서로에게 지시할 수 있게 만드셨지. 한편 성욕의 즐거움 역시 다른 동물들에게 주는 데에는 일 년을 주기로 한계를 그었지만, 우리에게는 노년까지 지속적으로 그것을 제공하시는 것은 어떤가? /13/ 더

---

136) **보살피는:** 앞에서 '보살핌'으로 번역한 'therapeia'와 동근어이다. 인간의 입장에서는 신들에게 제의를 지내는 등 봉사(service)를 하는 것이지만 신들의 입장에서는 인간들을 보살피는 일이 되는데, 한 가지 말에 담기는 이 양 측면의 의미를 살리기 위해 번역어를 달리하지 않고 번역했다.

나아가 신에게는 몸만을 돌봐주는 것으로는 만족이 되지 않았고 가장 대단한 것인 영혼까지 인간에게 가장 훌륭하게 심어주셨네. 첫째, 다른 어떤 동물의 영혼이 대단하고 아름다운 것들을 구성한 신들이 누구인지 감지하였는가 말이지. 인간들 말고 다른 어떤 종족이 신들을 섬기는가? 어떤 형태의 영혼이 인간의 영혼보다 굶주림이나 갈증이나 추위나 무더위에 대비하기에 충분한 능력이 있을 것이며, 또는 질병을 치료하거나 힘을 단련하거나 배움에 힘쓰거나 보거나 듣거나 배운 것들을 다 기억할 충분한 능력이 있겠는가? /14/ 아니 그럼 다른 동물들에 비해 인간들이 신처럼 산다는 것, 본성으로나 육신으로나 영혼으로나 가장 탁월한 존재라는 것이 자네에게는 아주 분명하지 않다는 말인가? 왜냐하면 황소의 몸에 인간의 지력을 갖고서는 그가 뜻하는 바를 실천할 수 없었을 테고, 손은 갖고 있으나 사려가 없는 것들은 이로울 게 없으니까. 그런데 자네는 최고의 가치를 가진 양쪽을 얻고도 신들이 자네를 돌본다고 생각하지 않는단 말인가? 도대체 자네는 신들이 무엇을 만들어줄 때면, 그들이 자네에게 신경 쓴다고 믿을 텐가?" /15/ "선생님에게 그들이 보낸다고 선생님이 말씀하시듯이 무엇을 해야 하고 무엇을 하지 말아야 할지에 대한 조언자들[137]을 보내줄 때죠." "뭔가를 묻고 있던 아테네 사람들에게 예언술을 통해 신들이 공표할 때, 그들이 자네에게도 공표하는 것이라고 생각되지 않는가? 그들이

---

137) **조언자들**: 신령스런 것(다이모니온).

헬라스인들에게[138] 이적을 보내 미리 지시할 때도 아니고 모든 사람에게 할 때도 아니고, 오직 자네만을 집어내서 무관심 속에 방치한단 말인가? /16/ 자네는 인간들이 잘하거나 못할 충분한 능력이 없다면, 신들이 인간들에게 그런 판단을 심어주었으리라 생각하는가? 그래서 인간들은 평생 속아서 그것을 감지한 적이 전혀 없고 말이지. 자네는 인간의 것들 가운데서 가장 오래가고 가장 지혜로운 나라들과 종족들은 신을 가장 경배하는 것들이며 가장 현명한 연배의 사람들은 신들을 돌본다는[139] 것을 보지 못하는가?" 그가 말했다. /17/ "여보게, 자네의 영혼 역시 안에 있으면서 원하는 대로 자네의 몸을 관리하고 있다는 것을 잘 알아두게." 그분이 계속해서 말했다. "그러니 모든 것 안에 있는 현명함도 모든 것을 자신에게 즐겁도록 그렇게 배치하며 자네의 눈은 먼 거리에 이를 수 없지만 신의 눈은 모든 것을 동시에 보지 않을 수 없으며, 자네의 영혼 역시 이곳에 있는 것들과 이집트에 있는 것들과 시켈리아[140]에 있는 것들에 대해서도 신경 쓸 수 없지만, 신의 현명함은 동시에 모든 것을 보살피기에 충분하지 않을 수 없다고 생각해야 하네." /18/

---

138) **헬라스인들에게**: 해제나 주석에 쓴 '그리스'란 말은 로마를 통해 유통된 영어식 표현이다. 본문 번역에서는 원어대로 '헬라스'라는 표현을 사용했다. 헬라스는 예나 지금이나 헬라스인들이 자신들을 지칭하는 표현이기도 하다.

139) **돌본다는**: 앞의 '보살핌(therapeia)'처럼 '보살핌(epimeleia)'과 '보살피다 (epimeleisthai)'는 신과 인간의 입장에서 각기 쓸 수 있는 말이다.

140) **시켈리아**: 현재 이탈리아의 시칠리아를 말하며, 당시 그리스의 가장 큰 식민도시였다.

사실이지 자네가 인간들을 보살핌으로써 보살핌으로 보답하려 드는 사람들을, 호의를 베풂으로써 호의로 보답하는 사람들을 알아내고, 조언을 해줌으로써 현명한 사람들을 알아보듯, 자네는 신들을 보살핌으로써 신들이 인간들에게 불확실한 것들과 관련해서 자네에게 뭔가를 조언해 주고자 하는지 어떤지에 대해 신들을 시험해 본다면, 자네는 신적인 것이 동시에 모든 것을 보고 모든 것을 들으며 어디에나 있고 동시에 모든 것을 보살피는 정도로 대단하며 그와 같은 상태라는 것을 알게 될 것이네. /19/ 그리하여 내가 보기에 그분은 이런 말들을 함으로써 함께하는 사람들이 다른 사람들에게 보일 때만 불경하고 부정의하며 수치스러운 것들을 멀리하게끔 했을 뿐만 아니라 홀로 있을 때에도 그렇게 하게 했다. 그분이 그런 말들을 함으로써 그들은 자신들이 하는 일 중 어떤 것도 도저히 신들이 모르게 할 수 없다고 생각했기 때문이다.

V. /1/ 자제[141] 역시 사람에게 아름답고 훌륭한 재산인 게 사실이라면, 그분이 다음과 같은 말을 함으로써 조금이나마 그것으로 이끌고 있었는지 살펴보기로 하자. "여보게들, 만약 우리가 전쟁을

---

141) **자제:** '자제'로 번역한 'enkrateia'는 앞에서 '억제하는'으로 번역한 'enkratēs'와 동근어이다. 본래 '어떤 것에 대해서 힘을 발휘한다'란 뜻을 가진 이 말이 도덕적 맥락에서는 자기 자신이 가진 욕구에 대한 지배력을 말하는 고립어로 쓰일 때는 '자제'로 번역했고, 지배의 대상이 문맥에 있을 때는 '억제'로 번역했다.

하게 되어서 우리 자신은 최대한 구해주고 적들은 우리가 굴복시키게 해줄 사람을 뽑고자 한다면, 그게 누가 되었든 식욕이나 술이나 성적 쾌락이나 힘든 일이나 잠에 취약하다는 것을 우리가 알고 있는 사람을 뽑겠는가? 그리고 어떻게 그런 사람이 우리를 구하거나 적들을 제압하리라고 생각할 수 있겠는가? /2/ 한편 우리가 임종의 순간에 어떤 사람에게 아들 자식의 교육이나 시집 안 간 딸의 건사나 재산의 보전을 맡기고자 한다면, 자제력이 없는 사람을 믿을 만하다고 생각하겠는가? 자제력이 없는 노예에게 가축이나 창고나 작업관리를 맡기겠는가? 그런 자를 우리는 거저라도 우리의 시종이나 구매노예로 삼고자 하겠는가? /3/ 더 나아가 노예도 자제력 없는 노예는 받아들이지 않는다면, 그가 그러한 자가 되는 것을 막는 것이 어찌 가치 있지 않겠는가? 그리고 탐욕스런 사람들이 다른 사람들로부터 재물을 빼앗으면서 그것이 자기 자신을 부유하게 하는 것이라고 생각하듯이 자제력 없는 자는 다른 사람들에겐 해롭고 자신에게는 이로운 것이 아니라 다른 사람들에게 못된 짓을 하는 한편 자신에게는 훨씬 더 못된 짓을 하는 것일세. 자신의 집을 망칠 뿐만 아니라 육체와 영혼까지 망치는 것이 가장 나쁜 것이라고 한다면 말이지. /4/ 어느 누가 친구들보다는 요리와 포도주를 기뻐하고 동료들보다는 매춘부를 반가워하는 사람인 줄 알면서 그와 같은 사람과 교유하기를 기뻐하겠는가? 모든 사람이 자제를 덕의 초석이라 생각한다면 이것을 우선 영혼에 갖추어야 하지 않겠는가? /5/ 어느 누가 이것 없이 뭔가 아름다운 것을 명실

상부하게 배우거나 연습할 수 있겠는가? 정말이지 어느 누가 즐거움에 노예 노릇을 하면서 몸도 영혼도 부끄럽게 정돈하지 않았겠는가? 내가 보기에는 헤라에 맹세코 자유인에게는 그러한 노예를 얻지 않도록 기도하는 게 맞고, 그와 같은 즐거움들에 노예노릇을 하는 자들에게는 아름다운 주인들을 얻도록 신들에게 간청하는 것이 맞는 것으로 보이네. 왜냐하면 그렇게 해서만 유일하게 그와 같은 자가 구원되기 때문일세." /6/ 한편 그분은 이와 같은 말을 하면서 말보다는 실제로 더 강력하게 자기 자신을 드러내 보였다. 왜냐하면 그분은 육체를 통한 즐거움들을 지배했을 뿐만 아니라 재물을 통한 즐거움도 지배했으니, 우연히 만난 사람으로부터 재산을 얻은 사람은 자기 자신에게 주인을 세우게 되고 그 어떤 종살이보다 수치스런 종살이를 살게 된다고 믿었기 때문이다.

Ⅵ. /1/ 그와 관련해서는 소피스트인 안티폰[142]을 상대로 이야기된 것도 빠트리지 않을 가치가 있다. 안티폰은 언젠가 소크라테스 선생님과 함께하는 사람들을 쫓아내고 싶어서 그들이 곁에 있을 때, 소크라테스 선생님에게 다가가 다음과 같이 말했다. /2/ "소크라테스, 나는 철학하는 사람들이 더 행복해져야 한다고 생각해 왔

---

142) **안티폰**: 안티폰(기원전 480~411)은 아테네의 연설가인데 크세노폰이 여기서 말하는 소피스트로서 소피스트적인 문헌의 저자로 알려진 안티폰과 동일인물인지는 확실하지 않다. 여기서는 동일인물로 추정하고, 소크라테스와 동년배임을 감안해서 말투를 맞췄다.

습니다. 하지만 제가 보기에 당신은 철학을 반대되는 방식으로 누리고 계신 것으로 보입니다. 당신은 어떤 노예라도 그런 식으로는 그 주인 밑에서 머물러 살지 않을 방식으로 살고 계시는 게 분명하니 말이죠. 먹을 것도 마실 것도 가장 형편없는 것을 들고 마시며 겉옷도 형편없을 뿐만 아니라 여름이나 겨울이나 같은 것을 두르시며 맨발로 내의도 없이 지내시죠. /3/ 게다가 돈이라고는 받지를 않으세요. 갖게 되면 기분이 좋고 갖고 있으면 사는 걸 더 자유롭고 즐겁게 만들어주는 것인데 말이죠. 그리하여 다른 일들의 선생들도 학생들을 자신들의 모방자로 만들어놓듯이 선생님도 함께 하는 사람들을 그런 상태에 있게 하신다면 선생님은 스스로 불행의 선생이라고 보셔야 합니다." 그러자 소크라테스 선생님은 이에 대해 말하였다. /4/ "안티폰, 내가 보기에 당신은 내가 그토록 어렵게 살고 있다고 생각하는 것 같고, 그래서 나는 당신으로 하여금 나처럼 살기보다는 차라리 죽기를 선택하도록 설득한 것이로군요. 자, 그럼 당신이 내 삶에서 무엇이 고약하다고 느꼈는지를 살펴봅시다. /5/ 돈을 받는 사람들이 보수에 상당하는 것을 해주는 것은 당연한 반면, 돈을 받지 않는 내가 원하지 않는 사람과 대화를 나누는 것은 당연함이지 않기 때문인가요? 아니면 당신은 당신보다 내가 덜 건강하고 힘을 덜 나는 것을 먹는다고 해서 내 생활방식을 폄하하나요? 아니면 내가 섭취하는 것들이 당신 것보다 귀하고 비싸다는 점에서 더 얻기 힘든 것이라고 봐서인가요? 아니면 내가 장만하는 것이 나에게 맛있는 것보다 당신이 장만하는 것이 당신에게 더 맛있다고 봐서인가요? 당신은 가장 맛있게 먹는 사람은 요리가 가장 적게 필요하고, 가장 맛있게 마시는 사람은 곁에 없는 음료를 가장 적게 욕구한다는 것을 모르나요? /6/ 게다가 겉옷은 그걸 갈아입는 사람들이 추위와 더위 때문에 갈아입는 것이고 신발은 아프게 하는 것들 때문에 발이 걷지 못하는 일이 없도록 신는 것이라는 것을 당신은 모르나요? 그래서 말인데 당신은 진즉에 내가 추위 때문에 실내에 더 남아 있다거나 더위 때문에 누군가와 그늘 주변에서 전투를 벌인다거나 발이 아픈 것 때문에 어디든 내가 원하는 곳으로 걷지 못하는 것을 본 적이 있나요? /7/ 타고난 몸은 아주 허약하지만 훈련을 한 사람들이 아주 강건하지만 훈련을 안한 사람들보다 그들이 훈련한 것들에서 더 강해지고 더 쉽게 그것들을 견뎌낸다는 것을 당신은 모르나요? 그러니 당신은 내가 말이지, 그때그때마다 내 몸에 닥치는 것들을 감내하는 훈련을 했으니, 훈련을 하지 않은 당신보다 더 쉽게 모든 것을 견디리라고 생각하지 않나요? /8/ 그런데 당신은 식탐에도 잠과 음란함에도 종살이하지 않는 것에 대해서 내가 이것들과는 다른 더 즐거운 것, 즉 사용하면서 기쁠 뿐만 아니라 언제나 이롭게 할 것이라는 기대를 줌으로써도 기쁜 것을 갖는 것 말고 다른 어떤 것이 더 원인이 되리라고 생각하나요? 더더구나 당신은 아무것도 잘되는 일이 없다고 생각하는 사람들은 기쁘지가 않고, 멋있게 내 일이 잘되어 간다고 생각하는 사람은 농사일이거나 뱃일이거나 그때그때 닥쳐서 하는 어떤 다른 일이거나 잘되어 간다고 생각함으로써 기쁘다는 것을 알고 있죠. /9/ 그러니 당신은 이 모든 것에서 오는 즐거움이 자신이 더 나아지고 있고, 더 훌륭한 친구들을 얻고 있다고 생각하는 데서 오는 즐거움만큼 많다고 생각하나요? 그래서 나는 그런 생각을 유지해 오고 있어요. 그런데 친구들이나 나라에 이로움을 주어야 한다면, 이것들을 돌볼 여가는 내가 지금 사는 방식에 있을까요, 아니면 당신이 복 받아 사는 방식에 있을까요? 값비싼 음식 없이는 살 수 없는 사람과 현재 있는 것으로 만족하는 사람 중에 누가 더 쉽게 군복무를 할까요? 가장 얻기 어려운 것들을 요구하는 사람과 가장 부딪치기 쉬운 것들을 만족스레 이용하는 사람 중에 누가 더 빨리 포위 공격에 항복할까요? /10/ 안티폰, 당신은 행복[143]이 사치와 낭비라고 생각하는 사람 같군요. 하지만 나는 아무것도 필요하지 않은 것이 신적이며, 가능한 한 가장 적은 것이 필요한 것이 신적인 것에 가장 가까운 것이라고 믿고 있으며, 신적인 것은 가장 훌륭하고 신적인 것에 가장 가까운 것이 가장 훌륭한 것에 가장 가깝다고 믿고 있지요." /11/ 그런데 언젠가 다시 안티폰이 소크라테스 선생님과 대화를 하며 말했다. "사실 소크라테스, 나는 당신이 정의롭다고는 믿지만 도무지 지혜롭다고는 믿지 않습니다. 내게 보이기로 그렇고 당신 자신도 그걸 알고 있지요. 함께하는 이들 중에 누구에게도 당신이 돈을 요구하지 않는 것은 분명하니까

---

143) **행복**: 그리스인이 말하는 '행복'은 앞에서 이야기한 '신령(daimōn)이 우리의 영혼 속에서 잘(eu) 지내고 있음(eudaimonia)'이라는 뜻을 원래 가지고 있다.

요. 그렇지만 당신은 겉옷이나 집이나 그 밖에 당신이 소유하고 있는 다른 어느 하나라도 돈의 값어치가 있다고 믿으면서는 아무에게도 공짜로 주지 않는 것은 말할 것도 없고 값어치보다 적게 받고 주지도 않을 겁니다. /12/ 그래서 분명 만일 당신이 함께함 역시 어떤 값어치가 있다고 생각했다면, 아마 당신은 이 값어치보다 적게 요구하지는 않았을 것입니다. 그러니 당신은 탐욕 때문에 사기를 치지는 않는다는 점에서 정의롭기는 하겠지만, 아무런 가치도 없는 것들을 알고 있으니, 지혜롭다고는 할 수 없지요." /13/ 그런데 소크라테스 선생님은 이에 대해 말했다. "안티폰, 우리 사이에서는 청춘과 지혜가 다 같이 아름다운 상태가 되기도 하고 추한 상태가 되기도 한다고 믿지요. 청춘도 어떤 사람이 원하는 자에게 돈을 받고 판다면, 사람들은 그를 남창이라 낮춰 부를 것이며, 만약 누군가가 아름답고 훌륭한 구애자를 알아보고, 이 사람을 자신의 친구로 삼는다면,[144] 우리는 그가 현명하다고 믿지요. 지혜도 마찬가지로 원하는 사람에게 돈을 받고 파는 이를 사람들은 소피스트라 낮춰 부르지만, 천성을 타고난 사람을 알아보고 그가 갖고 있는 것을 뭐든 가르쳐 훌륭한 친구로 만드는 사람은 그가 누구든 우리는 이

---

144) **청춘도 … 친구로 삼는다면:** 1권 2장 29절의 주석에서도 잠깐 언급했지만 그리스의 동성애의 경우 보통 10대 중후반의 소년과 30대의 장년 간에 성립된다. 이들은 물론 성적 관계도 맺지만 사랑하는 사람인 구애자(erastēs)가 사랑받는 자인 소년애인(paidika)를 사회적으로나 정신적으로 이끌어주는 경우로 발전하기도 한다. 플라톤은 이런 세속적인 동성애관계를 사제 간의 관계로 끌어올리려는 철학적인 시도를 자신의 대화편 『향연』에서 하였다.

사람이 아름답고 훌륭한 시민에게 적합한 것들을 만든다고 믿는다네. /14/ 안티폰, 그래서 나는 스스로 다른 누군가가 좋은 말이나 개, 또는 새에 대해 즐거워하듯이, 그 이상으로 훌륭한 친구들에 대해 기뻐하고, 만약 내가 뭔가 좋은 것을 가지면 가르쳐주고, 그들이 덕을 위해 뭔가 도움을 받으리라고 내가 믿는 다른 사람들에게 소개도 시켜준다네. 그리고 지혜로운 옛사람들이 글로 써서 책에 남긴 그들의 보물을 펼쳐서 친구들과 함께 다 같이 상세히 살펴보고 뭔가 좋은 것을 우리가 보면 뽑아내고, 그것이 서로의 마음에 든다면, 대단한 이득이라 여긴다네. 그래서 이것들을 듣는 나로서는 나 자신이 복을 받았을 뿐만 아니라 듣는 사람을 아름답고 훌륭함으로 이끈다고 여겼지요."

/15/ 그리고 다시 언젠가 안티폰이 소크라테스 선생님에게, 정말 그분이 안다면 어떻게 다른 사람들은 정치에 능하게 만든다고 생각하면서 자기 자신은 정치적인 일을 할 수 없다고 생각하는지를 물었다. 그분이 말했다. "안티폰, 어떤 쪽으로 더 정치적인 일을 행할 수 있을까요? 나만 홀로 그것들을 행하는 쪽과 가능한 한 많은, 그것들을 행할 역량 있는 사람들이 가능한 한 많이 있도록 돌볼 경우 중에서 말이죠."

VII. /1/ 한편 그분이 함께하는 사람들을 거짓행세로부터 방향을 돌려 덕을 돌보도록 방향을 틀게 했는지를 살펴보자. 왜냐하면 언제나 그분은 누군가가 자신이 훌륭해 보이기를 원하는 방면에서 훌륭해지게 되는 길 말고 좋은 평판으로 가는 더 좋은 길은 없다고 말해 왔기 때문이다. 그분이 하는 말이 참되다는 것을 그분은 다음과 같은 방식으로 가르치곤 했다. /2/ 그분은 말했다. "만약 누군가가 훌륭한 아울로스 연주자가 아니면서 훌륭해 보이기는 원한다면, 그가 무엇을 해야 하는지를 깊이 생각해 보세. 그러면 그 기술 외부에 있는 것들이 훌륭한 아울로스 연주자들을 흉내 내야 하지 않겠는가? 그리고 먼저 저들이 멋진 장비를 갖추고 있고 많은 추종자들을 거느리고 있기 때문에 이 사람도 이것을 먼저 해야 하네. 그러고 나서 저들을 많은 사람들이 칭송하기 때문에, 이 사람도 많은 칭송자들을 갖추어야 하지. 하지만 일일랑은 절대 맡아서는 안 되네. 그렇게 되면 그 즉시로 우스꽝스런 꼴이 되는 수모를 겪을 것이네. 그저 형편없는 아울로스 연주자뿐 아니라 허풍 떠는 위인이 된단 말이지. 그렇지만 많은 돈을 쓰면서도 아무런 이득을 얻지 못하고 이에 더해 구설수에 오르면, 그는 어찌 고생스럽고도 우스꽝스러운 허송세월을 보내지 않겠는가? /3/ 마찬가지로 만약 누군가가 훌륭한 장군이나 선장이 아니면서 그렇게 보이기를 원한다고 한다면, 우리는 그에게 무엇을 조언하겠는지를 유념해 보세. 만약 이것들을 실행하기에 충분한 것으로 보이기를 욕구하지만 설득할 능력이 없다면,[145] 그것은 고통스러울 것이며, 그가 설득해 낸다면

---

145) **설득할 능력이 없다면:** '사람들에게 그렇게 보이도록 사람들을 설득하거나 자신을 장군이나 선장직에 선출하도록 설득할 능력이 없다면'이라는 뜻이다.

더더구나 더 비참하지 않겠는가? 왜냐하면 선장 일이나 장군 일을 할 줄 모르는 사람이 임명이 되면 그는 자신이 그러고 싶지 않은 사람들을 죽일 수 있을 것이며 그의 말로는 수치스럽고도 나쁠 것이기 때문일세. /4/ 같은 식으로 부유함과 남자다움과 강함과 관련해서 실제로는 그렇지 않으면서 그렇게 보이는 것은 이롭지 못하다는 것을 그분은 입증했다. 왜냐하면 그분은 능력에 비해 더 크게 그것들에 대한 임무를 부여받는다는 것, 그리고 그것을 할 줄 모르면서 그러기에 충분한 사람으로 보이는 것은 동정을 받지 못한다고 말했기 때문이다. /5/ 어느 누가 돈이나 장비를 설득을 통해 약탈해 얻는다면, 그분은 그 사기꾼을 사소하다고 부르지도 않았지만, 아무런 자격도 없으면서 나라의 지도자가 되기에 충분하다고 설득해서 사기를 치는 사람은 훨씬 더 대단한 사람이라 불렀다. 그래서 내가 보기에 그분은 함께하는 사람들을 이와 같은 말을 해서 거짓행세를 하는 것에서 방향을 돌리게 한 것으로 보였다.

2권

B

I. /1/ 한편 내가 보기에 소크라테스 선생님은 다음과 같은 대화를 나누면서도 역시[1] 함께하는 사람들로 하여금 먹을 것과 마실 것과 음란함과 잠의 욕구에 대한 자제를 연마하라고 권유했다.[2] 그분과 함께하는 사람들 중 누군가가 그런 것들에 대해 유난히 훈육받지 못한 것을 알고서 그분이 말했다. "내게 말해 보게, 아리스티포스.[3] 만약 자네가 젊은이들 둘을 넘겨받아서 한쪽은 어떻게 하면 다스릴 역량이 있는 사람이 되도록, 다른 쪽은 어떻게 하면 자신이 다스리기에 적격인 사람이라고 나서지도 않게 되도록 교육해야 한

---

1) **역시**: 1권 5장에도 같은 주제의 이야기가 있었다.

2) **먹을 것과 … 권유했다**: 반디니는 앞에서 열거된 억제의 대상이 되는 욕망 중에 맨 뒤에 언급되는 "추위, 더위, 고된 일"을 원문에서 **뺐다**. 이는 자제의 대상으로 적절하지 않기 때문이며, 스미스(Josiah Renick Smith, 1903)를 비롯한 주석가들도 이 구절을 잘못 집어넣어진 주석일 것으로 추측한다.(Josiah Renick Smith, *Xenophon: Memorabilia*, book 2, chapter 1, section 1 (tufts.edu) 참고) 로빈스(R.D.C. Robbins)를 비롯한 다른 주석가들은 앞의 것들은 '욕구'에 바로 연결해서 읽더라도 뒤의 것들은 '억제'와 연결해서 읽어야 한다고 본다.(Robbins, 1867, p. 262 참고) 말하자면 크세노폰이 파격구문을 사용했다고 보는 것이다. 둘 다 일리가 있는 지적이나 본문은 반디니의 편집에 따랐다.

3) **아리스티포스**: 아리스티포스(기원전 435~356)는 소크라테스의 제자로서 쾌락주의학파인 퀴레네학파를 세운 인물이다. 디오게네스 라에르티오스의 『유명한 철학자들의 생애와 사상』 2권 65절에는 크세노폰이 소크라테스의 제자이며 쾌락을 인생의 목적이라 여기는 아리스티포스를 비판하기 위해서 이 절을 넣었다는 주장이 실려 있다.

다면, 자네는 어떻게 각자를 교육할까? 기본요소에서 시작하듯이 양육에서부터 시작해서 우리가 살펴보는 것이 어떻겠는가?" 그러자 아리스티포스가 말했다. "제가 보기로는 양육이 출발점인 것은 분명한 것 같네요. 양육받지 않는다면, 누군들 살아 있기나 하겠습니까?" /2/ "때가 되면 대체로 양쪽 사람 모두 먹을 것에 손 대고 싶어 하는가?" "대개 그렇죠." 그가 말했다. "그러면 그들 중 어느 쪽을 우리는 배를 즐겁게 하기보다는 급한 일을 먼저 할 것을 선택하는 데 익숙하게 할까?" "제우스께 맹세코, 다스리기 위해 교육받는 쪽이죠. 그의 집권 시에 나랏일이 방기되는 일이 없도록 하기 위해서죠." "그들이 마시고 싶어 할 때도, 마시기를 참을 수 있는 능력도 같은 사람에게 부여해야 할까?" 그분이 말했다. "물론입니다." 그가 말했다. /3/ "그런데 잠을 억제함, 그래서 늦게 잠자리에 들고 일찍 일어나며, 필요한 경우에는 밤을 새는 능력은 어느 쪽에 우리가 부여하는 게 좋을까?" "그것도 같은 사람에게죠." 그가 말했다. "성욕을 억제하는 것, 그래서 필요한 경우에 이 때문에 행동에 지장받는 일이 없도록 하는 것은 어떤가?" "그것도 같은 사람에게죠." 그가 말했다. "어떤가? 힘든 일을 피하지 않고 자진해서 버티는 것은 어느 쪽에 우리가 부과하는 것이 좋은가?" "이것도 다스리는 교육을 받는 쪽에게죠." 그가 말했다. "어떤가? 경쟁자들을 이기기 위한 유용한 어떤 배움이 있다면, 그것을 배우는 것은 어느 쪽에 할당하는 것이 적합하겠는가?" "제우스께 맹세코, 당연히 다스리는 것을 배우는 쪽이죠. 그런 배움 없이는 다른 것은 전혀 도움이 되지 않으니까요." /4/ "그렇게 교육을 받는 사람은 자네가 보기에 경쟁자들에게 지겠는가, 아니면 나머지 짐승들이 정복당하겠는가? 왜냐하면 이것들 중 어떤 것들은 식욕 때문에 미끼를 물게 되니, 그것도 어떤 것들은 아주 소심한데도 불구하고 먹을 욕심 때문에 미끼에 이끌리어 붙들리게 되고, 다른 것들은 마실 것 때문에 덫에 걸리게 되지." "물론입니다." 그가 말했다. "다른 것들도 교미 때문에, 예컨대 메추라기와 자고새처럼 성교의 욕망과 희망으로 인해 암컷의 소리에 움직이게 되고 무서운 것들을 헤아리는 것을 포기하고 그물에 빠지는가?" 그것에도 그는 동의했다. /5/ "자네는 가장 어리석은 동물들과 같은 일을 당하는 게 인간에게는 부끄러운 일이라고 생각하지 않는가? 마치 바람난 사내가 법이 경고하는 일들을 겪고 덫에 걸리고 붙들려서 방종의 죄를 받게 되는 위험이 자신에게 있다는 것을 알면서도 규방에 들어가듯이 말이지. 그리고 간통을 하는 사람에게는 그렇게나 많은 나쁘고 수치스러운 일들이 도사리고 있고, 그를 성욕으로부터 안전하게 벗어나게 해줄 수 있는 것들이 많이 있는데도 불구하고, 그 위험으로 이끌린다는 것은 이미 악령[4]에 홀린 사람이 할 짓이 아니겠는가?" "제게는 그렇게 보이네요." 그가 말했다. /6/ "그런데 사람으로서는 부득이하게 할 수밖에 없는 대부분의 활동이 야외에서 이루어지는데도, 예

---

4) **악령**: '악령'으로 번역한 'kakodaimōn'은 앞에서 말한 '신령(daimōn)'이 들어간 말이다.

컨대 전쟁이나 농사짓는 일, 그리고 그 밖에 다른 일들 중에 적잖은 일들이 그런데도 불구하고 추위와 더위에 대해 다수의 사람들이 훈련이 되어 있지 않다는 것은 지나치게 나태한 것이라고 자네는 여기지 않는가?" 이에 대해서도 그는 동의했다. "그러면 통치를 하게 될 사람은 이것들도 쉽게 견뎌낼 수 있도록 수련을 해야 한다고 생각하지 않는가?" "물론입니다." 그가 말했다. /7/ "그러면 이 모든 것을 제어하는 사람들을 우리가 통치에 적합한 인물들에 위치시킨다면, 이것들을 해내지 못하는 사람들은 관직을 맡을 수 없는 인물들에 위치시키지 않겠는가?" 이것에도 그가 동의했다. "그럼 어떤가? 자네는 이들 두 부류의 사람들 각각의 위치도 알게 되었으니, 이들 중에 어느 쪽에 자네 자신을 위치시켜야 온당하리라는 것을 이미 고려해 보지 않았는가?" /8/ "그랬습니다." 아리스티포스가 말했다. "그리고 저는 결코 다스리기를 원하는 사람들의 계급에 저 자신을 배치하지 않습니다. 왜냐하면 제가 보기에는 자신에게 필요한 것들을 마련하는 것은 중요한 일인데도, 그것에 만족하질 못하고 다른 시민들에게까지 그들이 필요로 하는 것들을 제공하는 일까지 떠맡는 것은 정말 어리석은 사람이 하는 짓으로 보이기 때문입니다. 그리고 자신에게는 자신이 원하는 많은 것이 부족한데도 나라의 장을 맡아서는 나라가 원하는 것을 전부 수행하지 못하면 이에 대한 재판을 받는 것, 이것이 어찌 심각한 어리석음이 아닐 수 있겠습니까? /9/ 그리고 그건 나라가 통치자들을 마치 제가 집안 노예를 대하는 것처럼 대하는 것이 마땅하다고 생각하기 때문입니다. 왜냐하면 저 역시 시종들이 제게 봉사를 유감없이 제공해야 마땅하지만, 그들은 그 어떤 봉사를 누려서는 안 된다고 생각하고, 나라 역시 통치자들이 자신을 위해 최대한 좋은 것들을 제공해야 마땅하지만 통치자들 자신은 이 모든 좋은 것을 멀리해야 한다고 생각하기 때문입니다.[5] 그래서 저는 자기 자신도 많은 골칫거리를 갖고 싶어 하고 다른 사람에게도 많은 골칫거리를 안겨주고 싶어 하는 사람들을 그렇게 교육을 해서 통치에 적합한 인물들로 위치시킬 수 있을 것입니다. 그렇지만 적어도 저 자신만큼은 가능한 한 가볍고 즐겁게 살기를 원하는 인물들에 위치시킬 것입니다." /10/ 그러자 소크라테스 선생님이 말했다. "그러면 이것도 살펴보면 어떨까? 다스리는 사람들이 더 즐거울까, 아니면 다스림을 받는 사람들이 더 즐거울까?" "물론 좋습니다." 그가 말했다. "우선 우리가 알고 있는 종족들 중에서 아시아에서는 페르시아인들이 통치하고 쉬리아[6] 사람들과 프뤼기아[7] 사람들과 뤼디아[8] 사람들은 통치를 받는다네. 그런데 유럽[9]에서는 스퀴티아[10] 사람들이 통치하고

---

5) **나라 역시 … 때문입니다:** 통치자에 대한 이런 생각은 플라톤의 『국가』, 특히 5권 초입에서 찾아볼 수 있다.

6) **쉬리아:** 현재의 시리아보다 좀 더 넓은 지역을 지칭해서 종종 레반트 지역을 가리키는 말로 쓰이기도 했다.

7) **프뤼기아:** 대략 현재의 터키 지역에 있던 고대 왕국.

8) **뤼디아:** 현재 터키의 에게해 연안 지역에 있던 고대 왕국.

9) **유럽:** 이 지명은 현재 우리가 생각하는 유럽과는 지역의 범위가 다르다. 현재의 터키 지역에 자리한 페르시아를 경계로 나뉘는 것은 맞지만 바로 뒤에 나오듯

마이오티스[11] 사람들은 통치를 받지.[12] 리뷔아[13]에서는 카르케돈[14] 사람들이 통치를 하고 리뷔아 사람들은 통치를 받고. 그러면 이들 중에 어느 쪽 사람들이 더 즐겁게 산다고 생각하는가? 아니면 내가 그 종족인 헬라스인들 가운데서는 어느 쪽이 더 즐겁게 산다고 자네에게는 생각이 되나? 지배하는 사람들 쪽인가 지배받는 사람들 쪽인가?" /11/ "하지만 저는요, 저 자신을 노예 신세에 위치시키지도 않지만, 제가 보기에는 그 중간이 되는 길이 있는 것 같습니다. 그 길이 제가 걸어보고자 하는 길이지요. 그 길은 통치도 노예 신세도 거치지 않고, 자유를 통하여 무엇보다도 행복에 이르는 길입니다." 아리스티포스가 말했다. /12/ "하지만 만약에 이 길이 통치도 노예 신세도 통과하지 않고, 그렇게 해서 사람 사는 세상을 통과하지도 않는다면, 아마 자네 말은 의미가 있을 것일세." 소크라테스 선생님이 말했다. "하지만 자네가 사람들 사이에서 살면서도 다스릴 것도 다스림을 받을 것도 주장하지 않고, 다스리는 사람

___

현재의 중앙아시아 지역이 있던 스퀴티아를 유럽에 넣고 있으며, 영국을 비롯한 서로마 멸망 이후 성립된 유럽 국가의 지역들은 여기에 포함되지 않는다.

10) **스퀴티아:** 중앙아시아 지역에 있던 고대 왕국.

11) **마이오티스:** 아조프해(Sea of Azov)를 이르던 고대 지명. 아조프해는 우크라이나 남동부에 있다.

12) **유럽에서는 … 지배를 받지:** 유럽에는 그리스가 포함되기 때문에 유럽 전체가 아니라 지배-피지배관계가 있는 곳의 예를 든 것뿐이다.

13) **리뷔아:** 현재의 리비아에 있던 고대 뤼비아는 여러 해상세력들에 의해 식민도시들이 세워졌던 곳이다.

14) **카르케돈:** 카르타고의 그리스식 지명. 페니키아인들이 세운 식민도시였다.

들을 자발적으로 섬기지도 않을 것이라면, 내 생각에 자네는 지배하는 사람들이 지배받는 사람들을 개인적으로나 집단적으로나 비통에 빠지게 하여 노예처럼 다루는 방법을 알고 있다는 것을 보게 될 걸세. /13/ 아니면 자네는 그들이 다른 사람들이 씨를 뿌리고 나무를 심고 나면 그들의 농사를 망치고 과수를 베어내며 약한 자이면서도 순순히 섬기려 들지 않는 자들이 강자들에 맞서 싸우기보다는 노예가 되기를 선택하도록 설득할 때까지 온갖 방식으로 그들을 공략한다는 사실을 모르는가? 그리고 사적으로는 또 용감하고 능력 있는 사람들이 비겁하고 무능한 사람들을 노예로 삼아서 이득을 챙긴다는 사실을 자네는 모르는가?" "하지만 저는 그런 일들을 겪지 않기 위해서 아예 시민이 되지 않아 저 자신을 구속하지 않는 것이고 어디서나 이방인인 것입니다." 그가 말했다. /14/ 그러자 소크라테스 선생님이 말했다. "그거 참 자네는 기막힌 재간을 이야기하는군. 시니스[15)]와 스키론[16)]과 프로크루스테스[17)]는 죽은

---

15) **시니스:** 그리스 신화에서 테세우스가 죽인 산적. 코린토스 지협을 무대로 '소나무를 구부리는 자'라는 악명을 떨쳤다. 지나가는 길손을 붙잡아 두 그루의 소나무에 팔다리를 묶은 다음 미리 구부려 두었던 나무를 풀어 사지를 잘랐다고도 하고, 길손에게 소나무 구부리는 일을 돕게 하고는 갑자기 손을 놓아 튕겨나가게 하였다고도 한다. 그와 같은 나쁜 짓을 일삼다가 테세우스에게 똑같은 수법으로 죽음을 당하였으며, 그의 딸 페리구네는 테세우스와의 사이에서 멜라니포스라는 아들을 낳았다고 한다.

16) **스키론:** 스케이론이라고도 한다. 그에 관해서는 두 가지 이야기가 전하는데, 본문의 내용에는 테세우스와 관련된 이야기가 어울린다. 포세이돈 또는 펠롭스의 아들인 스키론은 메가라 해안의 바위산에 살면서 지나가는 사람들을 붙

터라 아무도 더는 이방인들에게 해를 입히지 않는다? 하지만 현재 조국에서 시민으로 살면서 법을 정해 사는 사람들은 해를 입지 않기 위해, 꼭 필요한 사람들[18]이라 불리는 사람들 외에 도와줄 다른 사람들로 친구들을 얻기도 하고, 도시에 장벽을 두르고 해를 입히는 사람들을 막아낼 무기를 획득하기도 하며 이것들에 더해서 다른 동맹군들을 외부로부터 조달한다네. 그리고 이들은 이 모든 것을 갖추었는데도 해를 입는다네. /15/ 그런데 자네는 이것들 중 어떤 것도 갖고 있질 않고, 대부분의 사람들이 해를 입는 길거리에서 오랜 시간을 지내며, 자네가 가는 그 어떤 도시의 어떤 시민들보다도 약하며, 해를 입히고자 사람들이 가장 잘 공격하는 사람들과도 같은 사람인데도, 자네가 이방인이기 때문에 해를 입지 않으리라

잡아 자신의 발을 씻게 하고는 발로 차서 절벽 밑으로 떨어뜨려 바다거북의 밥이 되게 하였다. 마침 아버지를 찾아 아테네로 가는 길에 이곳을 지나게 된 테세우스는 스키론이 저지르던 악행과 똑같은 수법으로 스키론을 죽였다. 그의 시신은 땅도 바다도 거두어주기를 거부하여 굴러다니다가 돌처럼 굳었으며, '석회석'이라는 뜻을 가진 이름은 여기에서 유래했다고 한다.

17) **프로크루스테스**: '늘이는 자' 또는 '두드려서 펴는 자'라는 의미의 이름이며, 폴리페몬(Polypemon) 또는 다마스테스(Damastes)라고도 한다. 아테네 교외의 케피소스 강가에 살면서 지나가는 나그네를 집에 초대한다고 데려와 쇠침대에 눕히고는 침대 길이보다 짧으면 다리를 잡아 늘이고 길면 잘라버렸다. 아테네의 영웅 테세우스에게 자신이 저지르던 악행과 똑같은 수법으로 죽음을 당하였다. 이 신화에서 '프로크루스테스의 침대(Procrustean bed)'라는 말이 생겨났는데, 융통성이 없거나 자기가 세운 일방적인 기준에 다른 사람들의 생각을 억지로 맞추려는 아집과 편견을 비유하는 관용구로 쓰인다.

18) **꼭 필요한 사람들**: 혈연관계로 맺어진 사람들을 말한다.

고 생각하는 건가? 정말 자네는 나라들이 자네에게 오고 가는 안전을 보장해서 신나하는 건가? 아니면 자네는 자신이 어떤 주인에게도 도움이 안 되는 노예라고 생각해서 그런 건가? 아무것도 하려고 들지는 않으면서 값비싼 음식만 좋아하는 사람을 누가 집에 두고 싶어 하느냐는 게야. /16/ 그런데 이런 것도 생각해 보세. 주인들은 그런 하인들을 어떻게 부려먹을까? 그들의 음란함은 배고픔으로 꾸짖고 무언가 손에 쥘 수 있는 곳으로부터 차단함으로써 도둑질을 못 하게 하며, 달아나는 것은 묶어둠으로써 방지하고, 게으름은 매질로 다그치네. 아니면 자네는 하인들 중에 누가 그런 자라는 것이 눈에 보이면 어떻게 하는가?" /17/ "어쩔 수 없이 노예 일을 할 때까지 온갖 나쁜 것으로 혼내주죠." 그가 말했다. "소크라테스 선생님, 제가 보기에 선생님이 행복이라고 여기시는 통치술에 대한 교육을 받은 사람들이 어쩔 수 없이 고통을 받는 사람들과 무엇이 다를까요? 그들이 자발적으로 배고파하고 목말라하며 추위에 떨고 밤을 지새우며 그 밖에 다른 모든 것으로 고통받는다는 것이 사실이라면 말이죠. 저는 사실 같은 살갗에 자진해서 채찍질을 맞든 어쩔 수 없이 맞든, 또는 한마디로 말해서 같은 몸에 그런 온갖 것들로 자발적으로 공략을 당하든 어쩔 수 없이 공략을 당하든[19] 무슨 차이가 있는지 모르겠습니다. 고통스러운 것들을 감내하기를 수락하는 자에게는 어리석음이 있다는 것 말고 다른 것인가요?"

---

19) **공략을 당하든**: 몸을 성채에 비유하고 공성행위를 고문에 비유한 것이다.

/18/ "아리스티포스, 어떤가?" 소크라테스 선생님이 말했다. "자네에게는 그런 것들 중에서 자발적인 것이 비자발적인 것들과 차이가 없는 것처럼 보이는가? 자발적으로 굶는 사람은 원할 때 먹으며 자발적으로 목을 마르게 한 사람은 원할 때 마시고 다른 것들도 그렇게 하는 반면에 어쩔 수 없어서 이런 것들을 겪는 사람은 원하는 경우에도 스스로 그만할 수가 없는데 말일세. 자발적으로 힘든 일을 하는 사람은 좋은 예감에서 즐거워하며 고된 일을 하네. 예컨대 짐승을 사냥하는 사람들은 찾으리라는 예감으로 험한 일을 즐겁게 하지. /19/ 그리고 고역들 중에서 그런 종류의 경기는 가치가 적은 편에 속하고 좋은 친구들을 얻기 위해서거나 적들을 굴복시키려고, 또는 육체적으로나 정신적으로 힘 있는 사람이 되어서 자신들의 집안을 멋지게 경영하고 친구들에게 잘해주고 조국에 이바지하기 위해서 힘든 일을 하는 그런 사람들이 그런 일들을 위해서 즐겁게 힘든 일을 하며 기뻐하며 산다고 생각하지 않을 수 있겠는가? 스스로를 대견해하며 다른 사람들에게서는 칭송을 받고 부러움을 사면서 말이지. /20/ 심지어 나태와 당장의 즐거움은 체육교사들이 말하듯이 육체적으로 좋은 상태를 조성하기에 충분하지 못하고 정신적으로도 의미 있는 앎을 전혀 심어주지 못하는 반면 인내를 통한 돌봄[20]은 멋지고 좋은 일들에 이르게 할 수 있네. 좋은

---

20) **돌봄**: 문맥상 '노력'으로 하면 좋겠지만, 1권 2장 2절 주석에서 밝혔듯이 '돌봄(epimeleia)'은 플라톤의 『알키비아데스』의 중심주제이기도 해서 일관성 있는 번역어를 택했다. 풀어서 생각하면 '자기 자신을 성장시키기 위한 덕을 향한

사람들이 하는 말이지. 헤시오도스도 그런 뜻으로 이런 말을 한 것이 분명한 것 같네.

　　악을, 그것도 무더기로 선택하기란
　　쉽다. 그 길은 평탄하고 아주 가까이에 놓여 있다.
　　하지만 덕 앞에는 땀방울을 불멸의 신들이
　　놓아두었다. 거기에 이르는 길은 길고 가파르며
　　험하다, 처음에는. 하지만 꼭대기에 이르면,
　　그 뒤에는 쉬워지니, 처음이 힘든 것이다.[21]

또한 에피카르모스[22]도 다음 말에서 증언한다.

　　우리의 힘든 일을 대가로 모든 좋은 것을 신들이 파신다.[23]

또한 다른 말에서 그는 말한다.

　　가련한 자여, 거친 것들을 갖지 않으려고 부드러운 것들을

　　자기 돌봄의 노력'이라고 할 수 있겠다.
21) **악을 … 힘든 것이다:** 헤시오도스, 『일과 나날』 287~292행.
22) **에피카르모스:** 에피카르모스(기원전 550~460)는 코스 출신으로 시칠리아에서 활동한 극작가이다.
23) **우리의 … 파신다:** 딜스 & 크란츠(Hermann Diels & Walter Kranz, 1951, 23장 직접단편 36) 참고. 이하 DK23B36 방식으로 표기.

찾지 말라.[24)]

/21/ 그리고 지혜로운 프로디코스[25)]는 헤라클레스에 관한 어떤 저술[26)]에서 대부분의 사람들에게 밝혀 보여주는 바대로 덕과 관련해서, 내가 기억하는 바로는 다음과 같은 어떤 내용을 이야기하여 밝히고 있네. 그분 말씀으로는 헤라클레스가 어린 시절을 벗어나 한창 때에 접어들 무렵이었다고 하네. 젊은이들이 독립할 때가 되어 덕을 통한 인생의 길을 갈 것인지 악덕을 통한 인생의 길을 갈 것인지를 분명히 밝히는 그 시기에서 헤라클레스는 어떤 길로 방향을 잡아야 할지 혼란스러워 조용한 장소를 찾아가 앉았다고 하네. /22/ 그리고 그에게 키 큰 두 명의 여인이 다가오는 것이 보였는데, 한 여인은 용모가 어여쁘고 자유인다운 본성을 갖고 있으며, 살빛은 깨끗함으로 눈은 부끄러움으로 모습은 절제로 치장하고 흰옷을 차려 입은 반면, 다른 여인은 양육을 잘 받아 풍만하고 부드러우며 살빛을 꾸며 실제보다 더 희고 발그레해 보이게 나

---

24) 가련한 자여 … 찾지 말라: DK23B37.

25) 프로디코스: 프로디코스(기원전 465~365)는 케오스 출신의 소피스트이다. 플라톤의 『크라튈로스』 384b에는 소크라테스가 돈이 없어서 이름들의 올바름에 대한 프로디코스의 50드라크마(그리스 화폐단위)짜리 강의를 듣지 못하고 1드라크마짜리만 들었다는 이야기가 나온다.

26) 헤라클레스에 관한 어떤 저술에서: '헤라클레스의 선택'에 관한 내용인데, 프로디코스의 저술 『계절들(Hōrai)』에 실려 있다. 플라톤은 『향연』 177b에서 헤라클레스에 대한 프로디코스의 이 저술을 언급한다.

96

타나고 모습도 본성보다 곧아 보이며 눈은 똥그랗게 뜨고 꽃다운 나이가 가장 빛을 발할 수 있는 옷을 입고 있었다고 하네. 그녀는 자기 자신을 자주 살피는 한편, 또 다른 누가 그녀를 보는지도 살피고 자신의 그림자에 신경을 자주 썼다는군. /23/ 그 여인들이 헤라클레스에게 더 가까이 다가오자, 먼저 말했던 여인은 한결같은 자세로 오는 반면에 다른 여인은 먼저 오고 싶어서 헤라클레스에게 달려오며 말했다네. '나를 보세요, 헤라클레스. 어떤 인생의 길을 갈지 망설이고 있군요. 그렇다면 나를 친구로 삼아 나를 따라온다면 가장 즐겁고 쉬운 길로 당신을 인도할 거예요. 그리고 당신은 모든 기쁨을 빠짐없이 맛볼 수 있고, 어려운 것들은 겪지 않고 평생을 살 수 있을 겁니다. /24/ 왜냐하면 먼저 당신은 전쟁이나 말썽들에 신경 쓸 일이 없을 것이고 무슨 즐거운 먹을 것이나 마실 것을 찾을 수 있을지, 또는 무엇을 보거나 들어야 기쁠지, 또는 어떤 냄새를 맡거나 어떤 것을 만져야 즐거울지, 또는 어떤 소년과 사귀어야 가장 기쁠지, 그리고 어떻게 하면 가장 푹신하게 잘지, 또 어떻게 하면 힘을 가장 적게 들이고 이 모든 것을 충족시킬지를 살피면서 시간을 보낼 수 있을 것입니다. /25/ 만약에 그런 것들이 생겨나오게 될 것들이 부족하지 않을까 하는 어떤 의심이 든다면, 내가 당신을 육체적으로나 정신적으로 고된 일을 하게 하고 고생을 시키는 쪽으로 인도하리라는 걱정은 없고, 다른 사람들이 일해 놓은 것들을 당신이 사용하게 될 것이며, 뭔가 이득이 될 수 있는 것들로부터 멀어질 일이 없을 것입니다. 나와 함께하는 사람들에게는 내가 어디서든지 이득을 보게 하는 권능을 주기 때문이지요.' /26/ 그러자 헤라클레스가 그 말을 듣고 말했다. '여인이여, 그대의 이름은 무엇이오?' 그녀는 말했다. '나의 벗들은 나를 에우다이모니아(행복)라 부르고, 나를 미워하는 자들은 나를 헐뜯어 부르기를 카키아(악덕)라 이름하지요.' /27/ 그러자 그때에 다른 쪽 여인이 다가와서 말했다. '나도 당신에게 왔습니다, 헤라클레스여. 나는 당신을 낳아주신 분들을 알고 있고 당신이 받은 교육을 보고 당신의 자질도 익히 살펴봤지요. 그렇기 때문에 나는 만약 당신이 내 쪽으로 길을 돌린다면, 당신이 아름답고 숭고한 것들의 대단히 좋은 일꾼이 될 것이고 나 역시 훨씬 더 존경받고 탁월해 보이리라는 기대를 하고 있답니다. 나는 쾌락으로 서두를 열어 당신을 속이지 않겠습니다. 다만 신들께서 해두신 그대로 진실하게 있는 그대로의 사실을 설명하겠습니다. /28/ 진짜로 좋고 아름다운 것들은 어느 것도 노고와 돌봄 없이 인간에게 신들이 주지 않으십니다. 만약 신들이 당신에게 자애롭기를 원한다면 신들을 섬겨야 할 것이며, 친구들이 반겨주기를 원한다면 친구들에게 잘해주어야 할 것이며, 어떤 나라에서 존경받기를 열망한다면 그 나라를 이롭게 해야 할 것이며, 헬라스 전체에서 덕으로 경탄받기를 요구한다면, 헬라스가 잘되도록 노력해야 할 것이며, 대지가 당신에게 풍성한 결실을 맺어주기를 원한다면 대지를 보살펴야 할 것이며, 가축들로 부유해져야겠다고 생각한다면, 가축들을 돌보아야 할 것이며, 전쟁을 통해서 자신을 성장시키기 시작하여 친구들을 자유롭게 하고 적들을 잘못되게 할 능력을 갖추기를 원한다면, 그것을 아는 사람들한테서 전쟁 기술 자체를 배워야 하며 어떻게 그것들을 사용하는지를 연마해야 합니다. 또한 육체적으로 능력 있는 사람이 되기를 원한다면, 육체를 판단에 봉사시키는 데 익숙해야 하며 수고와 땀을 들여 체력단련을 해야 합니다.' /29/ 프로디코스가 말하는 바에 따르면, 그러자 카키아가 끼어들어 말했다네. "헤라클레스, 이 여인이 당신에게 유쾌함에 이르는 길이 얼마나 험하고 긴지를 설명했다는 것을 이해하겠나요? 하지만 나는 행복에 이르는 쉽고 짧은 길로 당신을 인도할 겁니다." /30/ 그러자 아레테가 말했지. "가여운 이여, 그대는 어떤 좋은 것을 갖고 있나요? 혹시 즐거운 것치고 그것들을 위해서 아무런 일도 할 생각이 없어도 되는 그런 즐거운 것을 아시나요? 당신은 즐거운 것들에 대한 욕구를 기다리지 않고 욕구가 생기기 전에 모든 것을 충족시키고 있습니다. 즉 당신은 배고프기 전에 먹고 목마르기 전에 마시며, 즐겁게 마시기 위해서는 요령껏 요리사를 구해놓고, 즐겁게 마시기 위해서는 값비싼 포도주를 준비하고 더울 때는 얼음물을 찾아 돌아다니고, 편안하게 쉬 잠들기 위해서는 부드러운 침구뿐만 아니라 침상과 침상받침까지 준비해 두죠. 당신이 고된 일을 했기 때문이 아니라 해야 할 일이 아무것도 없기 때문에 잠을 욕구하기 때문이죠. 또한 당신은 느끼기도 전에 성욕을 스스로 강요하여 온갖 것들을 궁리하고 남자를 여자처럼 이용하기도[27] 하지요. 그렇게 자신의 친구들을 가르쳐서 밤에는 방종하게 하고 가장 활동해야 할 낮에는 내내 자게 한다는 말이지요. /31/ 당신은 불사하면서도 신들의 반열로부터 축출되었고, 훌륭한 사람들에게서는 경시되지요. 어떤 것보다 달콤한 소리인 당신 자신에 대한 칭송을 당신은 듣지 못하고, 어떤 것보다 달콤한 광경을 당신은 보지 못합니다. 결코 당신 자신의 일이 아름답게 보인 적은 없으니까요. 어느 누가 당신이 하는 말을 신뢰할 수 있겠습니까? 어느 누가 당신이 무엇을 필요로 한들 그것을 충족시켜 주겠습니까? 또는 어느 누가 멀쩡한 정신을 가지고 당신의 무리에 무모하게 끼겠습니까? 그들은 젊어서는 육체적으로 불가능하고 연로해서는 영혼이 어리석으며, 젊어서는 고생하지 않고 윤택하게 길러졌지만, 고생해 가며 노년을 꾀죄죄하게 보내며 해놓은 일들은 부끄럽고, 하고 있는 일은 힘겨워하며 젊어서는 즐거운 것들을 섭렵했으나 어려운 일들은 노년으로 미뤄버렸습니다. /32/ 반면에 나는 신들과 사귀는 한편으로 출중한 사람들과 사귀지요. 신의 것이든 인간의 것이든 빼어난 것은 나와 무관하게 생기는 법이 없답니다. 나는 합당한 신들과 인간들에게서 그 무엇보다도 존중받습니다. 나는 기술자들에게는 환영받는 조력자요, 집안의 주인에게는 믿을 만한 가정의 수호자요, 가사노예들에게는 상냥한 동료요, 평화 시에는 고된 일의 좋은 조력자요, 전시에는 임무를 같이 수행하는 듬직한 전우요, 우정에서는 최고의 조력자이지요. /33/ 나의

---

27) **남자를 여자처럼 이용하기도:** 남성 간의 동성연애에서 상대를 성욕해소의 대상으로 본다는 뜻인 듯하다.

친구들에게는 먹고 마시는 것들로부터 얻는 즐겁고 고통 없는 향유가 있지요. 그들은 그것들에 대한 욕구가 일어나기 전까지는 자제하기 때문이지요. 그들은 피곤하지 않은 자들보다 더 달콤하게 잠이 들고, 잠을 못 자게 됐다고 짜증 내지도 않고 잠 때문에 해야할 일을 놓치지도 않지요. 그리고 젊은이들은 연장자들의 칭찬에 기뻐하고 더 나이 든 사람들은 젊은이들의 존경에 자랑스러워합니다. 그리고 그들은 오래전 했던 일을 기억하며 즐거워하는 한편, 현재 하고 있는 일들을 잘 실행하며 즐거워합니다. 그들은 나로 인해 신들에게 사랑받는 자이며 친구들에게 환영받는 자이며, 조국에는 소중한 자입니다. 그들이 정해진 끝에 이르렀을 때는 존경받지 못한 채 망각되는 것이 아니라 언제까지나 새롭게 기억되고 찬양받습니다. 고귀한 부모의 자식인 헤라클레스여, 그대가 이와 같은 일들에 전력을 다한다면, 최고의 지복한 행복을 얻는 것이 그대에게 허용됩니다." /34/ 대략 이런 식으로 프로디코스는 아레테에 의한 헤라클레스의 교육을 전개해 나갔네. 물론 내가 지금 하는 것보다는 훨씬 더 거창한 말들로 그 생각을 장식하였네.[28] 그러니 아리스티포스, 자네에게는 이것들에 열의를 다하여 뭔가 시도를 하고 이후의 자네의 삶에 신경을 쓰게.

---

28) **내가 지금 … 장식하였네:** 크세노폰의 이 요약이 실제 프로디코스의 글을 얼마나 충실히 반영하고 있는지에 대해서는 논란이 있다. 산소네(David Sansone, 2015) 참고.

II. /1/ 언젠가 그분의 맏아들인 람프로클레스[29]가 어머니에게 짜증을 내는 것을 알고 그분이 말했다. "얘야, 가장 불쾌한 사람이라고 불리는 사람들이 있다는 걸 알고 있니? 알고 있으면 말해 보렴." "그야 잘 알지요." 그 젊은이가 말했다. "그러면 왜 사람들이 그 이름을 지어서 불렀는지를 이해하겠구나?" "저야 그렇죠." 그가 말했다. "대접을 잘 받고도 감사의 표시를 할 수 있을 능력이 있을 때 하지 않는 사람들을 가장 불쾌한 사람들이라고 부르죠." "네가 보기에는 사람들은 가장 불쾌한 사람들을 불의한 사람들로 치지 않겠니?" "제가 보기엔 그렇습니다." 그가 말했다. /2/ "친구들을 노예로 팔아먹는 것이 불의하고 적들을 팔아먹는 것은 정의로운 것으로 여겨지듯이, 친구들에게 불쾌하게 구는 것은 불의하고 적에게 그러는 것은 정의롭다는 것은 생각해 본 적이 있니?" "그럼요." 그가 말했다. "그리고 제가 보기에는 그게 친구가 되었든 적이 되었든 대접을 잘 해준 사람에게 누군가가 감사의 표시를 하려들지 않는다면, 그는 불의한 겁니다." /3/ "그게 그렇다면야, 불쾌함이란 순전히 불의의 일종이겠네?" 그가 동의했다. "그러면 누가 더 좋은 대접을 받고도 감사의 표시를 하지 않으면 않을수록, 그는 더 불의하겠네?" 이 또한 그가 동의했다. "그러면 부모한테서 은혜를 받는 자식보다 더 큰 은혜를 받는 사람을 우리가 찾을 수 있을

---

29) **람프로클레스**: 소크라테스와 크산티페 사이에는 아들이 셋 있었고, 나머지 둘의 이름은 메넥세노스와 소프로니스코스이다.

까? 부모는 자식들을 없던 데서 있게끔 만들어주었고, 신들이 인간들에게 주신 그 많은 아름다운 것들을 보고 그 많은 좋은 것들을 나누게 해주었지. 바로 그것들은 그 어떤 것들보다 우리가 버리기를 가장 피하는 것일 만큼 우리가 보기에 그 무엇보다 값어치가 있는 것이고, 나라들은 그래서 가장 큰 불의에 대해서 사형의 형벌을 채택했지. 공포로써 불의를 막기에 이보다 더 큰 나쁨에 대한 공포[30]는 없다고 생각했기 때문이지. /4/ 그리고 너는 성욕 때문에 어른들이 아이를 낳는다고 생각하지도 않지. 그거야 해소시켜 줄 사람들이 길거리와 집에 차고 넘치니까 말이지. 그리고 우리가 어떤 여자와 결합하여 자식을 낳아야 그 여자에게서 가장 훌륭한 우리의 자식을 얻을지 하는 것도 살펴본다는 것은 잘 알려진 사실이지. /5/ 그리고 사내란 자신을 위해 함께 자식을 낳는 여인을 부양하기도 하고 장차 생길 아이들을 위해 그 아이들의 인생에 도움이 되리라고 생각하는 것을 모두 미리 준비하지. 그것도 가능한 한 최대한으로 준비하지. 반면에 여자는 아이라는 짐을 기꺼이 받아들여[31] 견디며, 무거운 짐을 지고 생명의 위협을 무릅쓰고 자신이 먹는 양식을 나눠주고 숱한 노고를 감내하여 출산을 하고 양육하고

---

30) **이보다 더 큰 나쁨에 대한 공포**: 문장이 다소 불분명해서 정리하자면, '신들이 인간에게 허용한 온갖 좋은 것들을 누릴 수 있게 된 것은 부모가 낳아 생명을 주었기 때문이다. 그래서 나라에서 최대의 불의를 행한 자에게 사형을 선고하는 것도 이 좋은 생명을 잃게 된다는 공포 때문에 불의를 저지르지 않으리라고 생각하기 때문이다'란 것이다.

31) **받아들여**: 임신한다는 뜻.

돌보지만, 대접을 잘 받은 적도 없고 아이 자신은 자기가 누구에게서 대접을 잘 받는지를 알아주지도 않고, 무엇이 필요한지 표현하지도 못하는데 여자 스스로 짐작해서 이롭고 즐거운 것들을 채워주려고 애쓰고 오랫동안 밤낮으로 고된 일을 감내하며 기르지. 이것들에 대해 무슨 보답을 받을지도 모르면서 말이지. /6/ 그리고 기르는 데 만족하지 않고 자식들이 뭔가를 배우기에 충분해 보이면, 부모 자신이 가지고 있는 삶에 좋은 것들은 가르치고 다른 사람이 더 가르칠 역량을 가진 것들은 돈을 써서 그 사람에게 보내며, 이 모든 것을 하면서 그들의 자식들이 가능한 한 가장 훌륭해지도록 배려하지." /7/ 이에 대해서 그 젊은이가 말했다. "비록 이 모든 일을, 그리고 그와 비슷한 다른 일들을 했을지라도, 그녀의 성깔을 견뎌내지는 못할 겁니다." 그러자 소크라테스 선생님이 말했다. "짐승의 사나움이 네 어머니보다 더 견뎌내기 어렵다고 생각하느냐 안 하느냐?" "저는 어머님 편이 더 견디기 쉽다고 생각합니다. 그러니까 그 정도는 견딜 만합니다." 그가 말했다. "물거나 차서 많은 사람들이 짐승들한테 당한 것과 같은 어떤 나쁜 일을 너의 어머니가 너에게 한 적이 있었느냐?" /8/ "그건 아니지만, 어머니는 사람이 평생에 걸쳐 듣고 싶지 않을 것들을 말씀하신다니까요." 그가 말했다. "그런데 너는 이 여자에게 소리로든 행동으로든 어릴 적부터 낮이나 밤이나 짜증을 부려 얼마나 참기 힘든 문제를 일으켰으며, 아파서 얼마나 많은 고통을 일으켰다고 생각하느냐?" 소크라테스 선생님이 말했다. "하지만 나는 결코 그녀가 부끄러워할 만한 짓을 말한 적도 없고 한 적도 없습니다." 그가 말했다. /9/ "어떤가?" 소크라테스 선생님이 말했다. "너는 비극에서 배우들이 서로에게 극단적인 말을 할 때, 배우들이 배우들에게 하는 것보다 이여자가 하는 말을 듣는 게 더 힘들다고 생각하느냐?" "하지만 제생각에는 거기서 이야기하는 사람들 중에는 논박하는 사람이 벌주기 위해서 논박한다고도, 협박하는 사람이 뭔가 나쁜 일을 하려고 협박한다고도 생각하지 않고 쉽게 견뎌냅니다." "그런데 너는 너의 어머니가 너에게 하는 이야기들을 너의 어머니는 전혀 나쁜 뜻이 없이 이야기를 할뿐더러 다른 누구에게는 없는 좋은 것들이 너에게 있기를 바라서 화를 낸다는 것을 너는 알지? 아니면 너의 어머니가 너에 대해 나쁜 의도가 있다고 믿는 거니?" "그건 아니죠." 그가 말했다. "그렇게는 생각하지 않습니다." /10/ 그러자 소크라테스 선생님이 말했다. "그런데 너는 그녀를, 너에게 자애롭고 가능한 한 최대한으로 네가 건강하고 할 일을 빼먹지 않도록 병든 너를 돌봐주는 데다 너를 위해 신들에게 좋은 많은 것들을 빌어주며 기도를 드리는 그녀를 고약하다고 너는 말하느냐? 내 생각에 만약 네가 그런 네 어머니를 견디지 못한다면 너는 좋은 것들을 견딜 수 없을 것 같구나." /11/ "나한테 말해 보렴." 그분이 말했다. "너는 다른 누군가를 섬겨야 한다고 생각하는 거냐, 아니면 어떤 사람도 즐겁게 하려는 노력도, 장군이나 다른 통치자의 말을 따르지 않을 작정을 한 게냐?" "맹세코 그렇지 않습니다." 그가 말했다. /12/ "너는 이웃 사람까지 기쁘게 하고 싶은 거냐?" 소크라테스 선생님이 말했다. "필요할 때면 너를 위해서 불이라도 밝히고, 너를 위해 좋은 것의 보조자가 되어주고, 만약 뭔가에 걸려 넘어지면, 친절하게 가까이서 너를 도와주게 말이지.""저는 그렇습니다." 그가 말했다. "어떠냐? 길을 같이 가거나 배를 같이 타는 사람이, 또는 네가 다른 누구를 만나든, 그 사람이 적이 되든 친구가 되든 너에게는 차이가 없느냐, 아니면 이들로부터의 호의 역시 너는 신경 써야 한다고 생각하느냐?" "저는 그렇죠." /13/ "그래서 이런 것들을 신경 쓸 생각을 했는데, 너를 무엇보다 가장 사랑하는 너의 어머니를 섬겨야 한다고 생각하지 않느냐? 나라 역시 다른 종류의 배은망덕은 전혀 신경 쓰지 않고 법정에 세우지도 않고, 대접을 잘 받고 보답을 하지 않는 사람들을 개의치 않지만, 만약 누군가가 부모를 섬기지 않으면 이 사람에게 처벌을 내리고 사정(査定)을 통해 후보 자격을 박탈하여 이 사람이 다스리지 못하게 한다는 것을 너는 모르느냐? 나라를 위하여 드리는 제물들도 이 사람이 드리면 경건하게 드려지지 않을 것이고 다른 것도 이 사람이 하면 전혀 아름답거나 정의롭게 행해지지 않으리라는 이유에서지. 그리고 맹세코 누군가가 돌아가신 부모님들의 무덤을 단장하지 않는다면 그 사람도 나라는 최고행정관[32]의 사정과정에서 조사한단다. /14/ 그러니 애야, 네가 만약 제정신이라면 신들과 관련해서는 네가 너의 어머니에게

---

32) **최고행정관**: '최고행정관(archōn)'은 '집정관'이라고도 번역한다. 민주화 시대 아테네에는 9명의 최고행정관이 있었고 1년 임기의 이들은 자원자 중 추첨에 의해 임명되었지만 그들의 자격을 검토하는 사정(dokimasia)과정이 있었다.

좀 신경을 쓰지 못한 경우에 이 신들 역시 네가 감사할 줄 모른다고 믿어서 너에게 잘해줄 것을 거절하는 일이 없도록 너를 용서해 달라고 간청할 것이며, 사람들과 관련해서는 그들이 네가 부모에게 무관심하다는 것을 깨닫고 그들 모두가 너를 무가치하다고 여기고, 그래서 네가 친구 없는 처지가 되지 않을까 경계할 것이야. 왜냐하면 만약 그들이 너를 부모에 대해서 은혜를 모른다고 생각하게 되면, 너에게 잘해주면 네가 보답을 하리라는 믿음을 갖지 않을 것이기 때문이야."

III. /1/ 언젠가 서로 형제이면서 소크라테스 선생님 자신과 잘 아는 사이인 카이레폰과 카이레크라테스가 사이가 안 좋은 것을 알고 카이레크라테스를 보고서 소크라테스 선생님이 말했다. "내게 말해 보게, 카이레크라테스. 자네도 형제보다 재물이 더 쓸모 있다고 생각하는 그런 사람들에 속하는 건 분명 아니지 않은가? 더더구나 재물은 지혜가 없고 형제는 지혜를 가지며, 재물은 도움이 필요하고 형제는 도움을 줄 수 있으며, 거기에 더해서 자네는 부가 많지만 형제는 하나인데 말일세. /2/ 또한 어떤 사람이 형제들을 손해라고 여기며, 그 이유가 자신이 그들의 재산을 차지하지 못하기 때문이라고 하는데, 다른 한편으로는 시민들의 재산을 자기가 갖지 못하기 때문에 시민들을 손해라고 간주하지 않고, 그 경우에는 대중과 함께 살면서 만족할 만한 정도의 것을 안전하게 갖는 것이 혼자 살면서 위험하게 시민들의 것을 전부 차지하는 것보다 낫다는 것을 계산할 수 있으면서 형제들의 경우에는 그게 똑같다는 것을 알지 못한다면, 이것 역시 놀라운 일일세. /3/ 능력이 되는 사람들은 협업을 하기 위해서 집안 노예를 사들이기도 하고 도움이 필요하다는 생각에서 친구들을 구하기도 하는데, 시민들로부터는 우정이 생기지만 형제로부터는 생기지 않기라도 한다는 듯이 형제들에게는 무관심하다네. /4/ 게다가 우애에 대해서는 같은 부모에게서 태어난 것이 중요하며 같이 길러지는 것이 중요하네. 짐승들에게도 함께 자란 것들에 대한 일종의 그리움이 생기니 말이지. 이에 더해서 다른 사람들 역시 형제 없는 사람들보다는 형제 있는 사람들을 더 쳐주며 그들에 대해서 덜 공격적이네." /5/ 그러자 카이레크라테스가 말했다. "하지만 소크라테스, 만약에 그 차이가 크지 않다면, 아마도 그 형제를 견뎌야 할 것이고 작은 일로 달아나서도 안 되겠죠. 왜냐하면 당신도 말하듯이 형제다운 형제란 좋은 것이니까요. 하지만 그 형제가 모든 점에서 결함이 있고 모든 게 정반대일 경우라면, 누군들 불가능한 시도를 할 수 있겠습니까?" /6/ 그러자 소크라테스 선생님이 말했다. "카이레크라테스, 카이레폰은 자네 마음에 들지 않는 것처럼 누구의 마음에도 들 수 없는 것인가, 아니면 그를 썩 마음에 들어 하는 사람들이 있기도 한 것인가?" "그래요 소크라테스, 그래서 카이레폰이 나한테 미움을 받아 싸다니까요. 다른 사람들에게는 마음에 들게 하면서도, 내 경우에는 카이레폰이 곁에 있는 곳이면 어디서나 이득보다는 손해가 난다니까요." /7/ "그러니 말[馬]에 대해 문외한이면서 말을 다루려고 드는 사람에게 말이 손해가 되듯이 그처럼 형제도 자기 형제에 대해 잘 알지도 못하는 사람이 자기 형제를 대하려고 들면 손해가 되겠지?" 소크라테스가 말했다. /8/ " 나에 대해 좋게 말해 주는 사람에게는 좋은 말을 하고 나에게 잘해주는 사람에게 잘해줄 줄 알면서 어떻게 내 형제를 모르고 형제를 대하겠습니까? 당연히 말로든 행동으로든 나에게 고통을 주려고 하는 사람에 대해서는 내가 좋게 말할 수도 없고 잘해줄 수도 없으며, 아예 그럴 생각도 안 하겠지요." /9/ 그러자 소크라테스가 말했다. "카이레크라테스, 그거야말로 놀라운 이야기가 되겠는 걸. 자네에게 가축 떼에 유용하면서 양치기들을 잘 따르면서도 자네가 다가가면 사납게 구는 개가 있다면, 자네는 그 개에 화를 낼 생각은 접고 잘해줌으로써 그를 길들이려고 시도할 것이며, 자네 형제가 자네에 대해 응당 그래야 할 사람이 된다면 대단히 좋은 사람이 될 수 있다고 말하고, 자네 자신이 잘해줄 줄도 좋게 말할 줄도 안다는 데에 동의하면서도 자네 형제가 자네에게 가장 좋은 사람이 되게 할 방법을 강구하려 들지 않는다면 말이지." /10/ 그러자 카이레크라테스가 말했다. "소크라테스, 나는 카이레폰을 저에 대해 응당 그래야 할 사람으로 만들 만한 지혜를 갖고 있지 않을까봐 걱정스럽습니다." "하지만 내가 보기에는 그에 대해서 전혀 복잡하거나 새로운 방법을 강구할 필요는 없네. 내가 생각하기에 이미 자네 자신이 알고 있는 것들로도 그는 사로잡혀 자네를 소중하게 여길 것이네." 소크라테스가 말했다. /11/ "만약 나 자신도 모르게 내가 알고 있는 어떤 매력을 내가 알고 있다는 사실을 간파하셨다면 어서 말씀해 주시죠." 그가 말했다. "그럼 내게 말해 보게." 소크라테스 선생님이 말했다. "자네 친지들 중 누군가가 제사를 지낼 때 자네를 저녁에 초대하도록 일을 꾸미고 싶다면, 자네는 어떻게 하겠는가?" "나부터 제사를 지낼 때 그를 초대하는 것에서 시작할 것이 분명합니다." 그가 말했다. /12/ "자네가 여행을 떠나가 있을 때 친구들 중 누군가가 자네 일을 보살펴주도록 자네가 압력을 넣고 싶으면, 자네는 어떻게 하는가?" "제가 먼저 그가 여행을 떠날 때 그의 일을 보살펴주는 일을 맡을 것이 분명합니다." /13/ "만약 자네가 그 사람의 나라에 갈 때마다 자네 자신을 손님으로 받아들이게 만들고 싶다면, 자네는 무엇을 하면 좋겠는가?" "이 사람도 아테네에 올 때마다 제가 먼저 받아들여야 하는 게 분명합니다. 그리고 내가 그곳에 간 용무를 그가 나를 위해 봐주기를 원하는 경우에는, 이것 역시 나 자신이 그를 위해 먼저 보아주어야 하는 것이 분명합니다." /14/ "그렇군. 자네는 사람 사이의 사랑의 주문을 오래전부터 알고 있으면서도 감추고 있던 것이군. 아니면 자네는 형제에게 먼저 잘해주면 부끄러운 모습으로 보이지는 않을까 싶어서 시작하기를 주저하는가?" 그분이 말했다. "더군다나 적들은 선수를 쳐서 해롭게 하고, 친구들은 앞서서 좋게 해주는 사람은 최대의 찬사를 받을 가치가 있는 사람이라고들 여기는데 말이지. 그래서 카이레폰이 자네보다 이 우애에 대해서 더 주도권을 쥐고 있는 것으로 내게 보였더라면, 나는 자네와 친하게 지내는 일에 먼저 손을 내밀라고 그를 설득했을 것이네. 그런데 지금 내게는 자네가 주도한다면, 그것을 더 많이 달성해 낼 것으로 보이네." 그러자 카이레크라테스가 말했다. /15/ "이상한 말씀을 하시는군요, 소크라테스. 그리고 더 어린 저더러 나서라는 것은 전혀 당신답지 않습니다. 더더군다나 사람들 사이에서는 이와 반대되는 통념이 있습니다. 더 나이 든 사람이 말이든 행동이든 모두 앞장서야 한다고 말이죠." /16/ "어째서 그렇지?" 소크라테스 선생님이 말했다. "길도 어디서든 나이 든 사람과 부닥뜨리면 나이 어린 사람이 비켜서고 앉았다가도 일어나고 부드러운 침상을 양보하고 말대꾸하지 않는 통념이 있지 않은가 말이지. 여보게. 주저하지 말고 그 사람을 달래보려 노력하게. 그러면 그가 바로 자네 말에 귀 기울이게 될 걸세. 그가 얼마나 명예를 좋아하고 자유인다운지 모르나? 못된 인간족속들은 자네가 뭔가를 주는 것 말고는 달리 손에 넣을 길이 없지만, 아름답고 훌륭한 사람들은 친절하게 대함으로써 자네 편으로 끌어들일 수 있거든." /17/ 그러자 카이레크라테스가 말했다. "내가 그렇게 했는데도 저 녀석이 더 나아지지 않으면요?" "자네는 괜찮은 사람이며 형제를 사랑하는 사람인데 저 사람은 형편없고 잘해줄 가치가 없는 사람이 되는 위험을 무릅쓰는 것 말고 달리 뭐가 있겠나?" 소크라테스 선생님이 말했다. "하지만 이 중 어느 것도 아닐 것이라 생각하네. 자네가 자신을 이 경합으로 불러들이고 있다는 것을 깨닫고 나면 그는 몹시 승부심이 동해서 말이나 행동으로나 선행을 베푸는 데 자네보다 우위에 서고 싶어 하리라고 나는 믿기 때문일세. /18/ 왜냐하면 지금은 마치 신이 서로 맞잡기 위해서 만든 양손이 이것에서 벗어나 서로를 방해하는 쪽으로 향하거나, 신적인 섭리로 두 발이 서로 긴밀하도록 만들어졌는데도 이것을 무시하고 서로를 방해하는 것과도 같은 상황이기 때문일세. /19/ 유익을 위해 만들어진 것들을 해를 끼치도록 사용하는 것은 심한 무지와 불행이지 않은가? 더구나 두 형제야말로 손, 발, 눈과 그 밖에 인간들에게 형제쌍으로 있는 것들보다 더 크게 서로의 유익을 위해 신이 만든 것으로 내게는 보이네. 손들은 양팔길이[33]보다 더 멀리 떨어진 것들을 동시에 잡아야 한다면, 그럴 수 없을 것이고, 다리들도 양팔길이만큼 떨어져 있는 것들에 동시에 도달하지 못할 것이며, 보기에 가장 멀리 도달할 것 같은 눈들도 오히려 더 가까운 것들 중에 눈앞에 있는 것과 동시에 뒤에 있는 것을 볼 수가 없지. 하지만 우애 있는 형제는 훨씬 떨어져서도 동시에 서로의 유익을 위해서 행동하지."

IV. /1/ 언젠가 나는 소크라테스 선생님이 친구들에 관하여 대화하는 것을 들은 적이 있다. 나는 누군가가 그것으로부터 친구들을 갖는 것과 친구들의 유용함에 대하여 더없이 유익함을 얻었으리라고 생각했다. 왜냐하면 나는 확실하고 좋은 친구가 어떤 재물보다도 가장 강하다는 소리를 많은 사람으로부터 들었기 때문이다. 그분은 "사람들이 친구들을 얻는 데보다는 온갖 것에 더 신경을 쓰는

---

33) **양팔길이**: 180cm 정도의 길이.

것이 보인다."고 말했다. /2/ "그리고 집과 밭과 노예와 가축과 살림을 신경 써서 장만하고 재산을 보존하려고 애를 쓰는 모습은 보이지만 가장 중요한 좋은 것이라고들 하는 친구는 많은 사람들이 어떻게 얻을지, 또 이미 있는 친구들이 어떻게 하면 자신에게 남을지를 고심하는 모습은 보지 못한다."고 말했다. /3/ "더구나 친구들과 집안 노예가 아플 때 어떤 사람들은 집안 노예에게는 의사를 대령하기도 하고 건강에 좋은 다른 것들을 신경 써서 마련해 주기도 하면서도 친구들은 거들떠보지 않으며, 양쪽이 죽을 때는 집안 노예의 경우에는 가슴 아파하고 손실을 생각하면서도 친구들의 경우에는 전혀 손실이 생겼다고 생각하지 않으며, 다른 재물들은 돌보지 않고 내버려 두는 일이 전혀 없으면서도 돌봄이 필요한 친구들에게는 무관심한 것을 본다."고 말했다. /4/ "더구나 이런 것들에 더해서 많은 사람들이 다른 재물들의 경우에는, 그리고 그들에게 있는 훨씬 많은 것들의 경우에는 그 숫자를 알면서도 친구들의 경우에는 얼마 되지 않는데도 그 숫자를 모를 뿐만 아니라 그걸 묻는 사람에게 그걸 헤아리는 것을 맡기고서는 친구들로 넣은 사람들을 그들이 다시 빼는 모습을 본다."고 말했다. "이 정도가 그들이 친구들에게 고심하는 정도"라고 그분은 말했다. /5/ "그렇지만 다른 것들보다 좋은 친구가 훨씬 강하다고 말하지 않을 수 있는 그런 소유물이 있겠는가? 사실 어떤 말이나 두 마리의 소[34]가 괜찮은 친구들

---

34) **두 마리의 소**: 쟁기를 끌 수 있는 숫자의 소.

처럼 그렇게 괜찮을까? 어떤 노예가 그렇게 친절하고 한결같겠는가? 또는 어떤 다른 소유물이 그렇게 전적으로 괜찮을까? /6/ 왜냐하면 좋은 친구는 사적인 것들의 장만이든 공공의 것들을 위한 활동이든 친구의 부족한 것들을 위해 전념하며, 친구가 누군가에게 잘해주어야 할 필요가 있을 경우에도 함께 힘을 보탤 것이고, 뭔가 두려움이 일어나는 경우에도 조력하여 어떤 것들은 설득해 내고, 어떤 것들은 강제를 동원하며, 잘해주는 사람들은 최대한 기쁘게 하고, 넘어지는 사람들은 최대한 바로 세워준다네. /7/ 손들이 각 사람에게 봉사하고 눈들이 전방을 보고 귀들이 미리 듣고 발들이 달려감으로써 성취하는 것들의 후원자로서 친구는 전혀 부족함이 없지. 종종 친구는 자기를 위해서는 누가 해내지도 못했거나 보지 못했거나 듣지 못했거나 달려가지도 못한 것들을 친구를 위해서는 보조해 주네. 그런데도 비록 나무를 돌봐서 열매를 얻고자 애쓰는 사람이 없는 것은 아니지만, 대다수의 사람들은 친구라 불리는 무엇이든 낳는 재산을 게으르고 무심하게 돌본다네."

V. /1/ 언젠가 나는 같은 이야기를 다른 사람에게서도 들었는데, 내가 보기에 소크라테스 선생님은 듣는 사람한테 자신이 친구들에게 얼마나 가치 있는지를 면밀히 검토하도록 권하는 것 같았다. 왜냐하면 함께하는 사람들 중 누군가가 가난으로 쪼들리는 친구를 돌보지 않는 것을 보고서 그 돌보지 않는 사람 본인과 다른 사람들이 있는 앞에서 안티스테네스[35])에게 이렇게 물으셨기 때

문이다. /2/ "자 안티스테네스, 집안 노예들처럼 친구에게도 가치의 등급이 있을까? 왜냐하면 집안 노예들 중에서 어떤 노예는 아마 2므나[36]의 가치가 있고, 어떤 노예는 반 므나의 가치도 없으며 어떤 노예는 5므나의 가치가 있고, 어떤 노예는 10므나의 가치까지 있으니까. 니케라토스의 아들 니키아스[37]는 은광의 관리자를 1탈란톤[38]을 주고 샀다고들 하네." 그분이 말했다. "그래서 나는 그렇다면 집안 노예들처럼 그렇게 친구들의 가치가 있을지를 생각하고 있네." /3/ "맹세코 저로서는 어떤 사람과는 2므나 이상으로 친구가 되기를 원할 것이며 어떤 사람은 반 므나도 쳐주지 않을 것이고 어떤 사람은 10므나보다도 선호할 것이고 어떤 사람과는 전 재산과 노고를 들여서라도 저의 친구가 되기를 원할 것입니다."라고 안티스테네스가 말했다. "그게 그런 것이라면야." 소크라테스 선생님이 말했다. "누군가가 자기 자신이 친구들에게 얼마만한 가치가 되

---

35) **안티스테네스**: 안티스테네스(기원전 446~336)는 소크라테스의 제자로서 후에 퀴니코스(견유)학파의 설립자로 꼽히는 인물이다.

36) **므나**: 무게의 단위이자 화폐의 단위. 므나(mna)는 은의 무게로 아테네의 경우 430g가량이었다고 한다.(John William Humphrey, John Peter Oleson, Andrew Neil Sherwood, 2019, p. 487 참고) 1므나는 100드라크마(drachma)였고, 1드라크마는 6오볼로스(obolos)였다. 3오볼로스는 아테네 시민이 재판정이나 민회에 참석했을 때 지급됐던 하루 일당이었다.

37) **니키아스**: 니키아스(기원전 470~413)는 아테네의 유명한 장군이다. 그의 집안은 부유했고, 라우리온에 은광을 소유했다고 한다.

38) **탈란톤**: 탈란톤 역시 무게의 단위이자 화폐로 쓰인 금이나 은의 무게였다. 현재 도량형으로는 아테네의 경우 26킬로그램 정도였다고 한다.

는지를 면밀히 검토하는 것은, 그리고 가능한 한 최대한의 가치가 있도록 노력하는 것이 친구들이 그를 덜 배신하기 위해서는 좋은 일이 아닌가? 왜냐하면 사실 나는" 그분이 말했다. "어떤 사람한테서는 친구라는 인간이 그를 배신했다는 소리를, 어떤 사람한테서는 친구라고 생각했던 인간이 자신보다는 1므나를 선택했다는 소리를 듣는데, 이런 모든 소리를 /5/ 종종 들으면서 누군가가 못된 집안 노예를 팔려고 내놓고 맞는 가격에 팔 듯이 그렇게 못된 친구도 가치보다 더 많이 받을 수가 있는 경우에는 팔 유혹을 느끼는 것이 아닌가 생각하고 있네. 반면에 쓸 만하다면 집안 노예들은 웬만해서는 내놓지 않고 친구들은 배신하지 않는 모습을 보네."

VI. /1/ 그런데 내가 보기에는 소크라테스 선생님이 친구를 얻는 것이 얼마만한 값어치가 있는지를 산정하는 것과 관련하여 다음과 같이 말씀하시면서 깨우쳐주신 것 같았다. 그분이 말씀하셨다. "말해 보게, 크리토불로스. 만약 우리에게 좋은 친구가 필요하다면, 어떻게 우리가 고찰해 볼 수 있을까? 식욕과 술욕심, 음란함과 게으름을 다스리는 사람을 우선적으로 찾아야 할까? 이런 것들에 지는 사람은 그 사람 자체가 자신에게도 친구에게도 필요한 것을 해줄 능력이 없으니까 말이지." "맹세코 그렇습니다." 그가 말했다. "그럼 자네에게는 이것들에게 다스림을 받는 사람은 멀리해야 한다고 생각되지 않는가?" /2/ "물론입니다." 그가 말했다. "왜 아니겠는가?" 그분이 말했다. "사치스러우면서 자족할 줄 모르며, 언제나 가까운 사람의 것들을 요구하고, 받으면 갚을 능력이 없으면서 받지 못하면 주지 않는 사람을 미워하는 사람은 누가 되었든 친구로서 곤란하다고 생각하지 않는가?" "물론입니다." 그가 말했다. "그럼 이 사람도 멀리해야 하지 않나?" "물론 멀리해야지요." 그가 말했다. /3/ "어떤가? 돈 버는 능력이 있으면서 돈 욕심도 많은데 이것 때문에 야박하고 받으면 즐거워하지만 갚기는 원하지 않는 사람은?" "제가 보기에는 이 사람은 앞사람보다 훨씬 더 형편없습니다." 그가 말했다. "어떤가? 돈 벌 욕심에 그 자신이 뭔가 이득을 얻을 만한 데가 아니고는 다른 어느 하나에도 여유가 없는 사람은?" "제 생각에는 이 사람도 멀리해야 합니다. 그는 궁핍한 사람에게는 무용할 테니까요." /4/ "어떤가? 분란을 잘 일으키는 데다가 곧잘 친구들에게 많은 적을 만들어주는 사람은?" "제우스께 맹세코 이 사람도 피해야 합니다." "하지만 어떤 사람이 이 나쁜 점들 중에 어느 하나도 갖고 있지는 않은데, 대접은 잘 받으면서도 보답하는 데 전혀 신경 쓰지 않는다면?" "이 사람 역시 무용합니다. 소크라테스 선생님, 그런데도 우리는 어떤 친구를 사귀려고 해야 할까요?" /5/ "내 생각에는 이 사람들과 정반대로 육체를 통한 즐거움을 억제하고 친절하고 정직하며, 자신과 교유하는 사람에게 이로움을 줄 정도로 자신에게 은혜를 베푼 사람들에게 부족함이 없이 잘하는 것과 관련하여 지기 싫어하는 사람을 사귀어야 하네." /6/ "소크라테스 선생님, 그러면 교유하기 전에 우리가 어떻게 그것을 산정할 수 있을까요?" 그분이 말했다. "우리는 조각가들을 평가할 때 그들의 말을 증거로 삼지 않고, 조각가가 우리 앞에 놓인 조각상을 아름답게 만들어놓은 것을 보고, 그것으로서 이후의 것들도 잘 만들리라고 믿는다네." /7/ 그가 말했다. "선생님은 사람도 그렇다고 말씀하시는 것이로군요. 당장의 친구들에게 잘해주는 게 확실한 사람이면 나중에 그에게 잘할 사람들에게도 잘할 것이 분명하다는 말씀이시죠?" 그분이 말했다. "말[馬]의 경우도 마찬가지거든. 내가 보니까 이전 말들을 잘 다뤘던 사람이 역시 다른 말들도 잘 다루는 것 같더라고." /8/ "좋습니다." 그가 말했다. "그런데 우리가 보기에 우정에 값할 만한 사람을 어떻게 해서 친구로 삼아야 할까요?" 그분이 말했다. "우선 신들에게서 오는 것들을 살펴서 신들께서 그를 친구로 삼으라고 조언해 주시는지를 알아봐야지." 그가 말했다. "그럼 어떤가요? 우리의 마음에도 들고 신들도 반대하지 않는 그 사람을 어떻게 잡을 수 있을지 말씀해 주실 수 있으십니까?" /9/ 그분이 말했다. "토끼를 잡을 때처럼 바짝 쫓아가서도 안 되고, 새를 잡을 때처럼 속여서도 안 되며 적을 잡을 때처럼 강압적으로 해도 안 되네. 내켜하지 않는 사람을 친구로 취하기는 어려우니까. 노예처럼 붙들어 매어두기도 힘드네. 그런 일을 당하는 사람들은 친구가 아니라 적이 되니까 말일세." 그가 말했다. "그럼 어떻게 친구가 되지요?" /10/ "어떤 주문이 있어서 그걸 외울 줄 아는 사람들은 원하는 사람들을 친구로 만든다고들 하지. 또 사랑의 미약이 있어서 그걸 아는 사람들은 자신들이 원하는 상대에게 그걸 사용해서 그들에게 사랑을 받지." "그럼 그런 것들은 어디서 배울 수 있을까요?" /11/ "세이렌들이 오뒤세우스에게 불렀던 것[39]은 내가 호메로스로부터 들었는데 그 시작이 아마 이런 것일 세. '이리 오세요, 칭송이 자자한 오뒤세우스, 아카이아인들의 영광.'[40]" 그가 말했다. "소크라테스 선생님, 그럼 이 주문을 세이렌 들이 다른 사람들에게도 불러서 그들로부터 벗어나지 못할 정도로 그 주문을 들은 사람들을 사로잡았나요?" /12/ "그렇지는 않고, 그 들은 자신의 탁월함[41]을 자랑스러워하는 사람들에게 이런 식으로 노래를 부르곤 했다네." "찬양을 각 사람에게 맞춰서 해서 찬양을 듣는 사람이 찬양하는 사람의 찬양을 조롱으로 보는 일이 없어야 한다는, 거의 그런 말씀이신가요?" "자신이 작고 못생기고 약골이 라는 것을 아는 사람을 아름답고 크며 튼튼하다고 말하며 칭송한 다면, 그렇게 함으로써 칭송자는 더 미움받는 사람이 될 것이고 그 사람들을 자신에게서 내몰게 될 테니까." "그런데 그거 말고 다른

---

39) **세이렌들이 오뒤세우스에게 불렀던 것**: 세이렌은 바다의 뉨프로서 지나가는 배의 선원들에게 아름다운 노래를 불러 배를 난파시키거나 물에 뛰어들게 만들었다 고 한다. 오뒤세우스는 이들의 노래를 듣고 싶어 이들의 곁을 지나면서 자기 부하들의 귀는 막고 자신은 귀를 연 채 돛대에 묶여서 지나갔다고 호메로스의 『오뒤세이아』 12권에 나온다.

40) **이리 오세요 … 영광**: 『오뒤세이아』 12권 184행.

41) **탁월함**: '탁월함'으로 번역한 'arete'는 그동안 '덕'으로 번역한 말이다. 본래 어 떤 한 분야에서 탁월함을 나타내는 말이었는데, 고전기 아테네에 와서 인간 일 반의 탁월함을 묻는 과정에서 '도덕적 탁월성', 즉 '덕'의 의미를 갖게 되었다. 특히 호메로스 시절에는 '탁월함'의 의미를 갖기에 여기서는 문맥에 맞게 '탁월 함'으로 번역했다.

어떤 칭송들을 아시나요?" /13/ "모르네. 하지만 페리클레스는 여러 개를 알고 있어서 그것들을 나라를 위해 불러서 나라가 자신을 사랑하게 만들었다는 이야기는 들었네." "그런데 테미스토클레스[42]는 어떻게 해서 나라가 자신을 사랑하게 만들었나요?" "제우스께 맹세코 주문을 외워서가 아니라 나라에 좋은 뭔가를 덧붙였기 때문일세." /14/ "소크라테스 선생님, 제가 보기에는 선생님은 우리가 좋은 누군가를 친구로 얻기 위해서는 우리 자신이 말하는 것에서도 행동하는 것에서도 좋아져야 한다고 말씀하시는 것으로 보입니다." 소크라테스 선생님이 말했다. "자네는 몹쓸 사람이 쓸모 있는 친구들을 얻을 수 있다고 생각하나?" /15/ 크리토불로스가 말했다. "그럼요. 저는 하찮은 연설가가 뛰어난 민중선동가와 친구인 것도 보고, 장군직을 맡기에 아주 부족한 사람들이 장군에 걸맞은 사람들의 동료들인 것을 봐왔는 걸요." /16/ "그러면 우리가 대화를 나누고 있는 주제와 관련해서도 자네는 쓸모없는 사람이면서 쓸모 있는 사람들을 친구로 만들 수 있는 사람들이 있다고 생각하는가?"[43] 그가 말했다. "제우스께 맹세코 그건 아니지만, 만약 몹쓸

---

42) **테미스토클레스**: 테미스토클레스(기원전 524~459)는 아테네의 장군으로 2차 페르시아 전쟁 때 아테네 해군을 이끌고 살라미스 해전에서 이겨 페르시아 전쟁에서 그리스 연합군이 이기는 데 큰 공헌을 했다.

43) **쓸모없는 … 생각하는가**: 앞에서는 어떤 분야에서 훌륭한 사람과 형편없는 사람의 친구 사이라면 여기서는 사람 자체의 측면에서, 즉 도덕적인 측면에서 쓸모 있는 사람과 쓸모없는 사람의 친구 사이를 말한 것이다. 앞에서 소크라테스가 말한 '몹쓸 사람'을 크리토불로스가 '어떤 분야에서 하찮은'으로 잘못 알아들었

사람이 아름답고 훌륭한 사람들을 친구로 만드는 것이 불가능하다면, 아름답고 훌륭한 사람 자신은 아름답고 훌륭한 사람들과 바로 친구가 되는지가 제 관심사입니다." /17/ 소크라테스 선생님이 말했다. "크리토불로스, 자네를 곤혹스럽게 하는 것이 많은 아름다운 일을 하고 추한 것들을 멀리하는 사람들이 서로 친구가 되는 대신에 서로 반목하며 아무런 가치도 없는 사람들보다 더 고약하게 대한다는 것을 자주 본다는 것임을 알겠네." /18/ 크리토불로스가 말했다. "개개인들만 그러는 것이 아니라 아름다운 것들을 최대한 보살피고 추한 것들은 최소한으로 허용하는 나라들도 서로에 대해 자주 적대적입니다." /19/ "이 점들을 고려해 보면 저는 친구들을 얻는 것에 대해 아주 낙담하게 됩니다. 그 이유는 이렇습니다. 저는 나쁜 자들이 서로에게 친구가 될 수 있다고도 보지 않습니다. 어떻게 호의적이지도 않고 배려심도 없고 욕심 많고 믿음이 안 가며 자제력 없는 사람들이 친구가 될 수 있겠습니까? 그래서 제게는 나쁜 사람들이 본래 서로에게 친구가 되기보다는 전적으로 적인 것으로 보입니다. /20/ 게다가 선생님이 말했듯이 쓸모 있는 사람들과 몹쓸 사람들도 도대체 우정에 있어서 어울리질 않습니다. 나쁜 것들을 하는 사람들이 어떻게 그런 것들을 미워하는 사람들과 친구가 될 수 있겠습니까? 그런데 덕을 연마하는 사람들도 나라에서 으뜸가는 자가 되는 것과 관련하여 서로 반목하고 자기들

던 것을 소크라테스가 바로 잡아주는 중이다.

끼리 질투하여 서로를 미워한다면, 어떤 친구들이 여전히 있을 수 있으며 어떤 사람들 사이에 선의와 믿음이 있을 수 있겠습니까?" /21/ 소크라테스 선생님이 말했다. "아무래도 그것들은 좀 복잡다단하지(poikilōs), 크리토불로스. 그 이유는 이렇다네. 한편으로 사람들은 본성상 우정의 성향을 갖는다네. 그들은 서로를 필요로 하기도 하고 가여워하기도 하며, 협업을 하여 이익을 얻으며, 그 사실을 알기 때문에 서로에게 호의를 베풀거든. 반면에 적대적인 성향을 가지고도 있네. 그들이 같은 것을 아름답고 즐겁다고 믿으면, 그것을 두고 싸우고, 의견이 다르면 반목한다네. 분란이든 분노든 다 전쟁의 징후인 것이지. 더 많이 갖는 것에 대한 사랑은 적의인 것이고 질투는 증오인 것이지. /22/ 하지만 그럼에도 불구하고 우정은 이 모든 것을 뚫고 나가 아름답고 훌륭한 사람들을 결속시키지. 왜냐하면 그들은 전쟁을 통해 모든 것의 주인이 되기보다는 덕으로 인해 어려움 없이 적절한 것들을 얻는 것을 선택하며, 굶주리고 목이 마르면서도 고통스럽지 않게 먹을 것과 마실 것을 공유할 능력과, 비록 그들이 한창 때의 아이들의 성적 쾌락을 즐기지만 적합하지 않은 아이들에게 고통을 주지 않을 정도로 인내할 능력을 갖추고 있기 때문이지. /23/ 재물의 경우에도 그들은 더 많이 갖는 것을 멀리하고 합법적으로 재물을 공유할 능력을 갖추고 있을 뿐만 아니라 서로를 도울 능력도 갖추고 있지. 그런데 그들은 분쟁을 단지 서로에게 해를 끼치지 않게 해결할 뿐만 아니라 서로에게 이롭게 되도록 해결할 능력이 있으며 분노가 후회할 일로 발전하는 것을 막을 능력이 있지. 한편 그들은 질투는 전적으로 배제하고 있네. 자신들의 좋은 것들은 친구들에게 고유한 것으로 하고 친구들의 좋은 것들은 자신들의 것에 속한다고 믿기 때문이지. /24/ 그러니 어떻게 아름답고 훌륭한 사람들이 정치적인 명예에 대해서도 서로에게 해를 끼치지 않을 뿐만 아니라 이롭기까지 한 동료인 것이 일리가 있지 않겠는가? 왜냐하면 재물을 도둑질하고 사람들을 강압하며 즐겁게 살 수 있는 권한을 갖기 위해 나라에서 존중받는 사람이 되고 통치하고자 욕구하는 사람들은 부정의하고 못됐을 것이며 다른 사람과 조화를 이루지도 못할 것이기 때문일세. /25/ 한편 누군가가 자신 역시 부정의를 당하지 않고 정의로운 것들과 관련해서 친구들도 도울 능력을 갖기 위해서 나라에서 존경받는 사람이 되기를 원하며 통치를 맡아서는 조국을 뭔가 좋은 것으로 만들고자 노력한다면, 무엇 때문에 그런 사람이 자신과 같은 다른 사람과 조화를 이루지 못하겠는가? 그가 과연 아름답고 훌륭한 사람들과 힘을 합쳐 친구들을 이롭게 할 능력이 덜하겠는가? 아니면 아름답고 훌륭한 사람들과 협력하여 나라에 봉사할 능력이 더 못하겠는가? /26/ 운동 경기에서도 가장 강한 사람들이 협약을 맺어 약한 사람에게 대적하는 것이 허용된다면, 이 사람들이 모든 경기를 이겨서 이 사람들이 상까지 다 타갈 것이라는 것이 분명하네. 그리하여 저 경우에는 그것이 허용되지 않으나 아름답고 훌륭한 사람들이 가장 막강한 영역인 정치적인 경합에서는 누군가 자신이 원하는 사람과 함께 봉사하는 것을 말리는 사람은 아무도 없으니,

가장 뛰어난 친구들을 얻어 이들을 활동의 조력자요 협력자로서 활용하고 적대자로 삼지 않는 것이 어찌 정치적 활동을 하는 데 이득이 되지 않겠는가? /27/ 더구나 어느 누가 다른 누군가와 전쟁을 한다고 하더라도, 동맹군이 필요할 것인데, 만약 그가 아름답고 훌륭한 사람들을 대적한다면 여느 때보다 더 많은 동맹군이 필요할 것이네. 게다가 동맹군들이 열성을 다할 마음이 들려면 동맹하고자 하는 사람들이 대접을 잘 받아야 하네. 한편 수가 더 많은 못난 자들보다는 수가 더 적은 가장 뛰어난 자들을 잘 대접하는 것이 훨씬 더 강력하지. 왜냐하면 못된 자들은 쓸모 있는 자들이 요구하는 것보다 훨씬 더 많은 호의를 요구하기 때문이지." /28/ 그분이 말했다. "하지만 크리토불로스, 자네는 용기를 갖고 좋은 사람이 되려고 노력하고, 그런 사람이 되고서는 아름답고 훌륭한 사람들을 찾아내려 애쓰게. 아마 나 역시 아름답고 훌륭한 사람들의 사냥에 도움을 좀 줄 수 있을 것 같네. 내가 사랑을 좋아하는[44] 사람이라서 말이지. 왜냐하면 나는 어떤 사람들을 욕구하게 되면 그들을 사랑하면서 거꾸로 그들에 의해 사랑을 받고 그들을 그리워하면서 거꾸로 그리움을 받으려고, 또한 함께하기를 욕구하면서 함께하고자 하는 욕구의 대상이 되려고 무서울 정도로 전적으로 달려들기 때문일세. /29/ 그런데 자네 역시 어떤 사람들을 상대로 우정을 맺고

---

44) **사랑을 좋아하는:** 플라톤의 대화편에서 소크라테스는 무지자를 자처하는 사람이지만 자신이 사랑에 대해서는 좀 안다고 하는 구절들이 여러 군데 나온다. 『뤼시스』 204b, 『향연』 177d, 198d, 『테아게스』 128b 참고.

싶어질 때는 그런 것들이 필요하게 되리라고 보네. 그러니 자네는 자네가 친구가 되고 싶어 하는 사람들이 누구든 내게 숨기지 말게. 왜냐하면 나는 나에게 만족스러운 사람을 만족시킨 경험이 있어서 사람들의 사냥에 대해서 경험이 없지 않다고 나 스스로 생각하기 때문일세." /30/ 그러자 크리토불로스가 말했다. "소크라테스 선생님, 저 역시도 이런 앎을 오래전부터 갈망해 왔습니다. 특히 바로 그 앎이 영혼이 뛰어난 사람들과 육체가 아름다운 사람들과 관련하여 저를 만족시킨다면 말이죠." /31/ 그러자 소크라테스 선생님이 말했다. "하지만 크리토불로스, 내 앎에는 아름다운 사람들에게 손을 대도 그들이 가만 있게 하는 법은 들어 있지 않다네. 나는 스퀼라[45]가 그들에게 손을 댔던 것 때문에 사람들이 스퀼라로부터 달아났다고 믿고 있다네. 반면에 세이렌들은 누구에게도 손을 대지 않고 멀찌감치서 노래를 불러주었기 때문에 모든 사람이 머물러서 그들의 노래를 듣고 매혹되었다고 하더군." /32/ 그러자 크리토불로스가 말했다. "그러면 손을 대지 않는다고 했을 때, 친구들을 얻는 무슨 좋은 수가 있는지 가르쳐주세요." 소크라테스 선생님이 말했다. "입에다 입을 대지도 않을 텐가?" 크리토불로스가 말했다. "걱정 마세요. 아름답지 않으면, 어느 누구의 입에도 입을 대는 일

---

45) **스퀼라**: 또는 '스퀼레'라고도 한다. 『오뒤세이아』에도 나오는 괴물로 본래 아름다운 여인이었으나 저주를 받아 하체가 여섯 마리의 개의 머리를 하고 있어 이탈리아 메시나의 좁은 해협의 절벽 동굴에 있다가 지나가는 배의 선원들을 한 번에 여섯씩 잡아먹었다고 한다.

은 없을 테니까요." 소크라테스 선생님이 말했다. "자넨 말이야 크리토불로스, 이로운 것과는 정반대되는 말을 곧바로 하는군. 아름다운 사람들은 그런 것을 참아내질 않거든. 반면에 못생긴 사람들은 심지어 기꺼이 받아들인다네. 자기들이 영혼이 아름다운 탓에 아름답다고 불리는 줄 알고 말이지." /33/ 그러자 크리토불로스가 말했다. "제가 아름다운 사람들에게는 진한 입맞춤을 하고, 훌륭한 사람들에게는 가볍게 입을 맞추리라고 생각하시고, 걱정 말고 친구들을 사냥하는 것을 가르쳐주세요." 그러자 소크라테스 선생님이 말했다. "그러면 크리토불로스, 자네가 누군가와 친구가 되고 싶을 때, 자네가 그 사람에게 열광하고 그와 친구가 되기를 바란다고 자네에 대해서 내가 그에게 일러바치도록 내버려 두겠는가?" "고해바치세요." 크리토불로스가 말했다. "저는 누구도 자기를 칭송하는 사람들을 미워하지 않는다고 생각하니까요." /34/ "하지만 자네가 그 사람에 대해 경탄하는 탓으로 그 사람에 대해 호감을 갖고 있다고 추가로 내가 자네에 대해 고해바친다면, 자네는 나로 인해 모략을 당했다고 생각하지는 않을까?" 그가 말했다. "하지만 나에 대해 호감을 갖고 있다고 내가 짐작하는 사람들에게는 나 자신도 호감을 갖게 되는 걸요." /35/ 소크라테스 선생님이 말했다. "그러면 자네와 관련해서 자네가 친구로 삼고 싶은 사람들에게 그것들을 이야기하는 것이 내게 허용되었군. 하지만 여전히 자네에 대해서 내가 이런 말을 할 수 있는 권한을 자네가 준다면, 즉 자네는 친구들을 보살피는 사람이고 다른 누구보다도 좋은 친구들에 기뻐하며 자네 자신의 뛰어난 업적에 전혀 못지않게 친구들의 뛰어난 업적에 열광하며 자신의 좋은 것 결코 못지않게 친구들의 좋은 것들에 기뻐하여, 이런 일들이 친구들에게 생기도록 지치지 않고 궁리한다는 것을, 또한 남자의 덕은 잘해주는 데서 친구들을 이기는 것이고 해를 끼치는 데서 적들을 이기는 것이라는 것을 자네가 알고 있다는 점을 말할 수 있는 권한을 내게 준다면, 내 생각에 내가 자네와 함께 좋은 친구들을 사냥하는 것은 자네에게 아주 유용한 일이 될 것이네." /36/ "그렇다면 왜", 크리토불로스가 말했다. "그 이야기를 제게 하시는 거죠? 저에 관해 하고 싶으신 이야기를 하는 것이 선생님에게 달린 문제가 아니라는 듯이 말이죠." "제우스께 맹세코 결코 그렇지 않다네. 내가 언젠가 아스파시아[46]로부터 들은 게 있거든. 그녀는 좋은 중매쟁이란 진실하게 좋은 이야기를 전해서 사람들이 혼인관계를 맺도록 하는 데 뛰어난 사람들이지 거짓말로 칭찬하고자 하지는 않는다고 말했거든. 기만당한 사람들은 상대방도 미워하고 중매해 준 중매쟁이도 미워하기 때문이라는 걸세. 그래서 나 역시 그게 맞다고 설득이 되었기 때문에, 자네와 관련해서 칭찬을 하는 입장에서 진실을 말하는 것이 아니라면 어

---

46) **아스파시아:** 아스파시아(기원전 470~400)는 밀레토스 출신으로 아테네에서 활동한 기녀(hetiara)였다. 아테네의 정치가 페리클레스 사이에 아이도 두었던 그녀는 지적인 여성으로서 아테네의 많은 지식인들과 지적 교류를 한 것으로 알려져 있다. 플라톤은 자신의 대화편 『메넥세노스』에서 아스파시아가 소크라테스에게 이야기해 주었다고 하는 연설문을 전하고 있다.

떤 것도 말할 권한이 내게 없다고 생각하네." /37/ "그러면 선생님께서는", 크리토불로스가 말했다. "제게 그런 친구인 거군요, 소크라테스 선생님. 저 자신이 친구들을 얻기에 적합한 뭔가를 가지고 있다고 하면, 저를 지원해 줄 그런 친구 말이죠. 하지만 그렇지 않으면, 제 이익을 위해서 좀 고쳐서 이야기해 줄 생각은 없으실 거구요." "어느 쪽이", 소크라테스 선생님이 말했다. "크리토불로스, 자네를 더 이롭게 하는 것이라고 내가 생각할 것 같은가? 거짓으로 자네를 칭찬하는 것과 자네를 설득해서 자네가 좋은 사람이 되도록 노력하게 하는 것 중에서. /38/ 그게 그렇게 자네에게 분명하지 않다면, 이런 식으로 살펴보게. 만약 내가 자네를 친구로 삼고 싶어서 배의 선주에게 거짓말로 자네를 칭찬하여 자네가 좋은 선장[47]이라고 장담한다면, 나에게 설득된 그 선주는 배를 운행할 줄 모르는 자네에게 배를 맡길 텐데, 자네 자신도 그 배도 파멸하지 않을 무슨 가망이 있겠나? 또는 공적으로 내가 자네가 장군과 재판관과 정치가에 적합한 사람인 양 거짓말을 하여 나라를 자네에게 맡기도록 나라를 설득한다면, 자네 자신과 나라가 자네로 인해 무슨 일을 겪게 되리라 생각하나? 아니면 사적으로 내가 어떤 시민들에게 자네가 알뜰하고 꼼꼼하다고 거짓말을 해서 그들의 재산을 자네에게 맡기도록 설득한다면, 그래서 자네가 그런 일로 시험

---

47) **선장**: 'kybernētēs'는 본래 '키잡이'를 말하는데, 작은 배에서는 키잡이가 선장을 겸하기 때문에 문맥에 맞게 옮겼다.

을 받게 된다면, 자네는 해로운 사람이 되는 동시에 우스꽝스런 사람으로 보이지 않겠는가? /39/ 크리토불로스, 자네가 좋은 사람으로 보이고 싶은 분야가 어느 분야이든지 가장 지름길이자 가장 확실하고 아름다운 길은 그런 게 아니고 그 분야에서 실제로도 좋은 사람이 되려고 노력하는 것일세. 사람들 사이에서 탁월함으로 불리는 것들을 살펴보면 모두 다 배움과 연습으로 자라난 것이라는 것을 발견하게 될 걸세. 그래서 나는 말이지, 크리토불로스, 우리를 그렇게 만들어야 한다고 생각한다네. 그런데 만약에 자네가 어떻든 다르게 알고 있다면, 가르쳐주게." 그러자 크리토불로스가 말했다. "소크라테스 선생님, 그런 말씀에 반박을 한다면 저는 부끄러워질 것입니다. 제가 하는 말은 아름답지도 참되지도 않을 테니까요."

VII. /1/ 게다가 소크라테스 선생님은 친구들의 어려움에 대해서는 그것이 무지로 인한 것들일 경우에는 자신의 식견으로 해결해 주려 하셨고, 결핍으로 인한 것들일 경우에는 친구들끼리 서로 힘 닿는 데까지 도와야 한다고 가르치셔서 해결해 주려 하셨다. 이런 경우들에 대해서도 내가 그분에 관해 알고 있는 것들을 이야기하겠다. 언젠가 그분이 아리스타르코스[48]가 슬픈 표정을 하고 있는 것을 보시고서 말했다. "아리스타르코스, 자네는 뭔가를 힘겹

---

48) **아리스타르코스**: 달리 알려진 바가 없는 인물이다.

게 나르고 있는 사람 같네. 그 힘겨움을 친구들에게 나눠주어야 하네. 아마도 우리가 자네의 짐을 조금이라고 가볍게 해줄 수도 있을 테니까 말이지." /2/ 그러자 아리스타르코스가 말했다. "사실은요, 소크라테스 선생님, 저는 심한 어려움에 처해 있습니다. 나라가 내란 중에 있어서[49] 많은 사람들이 페이라이에우스[50]로 피난을 왔는데, 우리 중에는 남겨진[51] 여자 형제들과 조카딸과 사촌누이들이 모여들어서는 우리 집에는 자유인만도 열 하고도 네 명이나 산답니다. 그런데 땅에서 아무런 수확물도 거두지 못하고 있습니다. 우리의 적들이 그 땅을 점거했거든요. 그렇다고 집에서 나오는 것도 없어요. 도시는 지금 인구부족이거든요. 아무도 가재도구를 사지 않아요. 그렇다고 어디 돈 빌릴 데도 없습니다. 돈을 빌리느니 차라리 길바닥에서 돈을 찾는 게 더 낫겠다 싶어요. 그러니 소크라테스 선생님, 식구들이 죽어가는 것을 눈 뜨고 보는 것도 힘들지만, 그 많은 수의 식구들을 이 상황에서 부양하기란 또 불가능하네요." /3/ 그리하여 이 말을 듣고 소크라테스 선생님이 말했다. "케

---

49) **나라가 내란 중에 있어서**: 펠로폰네소스 전쟁 끝 무렵, 기원전 404~403년 사이에 있었던 내란을 말한다. 스파르타가 아테네를 전쟁에서 이기고 세운 30인 과두정이 폭정을 거듭하자 국외로 망명했던 민주파들이 필레를 거쳐 아테네의 외항인 페이라이에우스로 들어온 후, 아테네로 쳐들어가 민주정을 복원했다. 『헬레니카』 2권 3~4장 참고.

50) **페이라이에우스**: 아테네 중심부에서 남서쪽으로 12km 정도 떨어진 아테네의 외항.

51) **남겨진**: 전쟁 중에 남자들이 군대 가고 나서 남겨진 여인들.

라몬[52]은 많은 사람을 부양하면서 자신과 그 많은 사람들에게 필요한 것들을 제공할 수 있을 뿐만 아니라, 부유하게 될 정도로 비축까지 하는데도, 자네는 많은 사람을 부양하면서 필요한 것들의 부족으로 인해 당신들 모두가 죽게 되지 않을까 두려워하고 있으니, 도대체 어찌 된 일인가?" 그가 말했다. "제우스께 맹세코, 그건 그가 노예들을 부양하는 반면, 저는 자유인들을 부양하기 때문입니다." /4/ "그리고 말이야, 자네는 자네 집에 있는 자유인들이 더 낫다고 생각하는가, 아니면 케라몬의 집에 있는 노예들이 더 낫다고 생각하는가?" 소크라테스 선생님이 말했다. "저야", 그가 말했다. "제 집에 있는 자유인들이 더 낫다고 생각하지요." 소크라테스 선생님이 말했다. "그러면 케라몬 그 사람은 더 못한 사람들로 해서 잘사는데, 자네는 더 나은 사람들을 두고도 훨씬 어려움에 처해 있다는 것이 부끄럽지 않은가?" 그가 말했다. "제우스께 맹세코, 그 사람은 기술자들을 부양하지만, 저는 자유인답게 교육을 받은 사람들을 부양하기 때문이지요." /5/ "그럼 기술자들은 뭔가 유용한 것을 만드는 데 전문가들인가?" 소크라테스 선생님이 말했다. "물론입니다." 그가 말했다. "유용한 보릿가루를 생산하는 데도 그렇지 않은가?" 소크라테스 선생님이 말했다. "상당하지요." 그가 말했다. "통밀빵을 만드는 데는 어떤까?" 소크라테스 선생님이 말했다. "전혀 못하지 않습니다." 그가 말했다. "그래, 남성용과 여성용

---

52) **케라몬**: 달리 알려진 바가 없는 인물이다.

히마티온,[53] 짧은 키톤[54] 클라뮈스[55]와 엑소미스[56]를 만드는 데는
어떤가?" 소크라테스 선생님이 말했다. "상당하구요, 이런 모든 유
용한 것을 만드는 데도 그렇지요." 그가 말했다. "그러면 자네 집에
있는 사람들은 이것들 중 어떤 것도 만들 줄 모르는가?" 소크라테
스 선생님이 말했다. "제가 알기로는 다 만들 줄 압니다." 그가 말
했다. /6/ "그럼 자네는 이것들 중 한 가지인 보릿가루 빻는 기술[57]
을 갖고 나우시퀴데스[58]는 저 자신과 식구들을 부양할 뿐만 아니라
이들에 더해서 많은 수의 돼지와 소를 기르고, 나라에 자주 공적
부조[59]를 할 만큼 재산을 모았으며, 통밀빵 굽는 기술을 갖고 퀴레

---

53) **히마티온**: 겉에 둘러 입는 옷으로 대개 속에 키톤이나 페플로스라는 옷을 받쳐
입었다. 로마의 토가와 유사하다.

54) **짧은 키톤**: 키톤(chitōn)은 안에 받쳐 입는 옷인데 오늘날 내의와 속옷 중간쯤
의 가벼운 차림의 옷이다. '짧은 키톤'이란 원피스 형태의 키톤의 일종으로 길
이가 짧은 것을 말한다.

55) **클라뮈스**: 직사각형 모양의 천으로, 몸을 두르고 오른쪽 어깨에서 옷핀 등으로
마감해서 입는 옷.

56) **엑소미스**: 기원전 5세기 이후에 중장갑보병들이 입던 예전 형태의 '짧은 키톤'
을 대체하게 되는 옷. 어깨의 한쪽 부분을 크게 뚫어 머리를 넣게 하고 그쪽 어
깨는 노출되게 했다.

57) **보릿가루 빻는 기술**: '보릿가루 빻는 기술(alphitopiia)'에서 '보릿가루(alphiton)'
는 넓게는 밀을 제외한 곡물을, 좁게는 특히 보리를 거칠게 간 것을 말한다. 음
식에 뿌려 먹거나 음료를 만드는 용도로 쓰인 것으로 보인다.

58) **나우시퀴데스**: 아리스토파네스의 『여인들의 민회』 426행이나 플라톤의 『고르기
아스』 487e에 언급되는 인물로 추정된다.

59) **공적 부조**: 아테네의 부자들에게는 나라의 큰 행사나 사업에 기부하는 것이 일
종의 의무로 부과되어 있었다.

보스[60]는 온 집안을 내내 부양하고도 풍요롭게 살고 있으며, 콜뤼토스 사람[61] 데메아스[62]는 클라뮈스 만드는 기술로, 메논[63]은 클라니스[64] 만드는 기술로, 대다수의 메가라 사람들은 엑소미스 만드는 기술로 내내 먹고 살고 있는 것을 모르는가?" 그가 말했다. "제우스께 맹세코, 그 사람들에게는 그들이 사들인 이민족[65] 사람들이 있어서 강제로 좋은 품질의 것들을 만들어내게 하지만 저에게는 자유인인 친척들이 있단 말이죠." /7/ "그럼 말이지, 그들이 자유인들이고 자네 친척들이라고 해서 자네는 그들이 먹고 자는 것 말고는 다른 것은 전혀 해서는 안 된다고 생각하나? 다른 자유인들 중에서도 그렇게 사는 사람들이 자네는 더 잘 지낸다고 보고 더 많이 행복하다고 생각하는가, 아니면 삶을 위해 유용하다고 자신들이 알고 있는 것들에 주의를 기울이는 사람들이 더 그렇다고 보나? 아니면 자네는 알기에 마땅한 것들을 배우고, 배운 것들을 기억하

---

60) **퀴레보스**: 달리 알려진 바가 없는 인물이다. 일반명사로 퀴레비아(kyrēbia)가 '겨'라는 뜻이 있는 것을 보면 희극 인물들처럼 크세노폰이 이름을 지어낸 것일 수도 있다.

61) **콜뤼토스 사람**: 콜뤼토스는 아테네의 행정구역인 구(dēmos)의 하나이다.

62) **데메아스**: 달리 알려진 바가 없는 인물이다.

63) **메논**: 달리 알려진 바가 없는 인물이다.

64) **클라니스**: 양모로 만들어 방한용으로 입었던 클라이나(klaina)의 작은 형태.

65) **이민족**: '이민족'으로 번역한 바르바로이(barbaroi)는 특히 페르시아인을 가리키는 말이지만, 여기서는 그리스인들을 제외한 다른 민족들을 말하는 것으로 보인다. 그리스인들이 노예로 삼는 이민족이 페르시아인들만은 아니었기 때문이다.

고 육체적으로 건강하고 강해지고 삶에 유용한 것들을 얻고 보존하기 위해 게으름과 태만이 인간에게 이롭다고 느끼는 반면 부지런히 일하고 주의를 기울이는 것은 유용하지 못하다고 느끼나? /8/ 그런데 자네 집안 여인들은 그들이 안다고 자네가 말한 것들을 삶에 유용하지도 않고 그것들 중 어떤 것도 만들지 못하리라고 생각하고서 배웠는가, 아니면 정반대로 그것들에 주의를 기울이기도 하고 그것들로부터 이로움을 얻기도 하리라는 생각에서 배웠는가? 게으름을 부리는 것과 유용한 것들에 주의를 기울이는 것 중 어떤 방식에서 인간은 더 분별을 갖게 되느냐 말일세. 그런데 그들이 일을 하는 경우와 게으름을 부리며 필요한 것들에 대해 궁리를 하는 경우 중 어느 편이 더 정의롭겠는가? /9/ 지금만 하더라도 내가 보기에 자네는 그 여자분들을 좋아하지도 않고 그 여자분들도 자네를 좋아하지 않네. 자네는 그 여자분들이 자네 자신에게 해가 된다고 생각하고, 그 여자분들은 자네가 자기들에게 짜증을 낸다고 보네. 이런 상황에서는 증오는 생기고 그전에 있었던 호감은 줄어들 위험이 크네. 하지만 만약에 자네가 그 여자분들이 일을 할 수 있게 이끌어주는 역할을 한다면, 자네는 그 여자분들이 자네 자신에게 도움이 되는 것을 보고 그 여자분들을 좋아하게 될 것이고, 그 여자분들은 자네가 자기들에게 친절한 것을 느끼고서는 자네를 좋게 생각할 것이고, 그전에 있던 호의들을 전보다 더 기꺼이 기억해 냄으로써 당신들은 그 호의들로부터 호감을 서로 더 키워갈 것이네. /10/ 그 여자분들이 뭔가 부끄러운 짓을 하게 된다면, 그 대신에 죽음을 선택했겠지. 그러나 지금 보면 그분들은 가장 아름답고 여성에게 가장 알맞은 것들을 알고 계시는 것으로 보이네. 누구든 자기가 아는 일을 가장 쉽고, 빠르고, 아름답게 즐거이 하는 법이지. 그러니 주저하지 말고 그 일들을 그 여자분들에게 제안하게. 자네에게도 그 여자분들에게도 이득이 되는 일 말일세. 그리고 그 여자분들은 기꺼이 자네의 제안을 받아들일 것 같네." 소크라테스 선생님이 말했다. /11/ "신들께 맹세코 아닌 게 아니라", 아리스타르코스가 말했다. "제가 보기로는 정말 좋은 말씀을 해주셔서, 소크라테스 선생님, 이전에는 제가 무엇을 받게 되든 다 써버리고 갚지 못하리라는 것을 알기에 뭘 빌릴 엄두를 내지 못했는데, 지금은 그들의 일을 위한 밑천 마련을 위해 용기를 내 그렇게 하는 것이 좋겠다는 생각이 듭니다." /12/ 그렇게 해서 밑천이 마련되었고, 털실을 샀다. 그리고 그녀들은 점심을 먹으면서도 일을 했고, 일을 하고 나서 저녁을 먹었지만, 우울한 얼굴 대신에 즐거웠다. 그리고 자기들끼리 의심의 눈길을 주고받는 대신, 서로를 즐겁게 쳐다보게 되었으며, 여자분들은 보호자로서 그를 좋아했고, 그는 이득을 주는 사람들로서 그 여자분들을 아꼈다. 나중에 그는 소크라테스 선생님에게 와서는 기쁘게 이런 이야기를 상세하게 전했고, 그 여자분들이 자기네 식구들 중에 그만이 일하지 않고 밥을 먹는다는 탓을 한다는 이야기도 전했다. /13/ 그러자 소크라테스 선생님이 말했다. "그다음에 자네는 개의 이야기를 하지 않는 건가? 사람들이 하는 이야기로는 동물들이 말을 할 줄 알던 시절에는 양이 주인에게 이렇게 이야기했다는 거지. '주인님이 하는 일은 놀랍군요. 당신에게 털과 고기와 치즈를 제공하는 우리들에게는 땅에서 우리가 취하는 것 말고는 아무것도 주지 않으면서 그런 것을 당신에게 전혀 제공하지 않는 개에게는 당신 자신이 먹는 음식을 나눠주시다니요.' /14/ 그리하여 개가 그 소리를 듣고서 말했다지. '제우스께 맹세코 당연한 일이지. 이 몸은 다른 것도 지키지만 너희들 자체도 지켜서 사람이 훔쳐가거나 늑대가 채가지 못하게 하니까. 너희들이야 내가 너희들을 앞에서 지키지 않으면 죽을까봐 겁이 나서 풀을 뜯지도 못할 테니까.' 바로 그렇게 해서 가축들도 개가 더 애지중지되는 것을 인정했다고들 하지. 그러니 자네도 그 여자분들에게 자네가 개 대신에 그분들의 수호자요 돌봄이며, 자네 덕분에 어느 누구도 그분들에게 부정의한 짓을 하지 못하고 안전하고 즐겁게 일을 하며 사는 것이라고 말하게.

VIII. /1/ 언젠가 소크라테스 선생님은 또 다른 옛 친구를 오랜만에 보고는 말했다. "에우테로스,[66] 자네 어디서 나타난 건가?" "전쟁이 끝나서는, 소크라테스" 그가 말했다. "나라 밖에 있다가 왔네만, 지금은 이 나라에 살다가 나타난 걸세. 사실 외국에 있던 재산들은 빼앗겼고, 아티카[67]에서는 아버지가 나에게 아무것도 남겨주

---

66) **에우테로스**: 달리 알려진 바가 없는 인물이다.

67) **아티카**: 아테네는 도시이자 나라의 이름으로 쓰이지만, 도시 아테네만으로 이루어진 것은 아니다. 아테네를 포함하고 있는 더 넓은 지역을 아티카라고 부른

지 않으셨으니, 부득불 나는 집에 와서는 몸으로 일을 하여 필요한 것을 스스로 조달해야 하지. 사람들한테서 뭘 빌리느니 이편이 더 낫다고 보네. 특히 빌릴 담보가 전혀 없는 처지에서는 말이지." /2/ "자네는 보수를 받고 일을 해서 필요한 것들을 마련하기 위해 자네 몸이 얼마 동안이나 버틸 것이라고 생각하나?" 소크라테스 선생님이 말했다. "제우스께 맹세코, 그렇게 오래는 아니겠지." 그가 말했다. "게다가" 소크라테스 선생님이 말했다. "나이가 더 들게 되면 돈 쓸 데는 있지만, 자네를 고용해 육체노동을 시키고 싶어 할 사람은 아무도 없을 것이네." 소크라테스 선생님이 말했다. "맞는 말일세." 그가 말했다. /3/ "그러니 더 나이 들어서도 감당할 수 있을 그런 일들을 지금 당장 맡는 것이 낫고, 더 많은 재산을 가지고 있는 사람, 같이 돌봐줄 사람이 필요한 사람, 일을 관장하고 수확을 같이 하고 지키며 도움을 주는 데 대해 보답해 주는 사람에게 가는 것이 더 낫네." 소크라테스 선생님이 말했다. /4/ "소크라테스, 나는 그 노예 신세를 감내하기 힘들었을 게야." 그가 말했다. "하지만 나라에서 지도자의 역할을 하고 공적인 일을 돌보는 사람들은 이를 위해 자신이 노예에 더 가깝다고 생각하질 않고 자유인에 더 가깝다고 생각하지." /5/ "전반적으로", 그가 말했다. "소크라테스, 나는 누구에게 책임추궁받는 일이 그다지 용납이 안 되네." "하지만 에우테로스, 책임지지 않는 일을 찾기란 그렇게 쉬운

_____

다. 그러니까 아테네라는 폴리스는 아티카 지역에 세워진 폴리스인 것이다.

일이 아닐세." 소크라테스 선생님이 말했다. "아무런 잘못도 하지 않을 정도로 일을 하기도 어렵지만, 아무 잘못도 없이 일을 하고서도 무지하지 않은 재판관을 만나기도 어려운 일이니까. 지금 자네가 하고 있다고 말하는 일에서도 나는 그 일로 비난받지 않고 사는 것이 쉬울지 어떨지 의심스럽거든." /6/ "그러니 비난하기 좋아하는 사람들은 피하고 현명한 사람들을 찾아가며, 일 중에서는 자네가 감당할 수 있는 것들은 하고, 감당할 수 없는 것들은 경계해야 하며, 자네가 무슨 일을 하든 그것을 가능한 한 아름답게 열성을 다해서 돌보아야 하네. 왜냐하면 그렇게 해야 내 생각에 자네는 가장 책임추궁을 덜 받을 것이며 곤란함을 도와줄 사람을 가장 많이 발견할 것이며, 가장 쉽고 위험이 없게 살고 자네의 노년에 가장 풍족하게 살게 될 것이네."

IX. /1/ 한편 나는 언젠가 소크라테스 선생님이 크리톤으로부터 이런 소리도 들었다는 것을 알고 있다. 자기 것을 하기를 원하는 사람이 아테네에서 살기란 힘들다란 소리였다. "왜냐하면 사실 어떤 사람들이 나에게 재판을 걸었기 때문일세." 그가 말했다. "나한테 부정의한 짓을 당해서가 아니라 말썽에 휘말리느니 돈을 내는게 더 속 편하다고 내가 생각하리라고 그들이 보았기 때문에 말이지." /2/ 그러자 소크라테스 선생님이 말했다. "내게 말해 보게, 크리톤. 자네는 자네를 위해 늑대로부터 가축들을 막아내라고 개들을 기르지?" "그야 물론이지." 그가 말했다. "기르지 않는 것보다는 기르는 것이 내게는 훨씬 더 이익이 되거든." "그러면 자네는 사람도, 자네에게 부정의한 짓을 하려고 시도하는 사람들로부터 자네를 지켜주고 싶어 하고 그럴 능력이 있는 사람들을 기르지 않겠는가?" /3/ "나 자신에게 방향을 돌리지 않을까 걱정되는 일이 없다면야 기꺼이 기르겠네." 그가 말했다. "뭐라고? 자네 같은 사람에게 호의를 베푸는 것이 미움을 받는 것보다 이익을 얻기에 훨씬 더 즐거운 일이라는 것을 자네는 모르나? 이 나라에는 자네를 친구로서 상대하기를 몹시 탐하는 그런 사람들이 여럿 있다는 것을 확신해도 좋네." /4/ 그리고 그 결과 그들은 말을 하고 행동하는 데 아주 능력이 충분하지만 가난한 아르케데모스[68]를 찾아냈다. 왜냐하면 그는 아무데서나 이익을 얻어내는 그런 사람이 아니라 정직한 사람이었으며, 무고자들로부터 벌금을 받아내는 것은 아주 쉽다고 말했기 때문이다. 그래서 크리톤은 곡물이나 올리브기름 또는 포도주나 양털이든 농장에서 생기는 생활에 유용한 어떤 다른 것을 거둬들일 때면, 일부를 덜어내서 그에게 주곤 했다. 그리고 크리톤이 제사를 지낼 때면 그를 불렀으며, 그런 모든 일에서 그를 돌봐주었다. /5/ 한편 아르케데모스는 크리톤의 집을 자신의 안식처로 간주하여 크리톤을 대단히 존경했다. 그리고 그는 곧 크리톤을 무고한 사람들 중 어떤 사람이 부정의한 짓은 많이 했고 적들

---

(68) **아르케데모스:** 나중에 아테네에서 권력을 잡은 사람을 말하는 것으로 보인다.(『헬레니카』 1.7.2 참고) 대중 연설가로서 그에 대한 아리스토파네스의 풍자는 『개구리들』 5.417 이하 참고.

은 많다는 것을 간파하고서는 그를 공적 재판에 소환해서 그가 벌을 받아야 할지 벌금을 내야 할지를 심판받게 했다. /6/ 그는 자신에게 사악한 많은 것이 있다는 것을 알고서 아르케데모스에게서 벗어나려고 온갖 노력을 했다. 하지만 아르케데모스는 그가 크리톤에 대한 소송을 취하하고 그에게 배상을 하기 전까지는 그를 방면하지 않았지. /7/ 그때 이미 그 일과 그와 유사한 일들을 아르케데모스가 처리했었기에 양치기가 좋은 개를 갖고 있으면 다른 양치기들도 그 개의 덕을 보려고 그 개의 근처에 자기 무리들을 세워두고 싶어 하듯이, 바로 그런 식으로 크리톤의 친구들 중 많은 사람들이 아르케데모스에게 그가 자신들도 보호해 주기를 부탁했다. /8/ 한편 아르케데모스는 즐거이 크리톤에게 호의를 베풀었고 크리톤만이 아니라 그의 친구들까지 편안하게 지낼 수 있었다. 한편 그가 미움을 사게 된 사람들 중 어떤 사람이 그를 비난하여 그는 크리톤에게 도움을 받아서 그 사람에게 아부를 하는 것이라고 한다면, 아르케데모스는 말했을 것이네. "그러면 훌륭한 사람들에게 은혜를 받고 은혜를 갚음으로써 그런 사람들을 친구로 삼고 못된 자들과는 불화하는 것이 부끄러운 것인가, 아니면 아름답고 훌륭한 사람들에게 부정의한 짓을 하려 꾀하여 적으로 삼는 한편 못된 자들과는 함께 일하여 친구로 삼으려 들고 저들 대신에 이들을 상대하려 드는 것이 부끄러운가?" 이런 일들로 인하여 그는 크리톤의 친구들 중 하나였고 크리톤의 다른 친구들에게 존경받았다.

X. /1/ 한편 나는 소크라테스 선생님이 동료인 디오도로스[69]와도 다음과 같은 대화를 나누신 것을 알고 있다. "디오도로스, 내게 말해 보게." 소크라테스 선생님이 말했다. "만일 자네 집 노예 중 하나가 자네에게서 달아났다면, 자네는 그 노예를 되찾는 것에 신경을 쓰겠는가?" /2/ "그야 물론이지. 제우스께 맹세코 나는 그 노예에 대한 보상금을 걸고 다른 사람들도 불러들일 걸세." 그가 말했다. "어떤가? 만약 자네 집 노예들 중 누가 병이 든다면, 자네는 이 노예가 죽지 않도록 돌보고 의사를 부르겠는가?" 소크라테스 선생님이 말했다. "물론이지." 그가 말했다. "그런데 만약에 집노예보다 훨씬 더 쓸모 있는 자네 지인들 중 누군가가 가난으로 인해 죽게 생겼다면, 그가 안전해지도록 돌보는 것이 자네에게 가치 있는 일이라 생각하지 않는가? /3/ 게다가 자네는 헤르모게네스[70]가 도리를 모르는 사람이 아니며 만일 자네에게 도움을 받았다면, 자네에게 도움을 되갚지 않는 것을 부끄럽게 생각할 사람이라는 것을 자네가 아네. 게다가 자발적이고 호의를 가지고 있으며 충직한[71] 수행원을 갖는 것, 그리고 시킨 일을 하기에 충분할 뿐만 아니라 그 자체로 유능하고 미리 내다보고 미리 방책을 마련하는 능력을

---

69) **디오도로스**: 달리 알려진 바가 없는 인물이다.

70) **헤르모게네스**: 본래 아테네 부자 히포니코스의 아들이었지만 아버지의 전 재산이 이복형제인 칼리아스에게 가는 바람에 대단히 가난하게 살았다고 한다.

71) **충직한**: 반디니의 편집에 따라 바로 뒤에 오는 구절을 뺐다. 마찬트 편집의 OCT에는 이 뒤에 '시킨 일을 하기에 충분한'이 있다.

가진 수행원을 두는 것은 많은 하인들을 두는 것에 맞먹는 가치가 있다고 나는 생각하네. /4/ 더더구나 좋은 가정관리인[72]들은 값비싼 것을 적은 값으로 살 수 있다면 사야 한다고 말하네. 그런데 지금 어려움 때문에 좋은 친구들을 아주 싸게 얻을 수 있네." /5/ 그러자 디오도로스가 말했다. "멋진 말일세. 소크라테스." 그가 말했다. "헤르모게네스더러 내 집에 오라고 해주게." "제우스께 맹세코 난 안 그럴 걸세. 왜냐하면 나는 저 사람을 부르는 것이 자네 자신이 저 사람에게 가는 것보다 자네에게 더 아름답다고 생각하지도 않고, 이 일을 하는 것[73]이 자네에게보다 저 사람에게 더 좋은 것이라고 생각하지도 않기 때문일세." /6/ 그렇게 해서 디오도로스는 헤르모게네스에게 갔다. 그리고 그는 경비를 많이 들이지 않고 친구를 얻었지. 그 친구는 무슨 말을 하고 무슨 일을 해서 디오도로스에게 이익을 주고 즐거움을 줄지를 살펴보는 역할을 맡았다.

---

72) **가정관리인**: 가장 또는 집사를 말한다. 재무담당관 같은 관직을 말하기도 한다.
73) **이 일을 하는 것**: 헤르모게네스와 디오도로스가 친구가 되는 것.

3권

Γ

I. /1/ 한편 멋진 것[1]들을 열망하는 사람들이 자신들이 열망하는 것들을 돌보도록 함으로써 소크라테스 선생님이 그들을 어떻게 이롭게 하는지에 대해서 이제 이야기하고자 한다. 예컨대 언젠가 소크라테스 선생님은 디오뉘소도로스[2]가 아테네에 와서는 자신이 장군이 되는 것을 가르칠 수 있노라고 공언하는 것을 들으셨는데, 그 자리에 있던 사람들 중 누군가가 이 나라에서 그 관직을 얻기 원한다는 것을 알아채시고는 그에게 말했다. /2/ "젊은이, 물론 장군이 되는 것을 배우는 것이 가능한데도 그것을 소홀히 하면서 이 나라에서 장군이 되기를 바라는 사람은 부끄러운 사람일세. 그리고 나라는 그런 사람에게 누군가 동상을 만드는 것을 배우지 않았으면서 동상제작에 대한 계약을 한 경우보다 훨씬 더 많은 벌금을 물리는 것이 정의로울 것이네. /3/ 왜냐하면 전쟁의 위

---

1) **멋진 것**: 그리스어는 지금껏 주로 '아름답다'라고 번역한 'kalos'이다. 이 말은 '훌륭하다(good)'거나 '고귀하다(noble)' 또는 '멋지다(nice)'라고도 번역되는데, 이 문맥에서는 '명예(honor)'라고도 많이 번역했다. 너무 도덕적인 어감이 많이 들어가지 않으면서 '명예'에 근접한 의미를 가진 말로 '멋지다'를 택했다.

2) **디오뉘소도로스**: 키오스 출신의 소피스트. 그의 형제인 에우튀데모스와 함께 전쟁에 관한 기술을 가르쳤던 것으로 전해진다. 디오뉘소도로스는 키오스 출신의 외지인으로 아테네에 여러 차례 왔었는데, 플라톤의 『에우튀데모스』 271d~272a에 나오듯이 이 형제는 젊어서는 중무장전투술과 법정연설술을 가르쳤고, "노인이 거의 다 되어서(272b10~11)" 소피스트가 되었다.

기 속에서 나라 전체가 장군에게 의지하고 있을 때에는, 그가 성공적으로 장군직을 수행하면 대단히 좋은 일들이 생기고, 그가 실수를 할 때에는 나쁜 일들이 생기는 것이 당연하기 때문일세. 그러니 그걸 배우는 것은 소홀히 하면서 선택받는 데에는[3] 열심인 사람에게 벌금을 물리는 것이 어찌 정의롭지 않겠나?" 소크라테스 선생님은 그런 말씀을 하시면서 그에게 가서 배우라고 설득하셨다. /4/ 그가 배우고 돌아오자, 소크라테스 선생님은 그에게 농담하며 말했다. "여보게들, 호메로스가 아가멤논이 위풍당당하다고 말했듯이,[4] 그처럼 자네들에게는 여기 이 사람이 장군술을 배워 더 위풍당당해 보이지 않는가? 그리고 사실 키타라 타는 법을 배운 사람은 비록 키타라 연주를 하고 있지 않을지라도 키타라 연주자인 것이고, 치료술을 배운 사람은 비록 치료하고 있지 않을지라도 의사이듯이, 그처럼 여기 이 사람도 비록 아무도 그를 뽑아주지 않을지라도, 이 시간부로 내내 장군인 것일세. 반면에 앎을 갖지 못한 사람은 그가 비록 만장일치로 선출되었을지라도 의사도 아니고 장군도 아닐세." /5/ "그렇지만", 소크라테스 선생님이 말했다. "혹시 우리 중 누가 자네 밑에서 부족부대장이나 중대장[5]을 맡아볼지도

---

3) **선택받는 데에는**: 아테네는 기원전 501년 클레이스테네스의 개혁 이래로 매년 각 부족(phylē)별로 임기 1년의 장군(stratēgos)을 1명씩 총 10명을 투표로 뽑았다.

4) **호메로스가 아가멤논이 위풍당당하다고 말했듯이**: 호메로스, 『일리아스』 3권 169~170행.

5) **부족부대장이나 중대장**: 아테네의 경우 10개의 부족(phylē)에서 부대가 조직되었

모르니, 전쟁에 대한 것들을 우리가 더 잘 알 수 있도록 자네의 선생이 자네에게 장군직에 대해 어느 대목에서부터 가르쳤는지를 우리에게 말해 주게나." 그러자 그가 말했다. "동일한 것에서 시작해서 동일한 것으로 끝맺었죠. 나에게 오직 대형을 짜는 것만을 가르쳤으니까요." /6/ "하지만", 소크라테스 선생님이 말했다. "그건 장군직에 가장 나중에 속하는 부분인 걸. 장군은 전쟁에 필요한 것들을 준비하는 데 능해야 하고 병사들에게 필수적인 것들을 제공하는 데 능해야 하며 고안을 잘하고 부지런해야 하며 주의 깊고 인내심이 강하고 기민하며 친절하면서도 가혹하고 단순명료하면서도 계략을 잘 꾸미며 잘 지키면서도 도둑이고 잘 베풀 줄 알면서도 강도이고 후하면서도 욕심 사납고 방어적이면서도 선제적이어야 하는 등 장군직을 잘하고자 하는 사람은 자질과 앎에서 다른 많은 점들을 갖추어야 하기 때문일세. /7/ 하지만 대형을 짜는 데 능한 것도 훌륭하지. 대형이 잘 짜인 군대는 무질서한 군대보다 훨씬 뛰어나기 때문일세. 마치 돌이며 벽돌이며 목재며 진흙이 무질서하게 던져져서는 전혀 유용한 것이 아니고, 아래와 표면에 썩지 않는 것들과 녹아 흐르지 않는 것들이, 즉 돌들과 진흙이 질서 있게 짜

는데, 이 10부족 부대 전체를 지휘하는 전시사령관(polemarchos)은 1년 임기로 주로 귀족 중에서 선출되었으며, 투표로 선출되는 10명의 장군(stratēgos)는 각 부족부대가 아닌 전체 부대의 지휘를 공동으로 통솔하였다. 각 부족부대를 실질적으로 통솔한 것은 부족부대장(taxiarchos)이며 이들 역시 선출되었고, 부족부대장 휘하의 하위 부대인 중대(lochos)를 지휘하는 장교인 중대장(lochagos)은 부족부대장이 임명하였다.

이고 중간에는 벽돌과 목재가 질서 있게 짜일 때, 마치 집 짓는 경우에 그렇게 되듯이 될 때 대단히 가치 있는 소유물, 즉 집이 생기네." /8/ "정말 아주 적절한 비유를 하셨습니다." 그 젊은이가 말했다. "그리고 사실 전쟁에서 맨 앞 열의 사람들과 맨 뒤 열의 사람들은 가장 뛰어난 자로 대형을 짜고 가운데는 뒤처지는 사람들로 대형을 짜서 한쪽 사람들에 의해 인도되고 다른 쪽 사람들에 의해 압박을 받도록 해야 합니다." /9/ "그렇다면", 소크라테스 선생님이 말했다. "그가 자네에게 뛰어난 사람들과 못난 사람들을 구별하는 법도 가르쳤겠군. 그렇지 않다면, 자네가 배운 것들이 무슨 소용이 있겠나? 왜냐하면 그가 자네더러 처음과 마지막에 가장 멋진 은화를 배열하고 가운데에는 가장 나쁜 은화를 배열하라고 시켰는데, 멋진 것과 질 떨어지는 것을 구별하는 법을 가르치지 않았다면, 자네에게 그 배움은 아무 소용이 없을 테니까 말일세." "하지만 제우스께 맹세코", 그가 말했다. "그는 가르치지 않았습니다. 그래서 우리 자신이 훌륭한 사람들과 좋지 못한 사람들을 가려낼 필요가 있을 겁니다." /10/ "그러면 어떻게 하면 그들에 대해 우리가 실수하지 않을지 검토해 보지 않겠나?" 소크라테스 선생님이 말했다. "그러고 싶습니다." 그 젊은이가 말했다. "그럼 은화를 강탈해야 한다면, 은화를 가장 사랑하는 사람들을 맨 앞사람들로 임명해야 옳게 배치하는 것 아닌가?" 소크라테스 선생님이 말했다. "제게는 그렇게 보입니다." "위험한 일에 뛰어들 사람들이라면 어떤가? 그럴 땐 명예를 가장 사랑하는 사람들을 전진배치해야겠지?" "적어도 이 사람들이 칭송을 위해 위험을 무릅쓰고자 하는 사람인 것은 분명합니다." 그가 말했다. "그러면 이 사람들은 눈에 안 보이는 사람들이 아니라 눈에 띄는 사람들이니, 골라내기 쉬운 사람들일 것이네. /11/ 그렇더라도", 소크라테스 선생님이 말했다. "그는 자네에게 대형을 짜는 법만 가르쳤는가, 아니면 각 부대를 어떤 방식으로 어떻게 사용해야 하는지도 가르쳤는가?" "아뇨, 전혀요." 그가 말했다. "게다가 똑같은 식으로 대형을 짜거나 지휘하기에 적합하지 않은 경우도 많지." "하지만 제우스께 맹세코", 그가 말했다. "그는 그런 것들을 분명하게 해주지 않았습니다." "제우스께 맹세코", 소크라테스 선생님이 말했다. "그럼 자네는 다시 가서 다시 물어보게. 만일 그가 앎을 가진 사람이고 부끄러움이 없지 않다면, 돈을 받고서도 자네를 부족한 상태로 보냈다는 것을 부끄러워할 것이네."

II. /1/ 한편 언젠가는 선출이 되어 장군이 된 사람을 만나서는 그를 위해서 소크라테스 선생님이 말했다. "자네는 호메로스가 무엇 때문에 아가멤논을 백성들의 목자라고 불렀다고[6] 생각하나? 목자가 양들이 무사하고 필요한 것들을 공급받아 그것들을 기르는 목적이 달성되게끔 그것들을 돌봐주듯이, 장군도 병사들이 무사하고 그들이 필요한 것들을 공급받아 그들이 전쟁하는 목적을 이

---

6) **호메로스가 … 목자라고 불렀다고**: 호메로스, 『일리아스』 2.243.

루게끔 그들을 돌보는 것이 아닌가? 그런데 그들은 적들을 무찔러 더 행복하기 위해서 전쟁을 벌인다네. /2/ 아니면 호메로스가 아가멤논을 도대체 왜 훌륭한 왕이자 강력한 창수[7]라 부르며 칭송했겠나? 그가 강력한 창수라고 칭송한 것은 아가멤논이 오직 홀로 적들에게 잘 대적하기 때문이 아니라 군대 전체가 적들에게 잘 대적하는 것을 책임지기 때문이며, 또한 훌륭한 왕이라고 칭송한 것은 신의 목숨만을 위해 나서는 것이 아니라 자신이 왕으로서 다스리는 자들의 행복을 책임지기도 하기 때문에 칭송한 것이 아니겠는가? /3/ 사실 왕은 자신을 잘 돌보라고 뽑히는 게 아니라 뽑아준 사람들이 그의 덕으로 잘될 수 있도록 뽑히는 것이거든. 그리고 그들 모두는 자신들의 삶이 최대한 좋기 위해서 군대에 있는 것이고 이를 위한 자신들의 지휘관이 필요해서 장군들을 선출하는 것이라네. /4/ 그러니 장군은 장군직을 수행할 때 자신을 뽑아준 사람들을 위해 이런 일들을 수행해야 한다네. 사실 이것보다 더 아름다운 일을 찾기도 쉽지 않고 이와 반대되는 일보다 더 수치스러운 일을 찾기도 쉽지 않지." 소크라테스 선생님은 이런 식으로 훌륭한 지휘관의 덕이 어떤 것인지를 살펴봄으로써 다른 덕들은 벗겨내고 지휘하는 사람들을 행복하게 하는 지휘관의 덕만 남게 했다.

---

7) **호메로스가 … 강력한 창수**: 호메로스, 『일리아스』 2권 3장 179행.

Ⅲ. /1/ 그리고 언젠가 그분이 기병대장[8]으로 뽑힌 어떤 사람과 이런 대화를 나눈 것을 알고 있네. 그분이 말했다. "젊은이, 자네가 무엇 때문에 기병대장 일을 맡아보고 싶어 하는지에 대해 내게 이야기해 줄 수 있겠나? 기병들의 맨 앞에서 말을 타고 싶어서 그러는 것은 아니니까 말이지. 사실 그건 궁기병[9]들이 해야 마땅한 일이거든. 그들은 기병대장보다도 더 앞에서 말을 타고 가지." "맞는 말씀이십니다." 그가 말했다. "그렇다고 알려지고 싶어서도 아니지. 미친 사람들도 모든 사람에게 알려지니까." /2/ "그것도 맞는 말씀이십니다." 그가 말했다. "그렇다면 나라를 위해 기병대를 더 좋게 만들어서 넘겨줄 생각이기 때문 아닌가? 그리고 만약 기병들이 필요할 경우에는, 이들을 지휘하여 나라에 좋은 일을 하는 데 일익을 담당할 생각이기 때문이 아닌가?" "물론 그렇습니다." 그가 말했다. "그리고 제우스께 맹세코 자네가 그런 일을 할 능력이 있다면 그렇겠지." 소크라테스 선생님이 말했다. "그런데 아마 자네가 임명된 관직은 기병들과 기수들에 관한 것일 걸세." "물론 그렇죠." 그가 말했다. /3/ "자 그럼, 말들을 어떻게 더 좋게 만들 생각인지 먼저 우리에게 말해 주게." 그러자 그가 말했다. "하지만 그건 제 소관사가 아니고 각자가 사적으로[10] 자신의 말을 돌봐야 한

---

8) **기병대장**: 기병대장(hipparchos) 역시 1년 임기로 매년 1명을 뽑았다. 그는 최대 1,000기에 달하는 전체 기병대의 지휘를 맡았다.

9) **궁기병**: 궁기병(hippotoxotēs)은 말 그대로 말을 타고 활을 쏘는 병사를 말하는데, 군의 척후병 역할을 했다.

다고 생각합니다." /4/ "그러면 만약에 자네에게 어떤 사람들은 너무 상태가 나쁜 말굽이나 다리 또는 허약한 말들을 데려오고 어떤 사람들은 너무 영양 상태가 나쁜 말들을 가져와서 행군을 따라갈 수가 없을 정도라면, 그리고 또 어떤 사람들은 그들의 말이 너무 천방지축이라 자네가 배치하는 곳에 가만 있지 못하는 말들을 데려오고, 또 어떤 사람들은 너무 발길질을 해대서 배치할 수도 없다면, 자네에게 그 기병대가 무슨 이로움이 있겠는가? 또는 어떻게 자네는 이런 말들을 지휘하여 나라를 조금이라도 좋게 만들 수 있겠는가?" 그러자 그가 말했다. "좋은 말씀이십니다. 저는 가능한 한 말들을 돌보도록 애쓰겠습니다." /5/ "어떤가? 자네는 기병들을 더 낫게 만들려고 노력하지 않을 것인가?" 소크라테스 선생님이 말했다. "해야죠." 그가 말했다. "그러면 자네는 맨 먼저 그들이 말에 더 잘 올라탈 수 있도록 만들지 않겠는가?" 소크라테스 선생님이 말했다. "그래야죠." 그가 말했다. "만약 기병들 중 누가 말에서 떨어진다면, 그렇게 해서 목숨을 보전할 테니까요."[11] /6/ "어떤가? 만약 어디선가 위험에 맞서야 한다면, 자네는 어디서 맞서겠

---

10) **각자가 사적으로**: 기병대의 말을 비롯해서 아테네에서는 일반적으로 군인들에게 병기를 지급하지 않았고, 병사 개인이 자신의 무기 구입과 관리를 해야 했다. 그렇기 때문에 기병의 경우 재산별로 나눈 아테네 시민의 4등급 중 상위 2개 등급에서만 선발하였다.

11) **말에서 떨어진다면 … 목숨을 보전할 테니까요**: 당시 그리스에는 안장이 없어서 전투 중 말에서 떨어지기 쉬웠다고 한다. 그러니까 여기서 '말에 올라타는 기술'은 떨어졌다 다시 올라타는 기술이 되기도 하는 셈이다.

152

는가? 자네의 기병대에게 자네들이 자주 말을 타던 모래땅으로 적들을 끌고 오라고 명령할 텐가, 아니면 전쟁이 벌어지는 지역과 유사한 지형에서 군사훈련을 하도록 하겠는가?" "물론 후자가 더 낫지요." 그가 말했다. /7/ "어떤가? 자네는 말에서 가능한 한 많이 활을 쏘게 하는 데 관심을 둘 텐가?" "분명 그것도 더 좋을 것입니다." 그가 말했다. "그런데 자네는 기병들의 영혼을 날카롭게 하고 적들에 대해 분노케 하여 그들을 더욱더 용맹하게 할 마음을 먹었는가?" "만약 그러지 않았다면, 지금이라도 시도할 겁니다." 그가 말했다. /8/ "기병들이 자네 말을 듣게 하기 위해 자네는 뭐라도 신경을 썼는가? 그게 없으면 좋은 말들도 용맹한 기병들도 아무 소용이 없을 테니까." "맞는 말씀이십니다." 그가 말했다. "그렇지만 그들을 그리로 선동하는 가장 좋은 방법이 있을까요?" /9/ "아마 자네는 그걸 알고 있을 걸세. 모든 것에서 사람들은 가장 뛰어나다고 생각하는 사람들에게 설득되기를 가장 바란다는 것 말이지. 정말이지 질병에 걸렸을 때 그들은 가장 의술이 뛰어나다고 생각하는 사람에게 설득되고, 항해 중에는 대다수의 사람들이 항해술이 가장 뛰어난 사람에게, 농사일에는 농사일에 가장 뛰어난 사람에게 설득되기를 바라지." "정말 그렇습니다." 그가 말했다. "그러면 기병술의 경우에도 무엇을 해야 할지 가장 잘 아는 것이 분명해 보이는 사람에게 최대한 설득되기를 사람들이 바라는 것이 그럴듯하지 않은가?" 소크라테스 선생님이 말했다. /10/ "그러면 소크라테스 선생님, 내가 그들 중에서 가장 뛰어난 것이 분명하다면, 그들이 내 말에 설득되기에는 그걸로 내 자격은 충분한 것일까요?" 그가 말했다. "그렇지. 그것에 더해 그들에게는 자네에게 설득되는 것이 더 좋고 더 안전하리라는 것을 가르친다면 말이지." 소크라테스 선생님이 말했다. "어떻게 하면 그것을 가르칠 수 있을까요?" 그가 말했다. "제우스께 맹세코, 자네가 좋은 것들보다 나쁜 것들이 더 낫고 유용하다는 것을 가르쳐야 하는 경우보다는 훨씬 더 쉽다네." 소크라테스 선생님이 말했다. /11/ "선생님 말씀은 기병대장이 다른 것들에 더해서 말하는 능력도 훈련해야 한다는 것이로군요." 그가 말했다. "아니 자네는 침묵으로 기병대장 일을 수행할 필요가 있다고 생각하고 있었나?" 소크라테스 선생님이 말했다. "아니면 자네는 전통적으로 우리가 가장 아름답다고 배운 것들, 즉 그로 인해 우리가 살아가는 법을 배우는 것들 모두는 말을 통해서 우리가 배웠으며, 다른 어떤 아름다운 배움을 사람들이 배울 경우에도 말을 통해서 배우며, 가장 훌륭하게 가르치는 사람은 무엇보다도 말을 사용하고 가장 진지한 것들을 가장 많이 아는 사람들은 가장 아름답게 대화를 한다는 것을 주지하고 있지 못한가? /12/ 또는 자네는 이런 것을 주지하지 못하는가? 델로스[12]로 보내는 가무단[13]과 같은 가무단이 우리나라에 생길 때는 다른 어느 도시에서

---

12) **델로스**: 에게해 중앙, 퀴클라데스 제도에 있는 섬으로서 아폴론과 아르테미스의 출생지로 알려진 섬.

13) **가무단**: 아테네를 비롯한 그리스의 여러 나라들은 4년마다 한 번씩 아폴론과 아르테미스에게 경배하기 위해 사절단을 파견했으며, 그 사절단에는 가무단이

생기는 가무단도 이와 대등하지 못하고 다른 어느 나라에서도 이 나라와 같은 정도의 미남자의 무리가 모아지지 않는다는 것 말일세." "맞는 말씀이십니다." 그가 말했다. /13/ "그렇지만 아테네 사람들이 다른 나라 사람들에 비해 목소리의 좋음이나 신체의 크기 또는 힘에서 뛰어난 것은 그들의 명예욕에 비하면 아무것도 아니라네. 명예욕이란 무엇보다도 아름다운 것들과 값진 것들에 대한 마음을 불러일으키는 것이지." "그것 역시 맞는 말씀입니다." 그가 말했다. /14/ "그러니 자네는 이 땅의 기병도 누군가가 돌봐준다면, 그들은 다른 나라 사람들보다 무장뿐만 아니라 말의 준비와 질서, 적들의 위험을 기꺼이 감수함에서 대단히 뛰어나리라고 생각하지 않는가? 그들이 그렇게 함으로써 칭송과 명예를 얻을 수 있으리라고 믿는다면 말이지." 소크라테스 선생님이 말했다. "그럴 법한 말씀입니다." 그가 말했다. /15/ "그러니 주저하지 말고 그 남자들이 그것들을 하도록 설득하려고 시도하게. 그들이 그것들을 하게 되면 자네 자신도 이롭게 되고 다른 시민들도 자네로 인해 이롭게 될 걸세." 소크라테스 선생님이 말했다. "아닌 게 아니라 시도할 겁니다." 그가 말했다.

IV. /1/ 언젠가는 니코마키데스[14]가 관리선출 모임에서 나오는

포함되었고, 그 사절단을 잘생긴 젊은 남자들의 무리가 인도하였다고 한다.

14) **니코마키데스**: 달리 알려진 바가 없는 인물이다.

것을 보고 소크라테스 선생님께서 물었지. "니코마키데스, 어떤 사람들이 장군들로 선출되었나?" 그러자 그가 말했다. "소크라테스 선생님, 사실 아테네 사람들은 저를 선출할 만한 그런 사람들은 아니지 않나요? 저는 징집이 돼서 군생활을 했고 중대장[15]과 부족부대장을 하고 적에게 입은 부상으로 세월을 보냈는데 (그러면서 그는 옷을 벗어서 흉터까지 보여주었지.) 그들은 한 번도 중무장보병으로 복무한 적도 없고 말을 타고 사방에서 우러러볼 만한 일을 한 적도 없으며 오직 재산을 모을 줄만 아는 안티스테네스[16]를 선출했단 말이죠." /2/ "병사들에게 임무를 부여하기에 충분한 사람이라면, 그건 좋은 일이 아닌가?" 소크라테스 선생님이 말했다. "예. 무역상이 재물을 모으기에는 충분하지만, 그렇다고 해서 장군직도 할 수 있게 되는 것은 아닐 테지요." 니코마키데스가 말했다. /3/ 그러자 소크라테스 선생님이 말했다. "하지만 안티스테네스는 승부욕이 강하기도 하지. 장군에게 있으면 알맞은 것이지. 그가 가무단의 비용을 대줄 때마다 그는 그 모든 가무단으로 승리했다는 것을 자네는 알지 못하는가?" "제우스께 맹세코 그렇기는 하지만, 가무단을 지휘하는 것과 군대를 지휘하는 것은 비슷한 것이 아니죠." /4/ "게다가 안티스테네스는 송가와 가무단의 선생 경험이 없지만 그것들에 가장 능력이 있는 사람들을 발견하기에 충분했지." 소크라

---

15) **중대장**: 100명 규모의 중대(lochos)의 지휘관.
16) **안티스테네스**: 2권 5장에 등장했던 소크라테스의 제자 안티스테네스를 말하는 것 같지는 않다.

테스 선생님이 말했다. "군에서도 그는 한편으로는 자기 대신에 배치를 하고 다른 한편으로는 싸움을 하는 다른 사람들을 찾아낼 겁니다." 니코마키데스가 말했다. /5/ "그러면 가무에 관한 일에서 그렇게 하듯 전쟁에 관한 일에서도 그가 가장 강한 사람들을 찾아내서 선발한다면, 그는 우승상을 탈 만하지 않은가?" 소크라테스 선생님이 말했다. "그리고 전 부족과 더불어 가무에서 승리를 거두기보다는 전 나라와 더불어 전쟁에서 승리를 거두기 위해 그가 자신의 돈을 쓰기를 더 원하는 것이 그럴 법하지 않는가?" /6/ "소크라테스 선생님, 선생님은 지금 가무단도 잘 운영하고 장군직도 잘 수행하는 것이 동일한 사람의 일이라고 말씀하시는 건가요?" 그가 말했다. "내가 하는 말은 어떤 사람이 무언가의 지도자가 됐는데, 만약 그가 해야 할 것들이 무엇인지를 알고 그것들을 장만할 능력이 있다면, 가무단이든 집이든 나라든 장군 일이든 지도자가 될 것이라는 점일세." 소크라테스 선생님이 말했다. /7/ 그러자 니코마키데스가 말했다. "제우스께 맹세코 소크라테스 선생님, 저는 도대체 선생님한테서 좋은 가장이 좋은 장군일 수 있다는 말을 들으리라고는 생각해 본 적이 없습니다." "자 그럼, 그것들이 동일한 것인지 다른 점이 있는 것인지를 우리가 알아보기 위해서 그것들 각각의 일을 검토해 보도록 하세." 소크라테스 선생님이 말했다. "물론입니다." 그가 말했다. /8/ "그럼 한편으로 통솔을 받는 사람들이 자신들의 말을 잘 듣고 따르게 만드는 것이 양쪽의 일이 아닌가?" 소크라테스 선생님이 말했다. "그야 물론이죠." 그가 말했다. "각각의 일을 적합한 사람들에게 하도록 할당하는 것은 어떤가?" "그 것도 그렇습니다." 그가 말했다. "게다가 나쁜 자들을 벌주고 좋은 사람들을 존중하는 것이 양쪽에 적합한 것이라고 나는 생각하네." "물론입니다." 그가 말했다. /9/ "그런데 자신의 말을 따르는 자들을 호의적으로 만드는 것이 어찌 양쪽에 좋지 않겠나?" "그것도 그렇습니다." 그가 말했다. "자네가 보기에는 동맹자와 원조자를 끌어들이는 것이 양쪽에게 도움이 되겠나 안 되겠나?" "물론 되지요." 그가 말했다. "그런데 그들의 재산을 지키는 것이 양쪽 사람에게 적합한 일이 아닌가?" "적합하다마다요." 그가 말했다. "그러면 양쪽 사람은 자신들의 일과 관련하여 주의 깊고 성실해야 마땅하지 않겠는가?" /10/ "이것들은" 그가 말했다. "모두 양쪽 사람들에게 비슷하게 적용이 됩니다. 하지만 싸우는 것은 양쪽에 다 속하지는 않지요." 소크라테스 선생님이 말했다. "하지만 적들은 사실양쪽 사람들에게 생기지?" "그야 물론입니다." 그가 말했다. "그러면 이들을 압도하는 것이 양쪽 사람들에게 이익이 되는가?" /11/ "물론입니다만, 이걸 놓치셨네요. 싸워야 할 때, 가정경영술이 무슨 도움이 될까요?" 그가 말했다. "그 경우에도 아마 가장 많이 도움이 될 걸세." 소크라테스 선생님이 말했다. "좋은 가장은 적들과 싸워 이기는 것만큼 그렇게 이롭고 이득이 되는 것이 없다는 것을 알며, 지는 것만큼 무익하고 손해가 되는 것이 없다는 것을 알기에 이기는 쪽에 유용한 것들을 그는 열렬히 추구하고 준비할 것이고, 지는 쪽으로 가져가는 것들을 조심스레 살펴보고 경계할 것이며,

승리할 수 있을 만큼 준비가 되어 있는 것을 보면 적극적으로 싸울 것이고, 이에 못지않게, 만약 준비가 되어 있지 않다면 전투를 벌이는 것을 경계할 것이네." /12/ "니코마키데스, 가정경영하는 사람들을 우습게 생각하지 말게. 사적인 것들의 돌봄은 단지 규모에서 공적인 것의 돌봄과 차이가 날 뿐이지, 다른 점들에서는 유사하며, 그중 특히 중요한 것이 사람들 없이는 어느 쪽이 이루어지지 않으며 사적인 것들을 행하는 것이나 공적인 것들을 행하는 것이나 다른 사람들을 통해서 하는 것이 아니라네. 공적인 것들을 돌보는 사람들이 사적인 것들을 경영하는 사람들이 쓰는 사람들과 다른 어떤 사람들을 쓰는 것이 아니란 말일세. 사람들을 쓸 줄 아는 사람들은 사적인 것들이든 공적인 것들이든 잘 행하지만, 그럴 줄 모르는 사람들은 양쪽에서 어긋난 소리를 낸다네."

V. /1/ 언젠가 그 유명한 페리클레스의 아들 페리클레스와 대화하면서 소크라테스 선생님이 말했다. "페리클레스,[17] 알다시피 나는 자네가 장군이 되었으니 우리나라가 전쟁하는 일에 있어서 더 훌륭하고 이름난 나라가 되고 적들을 제압하게 되리라는 희망을 가지고 있네." 그러자 페리클레스가 말했다. "소크라테스 선생님, 선생님이 말씀하시는 것들을 제가 바랄 수는 있겠지요. 하지만 어

---

17) **페리클레스**: 유명한 정치가 페리클레스의 셋째 아들로서 아버지와 이름이 같다. 그는 이 책 1권 1장 17절에 등장한 아르기누사이 해전에 참전한 장군들 중 한 명이었다.

떻게 해야 그것들이 이루어지는지에 대해서는 제가 알 수가 없습니다." "그러면 그것들과 관련해서 그것들의 가능성이 어디에 있는지를 우리 대화를 해가면서 살펴보는 것이 어떻겠는가?" 소크라테스 선생님이 말했다. "좋습니다." 그가 말했다. /2/ "그럼 자네는 아테네 사람들이 보이오티아[18] 사람들보다 수적으로 전혀 적지 않다는 것을 알지 않는가?" 소크라테스 선생님이 말했다. "예. 압니다." 그가 말했다. "한편 몸이 좋고 아름다운 남자들을 뽑는다면, 보이오티아 사람들 중에서 더 많이 뽑히리라 생각하는가, 아테네 사람들 중에서 많이 뽑히리라 생각하는가?" "제 생각에는 이 점에서도 아테네 사람들이 빠지지 않으리라 봅니다." "한편 어느 쪽 사람들이 자기들끼리 친절하다고 믿는가?" "저는 아테네 사람들이라고 믿습니다. 보이오티아 사람들 중 많은 사람들이 테바이 사람들에게 착취를 당해서 그들에게 적대적이지만 아테네 사람들에게서는 그런 것이 제게 보이지 않으니까요." /3/ "게다가 아테네 사람들이 명예도 가장 사랑하고 그 누구보다도 자긍심도 가장 높네. 이것들은 그 어느 것 못지않게 좋은 평판과 조국을 위해 위험을 무릅쓸 수 있는 마음을 불러일으키는 것들이지. 그런 점들에서도 아테네 사람들은 나무랄 데가 없네. 더구나 그들에게는 아테네 사람들에게 있는 것보다 더 크고 많은 선조들의 아름다운 업적이 없네.

---

18) **보이오티아:** 아테네 북쪽, 그리스 본토의 중앙부를 차지하는 지역. 이 지역에는 테바이를 비롯한 여러 도시국가들이 있었지만 그중 테바이가 가장 컸고, 테바이는 보이오티아의 다른 도시국가들을 아우르려고 했다.

그것은 그로 인해 많은 사람들이 격동되어 덕을 돌보고 용감해지
도록 자극받는 것이지." /4/ "소크라테스 선생님, 그 모두가 다 맞
는 말씀입니다. 하지만 아시다시피 레바데이아[19]에서 톨미데스[20]
와 함께했던 1,000명의 사람들이 겪었던 불행과 델리온[21] 전투 당
시에 히포크라테스[22]와 더불어 겪었던 불행 이래로 보이오티아 사
람들에 비해 아테네 사람들의 명성은 내려앉고 테바이 사람들의
기세는 아테네 사람들에 비해 올라갔지요. 그 결과 보이오티아 사
람들이 이전에는 라케다이몬 사람들과 펠로폰네소스[23] 사람들 없
이는 자기들 땅에서도 감히 아테네 사람들에게 대적하지 못하더니
이제는 그들이 나서서 단독으로 아티카로 쳐들어오겠다고 협박을
하고 있는데, 반면에 이전에는 보이오티아를 초토화시켰던 아테

---

19) **레바데이아**: 보이오티아 지방의 중추적인 역할을 했던 도시.

20) **톨미데스**: 아테네의 장군으로서 기원전 447년에 일어났던 보이오티아의 반란
을 진압하기 위해 1,000명의 군사를 이끌고 보이오티아를 침공했으나 레바데
이아와 코로네이아 사이의 지역에서 보이오티아 연합군의 습격을 받아 패배하
고 전사하였다. 이 패배로 아테네는 보이오티아 지역에 대한 지배권을 상실했
다. 투퀴디데스, 『펠로폰네소스 전쟁사』 1권 108절, 113절 참고.

21) **델리온**: 보이오티아 변경에 있는 도시.

22) **히포크라테스**: 아테네의 장군으로서 기원전 424년 델리온을 두고 보이오티아군
과 벌인 전투에서 사망하였다. 이 전투에는 소크라테스도 참전하여 퇴각 시에
용기 있는 모습을 보여주었다는 이야기가 플라톤의 『소크라테스의 변명』, 『라
케스』, 『향연』에 전한다.

23) **펠로폰네소스**: 그리스 본토는 대륙에 이어진 부분과 코린토스 지협에서 이어지
는 펠로폰네소스반도로 크게 나뉜다. 대륙에 이어지는 지역에는 아테네, 테바
이, 메가라 등이, 펠로폰네소스반도에는 코린토스, 스파르타 등이 위치했다.

네 사람들은 보이오티아 사람들이 아티카를 유린하지 않을까 두려워하고 있습니다." /5/ 그러자 소크라테스 선생님이 말했다. "하지만 내가 느끼고 있는 사실은 이렇다네. 내가 보기에 이 나라는 좋은 사람이 다스리기에 더없이 좋은 상황에 놓여 있다네. 자신만만함은 부주의와 게으름과 불복종을 유발하고, 공포는 좀 더 주의 깊고 순종하도록 만들기 때문일세. /6/ 이에 대한 증거는 배에 탄 사람들의 경우에서도 얻을 수 있네. 아마 이들은 두려울 것이 전혀 없을 때에는 전혀 질서정연하지 않을 것이네. 그러나 폭풍이나 적들에 대해 걱정해야 하는 상황이 되면 시키는 일을 전부 다 할 뿐만 아니라, 마치 가무단원처럼 명령이 하달되기를 조용히 기다린다네." /7/ "그렇지만 정말 지금 그들이 말을 들을 준비가 최대한 되어 있다면, 어떻게 그들이 다시 옛적의 덕과 영광과 번영을 재차 사랑하도록 우리가 권면할 수 있을지를 이야기하기에 맞춤한 때가 지금인 것 같습니다." 그가 말했다. /8/ "그럼 옛사람들이 가졌던 재산들에 대해 그들이 권리를 주장하기를 우리가 원했던 것이라면, 우리는 그들에게 이것들이 그들의 선조들의 것이자 그들 자신의 것이란 점을 밝혀줌으로써 무엇보다도 그들이 이것들에 매달리도록 부추겼을 것이네." 소크라테스 선생님이 말했다. "그런데 우리는 그들이 덕에서 제일가는 사람들이 되기 위해 노력하기를 바라는 것이므로, 이 경우에는 덕이 옛적부터 특히 그들의 것이었으며 이것에 노력을 기울임으로써 그들이 모든 면에서 최고가 될 수 있다는 점을 밝힐 필요가 있네." /9/ "그렇다면 어떻게 그것을 가르칠 수 있을까요?" "내 생각에는 우리가 들어서 알고 있는 그들의 선조들 중 가장 오랜 선조들까지도 대단히 뛰어난 분들이었으며, 그들 자신이 그 사실을 들어서 알고 있다는 점을 우리가 상기시키면 될 것이네." /10/ "아니 그럼 선생님은 케크롭스와 그의 사람들이 덕으로 말미암아 신들에 대해 내렸던 판정[24]을 말씀하시는 건가요?" "그렇네. 뿐만 아니라 에레크테우스와 양육과 출생,[25] 그리고 그의 시대에 벌어진 인접한 땅의 사람들을 상대로 한 전쟁, 헤라클레스의 아들들 시대에 펠로폰네소스에 있던 사람들을 상대

---

24) **케크롭스와 … 판정:** 케크롭스는 아테네 최초의 왕으로 전해지는 전설상의 인물이다. 아폴로도로스의 『신화집』 3권 14장에 따르면 이 당시에 신들이 자신들의 명예를 누릴 도시를 차지하기로 하였고, 아테네의 경우 포세이돈이 먼저 아테네로 와서 아크로폴리스 중앙에 샘을 만들었고 그다음에 아테네가 와서 케크롭스를 증인으로 삼고 올리브를 심었다고 한다. 이에 대해 양자 사이에 분쟁이 생기자 제우스가 재판관을 세웠다고 하는데, 아폴로도로스는 재판관들이 12신이라고 전하고 있는 반면, 크세노폰은 케크롭스와 그의 주변 인물들이라고 보고 있다. 한편 아폴로도로스에 따르면 재판의 결정적 증언은 아테네가 먼저 올리브를 심었다는 케크롭스의 증언이었다고 한다.

25) **에레크테우스의 양육과 출생:** 에레크테우스는 아테네 초기의 전설적인 왕이다. 피에르 그리말의 『그리스-로마 신화사전』 「에레크테우스」 항목에 따르면 그는 비슷한 이름의 에리크토니오스와 신화상으로 혼동되어 왔다고 한다. 크세노폰 역시 이런 혼동에 처해 있는 듯하다. 에리크토니오스 역시 아테네의 초기 왕에 속하는데, 그의 가계에 대한 여러 설 중 헤파이스토스가 아테네 여신에게 욕정을 품고 접근했다가 아테네 여신의 허벅지에 정액을 흘렸는데, 아테네 여신이 이를 양모로 닦아내 땅에 버렸는데, 대지의 여신이 아이를 생산했고, 아테네 여신이 아크로폴리스에 있는 자신의 성전에서 이 아이를 키웠는데, 이 아이의 이름이 에리크토니오스라는 것이다. 고대의 전거로는 호메로스의 『일리아스』 2권 547행 참고.

로 한 전쟁[26]도, 테세우스 시대에 벌어진 모든 전쟁[27]도 말하는 걸세. 이 모든 전쟁에서 아테네 사람들은 그들 당대의 사람들 중에서 가장 뛰어난 사람들임을 분명히 했네. /11/ 원한다면 그분들의 후손들로서 우리보다 그리 오래전에 태어나지 않았던 분들이 행했던 것들을, 즉 한편으로는 아시아 전역과 유럽의 마케도니아에 이르는 지역의 주인으로서 자신들의 선조보다 큰 세력과 재원을 차지하고 최대의 업적을 성취한 자들을 상대로 그분들 자신이 독자적으로 경합하여 행했던 것들,[28] 다른 한편으로는 펠로폰네소스 사람들과 더불어 육상에서도 해상에서도 최고임을 보이며 행했던 것들[29]도 말할 수 있을 것이네. 바로 이분들 역시 그분들 당대의 어

---

26) **헤라클레스의 아들들 … 전쟁:** '헤라클레스의 아들들(Herakleidai)'로 번역한 말은 '헤라클레스의 후손들'이라고 번역할 수도 있는 말이다. 헤라클레스가 죽고 난 후 그의 아들들은 아버지를 박해했던 미케네의 왕 에우뤼스테우스를 피해 아테네로 갔고, 이를 문제 삼아 아테네에 전쟁을 선포한 에우뤼스테우스에 맞서 아테네인들은 헤라클레스의 자식들을 도와 에우뤼스테우스의 군을 물리쳤다. 그러나 헤라클레스의 후손들이 고향 펠로폰네소스로 귀환하는 일은 3대 후에나 이루어지게 된다.(같은 책, 「에우뤼스테우스」, 「헤라클레이다이」 항목 참고) 고대의 전거로는 헤로도토스의 『역사』 9권 27절 참고.

27) **테세우스 시대에 … 전쟁:** 테세우스는 아테네의 전설적인 왕으로서 아마조네스, 켄타우로스, 트라케와 전쟁을 벌였다.(같은 책, 「테세우스」 항목 참고) 고대의 전거로는 헤로도토스의 같은 책, 9권 27절; 투퀴디데스의 『펠로폰네소스 전쟁사』 2권 15장 참고.

28) **아시아 전역과 … 행했던 것들:** 페르시아를 상대로 한 전쟁 중 아테네가 독자적으로 승리를 거둔 마라톤 전투를 말하는 것으로 보인다.

29) **펠로폰네소스 … 행했던 것들:** 스파르타를 비롯한 그리스 연합군과 페르시아를 상대로 거둔 전쟁을 말하는 것으로 보인다.

떤 사람들보다도 더 뛰어났다고 이야기된다네." "물론 그렇게 이야기되지요." 그가 말했다. /12/ "그리하여 그분들은 헬라스 땅에서 이루어진 수많은 이주의 와중에서도 자신들의 땅에 남았으며, 정의로운 것들에 대해 다툼을 벌인 많은 사람들이 그분들에게 의탁하였고, 강자에게 능욕을 당한 또 다른 많은 사람들은 그분들에게서 피난처를 찾았다네."[30] /13/ 그러자 페리클레스가 말했다. "소크라테스 선생님, 저는 어떻게 해서 우리나라가 더 나쁜 쪽으로 기울게 됐는지 그저 놀라울 뿐입니다." "나는" 소크라테스 선생님이 말했다. "어떤 운동선수들이 훨씬 월등하고 최강인 탓으로 게을러지고 적수들보다 뒤떨어지게 되는 것과도 같이 그렇게 아테네 사람들도 훨씬 뛰어났기 때문에 자신들을 돌보지 않았고, 이로 인해 더 나빠진 것이라고 생각하네."[31] /14/ "그러면 이제 무엇을 해야 옛적의 덕을 되찾을 수 있을까요?" 그가 말했다. 그러자 소크라테스 선생님이 말했다. "내가 보기에 그건 전혀 비밀스러운 것이 아니고, 선조들이 힘써서 하던 일들을 찾아내서 그분들에 못지않게 힘써서 한다면, 그분들보다 더 못해지는 일은 전혀 없을 것이네. 그렇게

---

30) **정의로운 것들에 대해 … 피난처를 찾았다네**: 아테네 이외 지역의 사람들이 핍박을 당하여 아테네인들에게 도움을 받았다는 것은 여러 전설로 전해지며, 또한 여러 비극작품에서도 다루어졌다. 이와 똑같은 언급을 역시 크세노폰의 『헬레니카』 6권 5장 45절에서 찾아볼 수 있다.

31) **어떤 운동선수들이 … 생각하네**: 플라톤 또는 소크라테스는 『소크라테스의 변명』 30e에서 아테네를 "마치 크고 혈통 좋지만 큰 덩치 때문에 꽤 굼뜬" 말로, 소크라테스는 그 말에 붙은 등에로 비유했다.

하지 못한다면, 지금 으뜸가는 사람들을 모방하여 이들이 하는 것과 동일한 것들을 힘써 하되, 똑같은 것들을 똑같은 방식으로 하면 이들보다 더 못하지는 않을 것이고 더 열성으로 한다면 더 나아질 것일세." /15/ "우리나라는 아름답고 훌륭함과는 아무래도 동떨어져 있다는 말씀이로군요." 그가 말했다. "언제 우리 아테네 사람들이 라케다이몬 사람들처럼 그렇게 연장자들을 공경하겠습니까? 아버지부터 시작해서 노인들을 깔보는 사람들이 말이죠. 또 언제 우리 아테네 사람들이 신체단련을 하겠습니까? 자기들 자신이 몸 관리에 무관심할 뿐만 아니라 몸을 돌보는 사람들을 비웃기까지 하는 사람들이 말이죠. /16/ 그런가 하면 그들이 언제 그렇게 통치자의 말을 따르겠습니까? 통치자를 깔보는 것을 자랑 삼기까지 하는 사람들이 말이죠. 또는 언제 그렇게 한마음이 되겠습니까? 자기들끼리 함께 이로운 일을 하는 대신 서로 헐뜯고, 다른 도시 사람들보다 더 많이 자신들끼리 질시하며, 무엇보다도 사적인 모임에서든 공적인 모임에서든 알력을 빚고 서로 간에 가장 많은 송사를 벌이며 자기들끼리 조력하기보다는 차라리 서로에게서 이득을 얻어내기를 선택하는 한편, 남의 것인 양 공공의 것들을 사용하며 이것들을 두고 싸우는가 하면 이런 것들에 대한 권한을 특히 반기는 사람들이 말이죠. /17/ 이런 것들로부터 나라에 숱한 악행과 악덕이 뿌리를 내리고 서로에 대한 숱한 적대감과 혐오감이 시민들 사이에 발생하며, 이런 것들 때문에 감당할 수 있는 것 이상의 큰 악이 나라에 생기지는 않을까 저로서는 몹시 걱정이 된답니다." /18/

"페리클레스, 아테네 사람들이 그렇게까지 치유불가능한 몹쓸 상태의 병을 앓고 있다고 생각하지는 말게." 소크라테스 선생님이 말했다. "자네는 그들이 해전에서 질서정연하며 운동 경기에서는 질서정연하게 감독자의 말을 따르고 가무단에서는 무엇 하나 부족함이 없이 가무단 선생에 복종하는 것을 보지 않는가?" /19/ "사실 그런 사람들은 지휘관의 말에 복종하고 중무장보병들과 기병들처럼 시민들 가운데 아름답고 훌륭함에서 선택받은 것으로 보이는 사람들은 누구보다도 가장 말을 잘 듣지 않는다는 것은 놀랍기까지 합니다." 그가 말했다. /20/ 그러자 소크라테스 선생님이 말했다. "아레이오스파고스에 있는 평의회[32]는 사정을 받은 사람들로 구성되지 않는가?" "그야 물론입니다." 그가 말했다. "그러면 자네는 판결을 내리고 그 밖의 일들을 처리하는 데 있어서 그들보다 더 아름답고 법과 위엄을 지키며 정의로운 사람들을 알고 있는가?" 소크라테스 선생님이 말했다. "저는 그들이 흠잡을 데 없다고 봅니다." 그가 말했다. "그럼 자네는 아테네 사람들이 질서정연하지 못하다고 낙담하지는 말게." 소크라테스 선생님이 말했다. /21/ "그렇지만 최대한 절제하고 질서정연하며 복종해야 하는 군대에서조차도

---

32) **아레이오스파고스에 있는 평의회**: 아테네의 평의회는 두 종류로, 하나는 민회에 회부되는 안건을 심의하는 평의회로서 500인으로 구성되었다. 다른 하나는 아레이오스파고스(아레스의 언덕)에 있는 평의회로서 전직 최고행정관(archōn)들로 구성되었다. 이들은 공적인 사정심사를 거쳐 임명되었으며, 이 평의회에서는 자살, 독극물의 사용, 방화의 범죄를 심판했다고 한다.

아테네 사람들은 이것들 중 어느 것에도 신경 쓰지 않습니다." 그가 말했다. "아마도 그들의 경우에는 아는 게 가장 적은 사람들이 그들을 통치하기 때문일 걸세." 소크라테스 선생님이 말했다. "키타라 연주자들, 가무단원들, 무용가들에 대해서는 어느 누구도 아는 게 없으면서 그들을 통치하려 들지 않으며 레슬링 선수들이며 팡크라티온 선수들에 대해서도 역시 그러려 들지 않고, 이들을 통치하는 사람들은 모두 자신들이 맡아보고 있는 것들을 어디서 배웠는지를 밝힐 수 있는 데 반해 장군들의 대다수는 즉흥적으로 한다는 것을 자네가 보고 있지 않나? /22/ 그렇지만 자네는 그런 사람이 아니라고 나는 믿고 있으며 언제 자네가 레슬링하는 법에 대해 배우기 시작했는지 못지않게 자네가 언제 장군이 하는 일에 대해서 배웠는지를 말할 수 있다고 생각하네. 그리고 내 생각에 자네는 자네 아버지의 전술에서 많은 것을 전수받아 간직하고 있고 장군직 수행을 위해 도움이 되는 것을 배울 수 있는 모든 곳에서 또 많은 것들을 모아들였네. /23/ 한편 내 생각에 자네는 장군직 수행을 위해 도움이 되는 것 중 어느 하나라도 모르고 지나가는 일이 없도록 조심도 무척 하며, 만약 그런 뭔가를 자네 자신이 모르고 있다는 것을 깨닫게 되면 그걸 아는 사람들을 찾아내고, 그들로부터 자네가 알지 못하는 것들을 배우고 그들을 좋은 동료로 삼기 위해서 선물이든 감사의 표시[33]든 아끼지 않네." /24/ 그러자 페리클

---

33) **감사의 표시**: 성격상 선물은 먼저 주는 것이고, 감사는 나중에 하는 것이다. 따

레스가 말했다. "소크라테스 선생님, 제가 그것들을 돌보고 있다고 생각해서서 그런 말씀을 하시는 게 아니라 장군직을 맡아볼 사람은 그런 모든 것을 돌보아야 한다는 것을 제게 가르쳐주시려는 의도에서 그런 말씀을 하신다는 것을 제가 눈치채지 못하리라고 생각하시나요? 물론 저 역시 그래야 한다는 데에는 선생님과 같은 생각입니다." /25/ "페리클레스, 자네는 우리 고장 앞에 큰 산맥이 있어 보이오티아에 이르고 그걸 통과해 우리 고장으로 오는 입구는 좁고 가파르다는 것을, 또한 우리 고장의 중앙은 험준한 산맥으로 둘러싸여 있다는 것을 잘 알고 있네." 소크라테스 선생님이 말했다. "그야 물론이지요." 그가 말했다. /26/ "어떤가? 왕의 고장[34]에 있는 뮈시아[35] 사람들과 피시디아[36] 사람들은 아주 험준한 지역에 살면서 가볍게 무장을 하고도 왕의 고장을 공격하여 상당한 피해를 입힐 수 있는 한편으로 자신들은 자유인으로서 살 수 있다는 것은 들어보지 못했는가?" "그것도 듣고 있습니다." 그가 말

라서 대가로 본다면 전자는 선불이고 후자는 후불인 셈이다. 물론 감사는 꼭 감사의 표시가 되는 물건이나 돈이 아니라 마음만일 수도 있으나 문맥과 문화적 관례상 물질적인 것으로 보는 게 좋겠다. 또한 '감사'로 번역한 'charis'는 그리스 동성애 문화에서 자신에게 애정을 쏟는 구애자(erastēs)에게 소년애인(paidika)이 감사의 표시로 몸을 허락하는 것을 뜻한다는 점도, 페리클레스가 젊은 시절에 앎을 구하던 때를 언급하던 문맥을 생각하면 가능한 해석일 것이다. 이와 관련해서는 플라톤의 『파이드로스』 213b(김주일 역) 주석 참고.

34) **왕의 고장:** 페르시아의 왕과 그 나라를 가리킨다.
35) **뮈시아:** 소아시아의 북서쪽 지역.
36) **피시디아:** 소아시아의 남동쪽 지역.

했다. /27/ "그런데 아테네 사람들이 팔팔한 나이의 젊은이들에게 가벼운 무장을 하게 해서 그 고장 앞에 놓인 산맥을 차지하게 한다면 그 젊은이들이 적들에게 위협적인 존재가 되는 한편 그 고장의 시민들에게 큰 방벽을 갖추어주는 것이 된다고 생각하지 않나?" 소크라테스 선생님이 말했다. 그러자 페리클레스가 말했다. "소크라테스 선생님, 이것 역시 다 유용한 것들이라 생각합니다." /28/ "지극히 뛰어난 이여, 그것들이 자네 마음에 든다면, 시도해 보게. 이것들 중 어느 하나든 자네가 완수한다면 자네에게는 멋진 일이 될 것이고 나라에는 좋은 일이 될 테니까." 소크라테스 선생님이 말했다. "반면에 자네가 그것들 중 어느 하나를 못한다고 해서 나라에 해를 끼치지도 않을 것이고 자네 자신을 수치스럽게 하지도 않을 것이네."

VI. /1/ 아리스톤의 아들 글라우콘[37]이 아직 스무 살이 되지 않았는데도 나라의 지도자가 되고 싶은 욕심으로 대중연설을 하려고 들 때, 그의 친지들과 친구들 가운데 다른 어느 누구도 그가 연단에서 끌려나와 웃음거리가 되지 않게 말릴 수 있는 사람이 없었다. 하지만 소크라테스 선생님은 글라우콘[38]의 아들 카르미데스 때

---

37) **아리스톤의 아들 글라우콘**: 아리스톤은 플라톤의 아버지이고 글라우콘은 플라톤의 형제이다.

38) **글라우콘**: 카르미데스는 플라톤의 외삼촌이다. 따라서 카르미데스의 아버지 글라우콘은 플라톤의 형제가 아니라 플라톤의 외할아버지이다.

문에도,[39] 플라톤[40] 때문에도 그에게 호감을 갖고 있어서 그분만
이 유일하게 말렸다. /2/ 그를 우연히 만나게 되었을 때, 소크라테
스 선생님은 이야기를 들어볼 요량으로 다음과 같은 이야기를 꺼
내 그를 잡아 세웠던 것이다. "글라우콘, 자넨 나라의 지도자가 되
기로 마음먹었는가?" 소크라테스 선생님이 말했다. "소크라테스
선생님, 제 마음은 그렇습니다." 그가 말했다. "사람 사는 세상에
아름다운 것이 뭔가 있다면, 제우스께 맹세코 그게 참 아름다운 것
이지." 소크라테스 선생님이 말했다. "왜냐하면 만약 자네가 그걸
해낸다면 자네가 무엇을 원하든 그 뜻을 이룰 능력이 생길 것이며
친구들을 이롭게 할 만한 권한이 생길 것이고 가문을 일으킬 것이
며 조국을 키우고 먼저 나라에서 이름난 사람이 되고 나중에는 헬
라스에서, 그리고 아마도 테미스토클레스[41]가 그랬듯 이민족들 사
이에서도 이름난 사람이 될 테니까. 한편 자네가 어디에 있든 사
방에서 우러름을 받을 걸세." /3/ 그래서 글라우콘이 그 말을 들으
며 기분이 좋아져서 기쁜 마음으로 곁에 남았다. 그다음에 소크라
테스 선생님이 말했다. "자네가 존경받기를 원한다면 나라가 자네
에게서 이로움을 받아야 하는 것이 분명하지 않겠나?" "물론입니

---

39) **카르미데스 때문에도:** 플라톤의 외삼촌 카르미데스 역시 소크라테스의 추종자
   였으며, 소크라테스와 카르미데스의 만남은 플라톤의 『카르미데스』에 담겨
   있다.

40) **플라톤:** 이 책에서 처음으로 여기서 플라톤이 언급되었다.

41) **테미스토클레스:** 테미스토클레스는 페르시아 전쟁의 승리에 큰 공헌을 했으나,
   나중에 모함을 받아 페르시아로 망명하여 거기서 생애를 마쳤다.

다." 그가 말했다. "신들께 맹세코, 그럼 숨김없이 말해 보게. 자네는 어떤 것에서부터 나라에 봉사할 텐가?" 소크라테스 선생님이 말했다. /4/ 그제야 어디서부터 시작하는 것이 좋을지를 살피기라도 하는 듯이 그가 잠자코 있자 소크라테스 선생님이 말했다. "아니 친구의 집안을 키우기를 원하면 그를 더 부유하게 만들어주는 것부터 시작하듯이, 그렇게 나라도 더 부유하게 만들려고 시도하지 않겠는가?" "물론입니다." 그가 말했다. /5/ "그러면 나라에 수입이 더 많아지면 나라가 더 부유해지지 않겠나?" "아무래도 그렇겠지요." 그가 말했다. "그럼 현재 나라의 수입은 어떤 것들에서 나오고 그것들은 몇 개나 되는지 말해 보게." 소크라테스 선생님이 말했다. "그것들 중 몇몇이 부실한 상태이면 그것들을 채우고 빠뜨린 것들이 있으면 추가로 보충하기 위해서 자네가 분명히 살펴보았을 테니 말일세." "하지만 제우스께 맹세코, 저는 그것들은 검토해 보지 못했습니다." 글라우콘이 말했다. /6/ "그걸 자네가 빠뜨렸다면, 나라의 지출에 대해서 우리에게 말해 보게. 자네는 과도한 지출을 삭감할 생각도 가지고 있는 게 분명하니 말이지." 소크라테스 선생님이 말했다. "하지만 제우스께 맹세코, 저는 그것들에 대해서도 아직 시간 내서 살펴보지 못했습니다." 그가 말했다. "그럼 나라를 부유하게 만드는 것은 미뤄두세. 지출과 수입을 모르고서야 우리가 어떻게 그것을 돌볼 수 있겠냐 말이지." 소크라테스 선생님이 말했다. /7/ "하지만 소크라테스 선생님", 글라우콘이 말했다. "적들로부터 나라를 부유하게 하는 것도 가능합니다." "제우스

께 맹세코 당연하네." 소크라테스 선생님이 말했다. "누가 그들을
제압한다면 말이지. 하지만 제압당한다면 있는 것도 날릴 걸세."
"맞는 말씀입니다." 그가 말했다. /8/ "그러면 누구를 상대로 전쟁
을 할 것인지를 숙고할 사람은 나라의 힘과 대적자들의 힘을 알아
야 하네. 나라의 힘이 더 강하면 전쟁을 도모할 것을 자네가 조언
하고[42] 대적자들의 힘이 더 강하면 조심하도록 설득하기 위해서 말
일세." 소크라테스 선생님이 말했다. "옳게 말씀하셨습니다." 그가
말했다. /9/ "그럼 우선 우리나라의 보병과 해군력을 우리에게 말
해 주고 그다음에는 적들의 군사력을 말해 주게." 소크라테스 선생
님이 말했다. "하지만 제우스께 맹세코 그렇게 입에서 바로[43] 말씀
드릴 수는 없겠네요." 그가 말했다. "하지만 자네가 글로 써둔 것이
있다면, 가져오게. 나는 그걸 아주 기꺼이 들을 수 있겠네." "하지만
제우스께 맹세코, 아직 제가 써둔 것도 없습니다." /10/ "그러면 전
쟁과 관련해서 조언하는 것도 당분간은 닫아두세." 소크라테스 선
생님이 말했다. "아마 자네가 이제 막 지도자직을 시작하는 터라[44]

---

42) **조언하고**: 민주정체하에서 아테네에서 정치가가 된다는 것은 민회나 평의회에
서 안건에 대한 자신의 견해를 연설로 밝히는 것이다. 이것을 아테네인들은
'조언하다(symbouleuein)'라고 했는데, 말 그대로 풀자면 '함께(syn) 숙의한다
(bouleuein)'란 뜻이다.

43) **입에서 바로**: '입에서 바로'라고 번역한 말은 '외워서'라고도 번역할 수 있는 말
이다. 즉 글라우콘의 말은 '지금 내가 그걸 기억하고 있지 못하다'란 뜻이 될
수 있다. 이 말을 소크라테스가 '외우고 있지 못하면, 써둔 글이라도 보자'라고
받은 것이다.

그 사안의 중대함 때문에라도 아직 제대로 조사하지 못한 것 같으니 말일세. 하지만 나라의 방어와 관련해서는 그것이 자네의 관심사였다는 것을 내가 알고 있네. 그리고 자네는 몇 군데에 경계초소를 세워야 경계 위치가 적절한지, 그렇지 못한 정도는 어느 정도인지, 그리고 경계병은 얼마나 되어야 충분한지 그렇지 못한 정도는 어느 정도인지를 알고 있네. 그리고 자네는 적절한 위치의 경계초소를 더 많이 만들 것을 조언하고 과도한 것은 제거할 것을 조언할 것이네." /11/ "소크라테스 선생님, 제우스께 맹세코 저로서는 그 모든 경계초소를 제거할 것을 조언할 것입니다. 경계초소들의 경계가 그런 식으로 이루어져서는 나라에서 나는 것들이 도둑맞을 것이기 때문입니다." 글라우콘이 말했다. "하지만 누가 경비초소들을 제거한다면 원하는 사람이 맘대로 강도짓을 할 수 있다고도 생각하지 않나?" 소크라테스 선생님이 말했다. "그렇지 않다고 하더라도 자네가 직접 가서 그 상황을 조사하지 않고서 경계가 잘못되고 있는 것을 어떻게 아는가?" "짐작입니다." 그가 말했다. "그러면 이것들에 대해서도 우리는 짐작이 아니라 확실히 알게 될 때 그때 조언을 하지 않겠는가?" 소크라테스 선생님이 말했다. "아무래도 그게 더 좋겠네요." 글라우콘이 말했다. /12/ "내가 알기로 자네는 은광[45]에 가본 적 역시 없으니 무엇 때문에 현재 거기서 오는

---

44) **이제 막 지도자직을 시작하는 터라:** 문맥으로 볼 때, 실제 지도자직을 맡아서 시작했다기보다는 가상으로 상황을 설정한 것으로 보인다.

45) **은광:** 아테네 남쪽 라우리온이라는 곳에 대규모 은광이 있어서 아테네 재정의

것들이 예전보다 더 적은지를 말할 수 없겠네." 소크라테스 선생님이 말했다. "사실 가 본 적 없습니다." 그가 말했다. "그리고 사실 제우스께 맹세코 그 지역이 건강에 해롭다고들 하니까 그 은광에 대해 조언해야 할 때, 그게 자네에게 충분한 변명이 될 걸세." 소크라테스 선생님이 말했다. "제가 조롱거리가 되는군요." 글라우콘이 말했다. /13/ "하지만 내가 알기로 자네는 그 점에 대해서는 관심을 두지 않았지만 우리 땅에서 나는 곡물이 얼마 동안 나라를 지탱할 만한지, 그리고 하루에 필요한 정도는 어느 정도인지에 대해서 살펴보았네. 이 나라가 곡물이 떨어지게 되는 일을 언제든 자네가 모르지 않도록, 그리고 그걸 알고서 생필품을 우려해 나라에 조언을 함으로써 나라를 돕고 구하기 위해서 말이지." 소크라테스 선생님이 말했다. "그런 것들까지도 돌보아야 한다는 말씀이라면 완전 대단한 것을 말씀하시는 거네요." 글라우콘이 말했다. /14/ "그렇지만 필요한 모든 것을 알고 그 모든 것을 돌봐서 채우지 않는다면 자신의 집안도 훌륭하게 경영하지 못할 것이네." 소크라테스 선생님이 말했다. "하지만 나라는 여럿의, 또는 무수한 가족으로 이루어지는데 그 정도의 집들을 동시에 돌보기란 힘드니, 어찌 자네는 자네 삼촌[46]의 집 하나를 우선적으로 키우려 시도하지 않았는

주요 수입원이 되었다.

46) **삼촌**: 크세노폰의 『향연』 4장 29~33절에 따르면 글라우콘에게는 경제적으로 곤궁한 외삼촌이 있다. 그는 30인 참주정의 일원이기도 했던 카르미데스이다. 그런데 여러 정황상 여기서 말하는 삼촌이 카르미데스를 말하는 것인지는 단

가? 그게 필요하네. 만약 그 짐이 가능하다면 자넨 더 많은 짐들을 시도할 것이네. 반면에 그걸 이롭게 하지 못한다면 어떻게 많은 짐들이 가능하겠는가? 만약 어떤 사람이 1탈란톤을 나를 수 없다면 더 많은 것을 나르는 것은 시도조차 하면 안 되는 것이 분명한 것처럼 말일세. 그렇지 않은가?" /15/ "하지만 삼촌이 제 말씀을 따르려 하신다면, 제가 삼촌의 짐을 이롭게 할 수도 있겠죠." 글라우콘이 말했다. "그러면 자네 삼촌을 설득할 능력이 없으면서 자네 삼촌과 더불어 아테네 사람 전부를 자네 말을 듣도록 만들 능력은 있다고 보는 건가?" 소크라테스 선생님이 말했다. /16/ "글라우콘, 유명해지고 싶은 욕심에 그 반대의 길을 가지 않도록 경계하게." 소크라테스 선생님이 말했다. "혹시 자네는 자기가 모르는 것에 대해 말하거나 실천하는 것이 얼마나 위태로운지 보이지 않는가? 자네가 알기로 자신들이 알지 못하는 것에 대해서 말도 하고 행동도 했던 것이 분명한 다른 사람들의 경우가 어떠했는지, 자네가 보기에 그들에게 비난보다는 칭찬이 더 많았는지, 그리고 비웃음을 사기보다는 경탄을 더 많이 받았는지 명심하게. /17/ 또한 자신이 하는 말과 행동이 어떤 것인지를 아는 사람들도 마음에 담아두게. 그리고 자네는 어떤 일에서든지 평판이 좋고 감탄의 대상이 되는 사람들은 가장 많이 아는 사람들에서 나오며 악명 높고 업신여김을 받는 사람들은 가장 아는 게 없는 사람들로부터 나온다는 것을 알

정할 수 없다. 도리옹의 앞의 책(3권 318쪽 주석 1) 참고.

게 되리라고 나는 믿네. /18/ 그러니 나라에서 평판이 좋고 경탄의 대상이 될 욕심이 있다면 자네가 하고자 원하는 것들을 잘 아는 상태를 이루도록 노력하게. 만약 이 점에서 자네가 다른 사람들보다 우월한 상태에서 나랏일을 맡아보기 시작한다면, 자네가 욕구하는 것들을 쉽게 얻는다 할지라도 나는 전혀 놀라지 않을 것이네."

VII. /1/ 글라우콘의 아들 카르미데스[47]가 거론할 만한 인물이고 그때 공적인 일을 맡아보고 있던 사람들보다 여러모로 능력이 있으면서도 대중 앞에 나서서 나라의 문제들을 돌보기를 주저하는 것을 보면서 소크라테스 선생님이 말했다. "말해 보게 카르미데스. 어떤 사람이 우승관이 걸린 경합에서 승리하고 이를 통해 그 자신이 영예를 받고 그의 조국을 헬라스에서 더욱더 평판 있게 만들어 주기에 충분한데도 경합에 나서려 하지 않는다면, 이 사람을 어떤 사람이라고 볼 수 있겠는가?" "유약하고 겁 많은 것이 분명하지요." 그가 말했다. /2/ "그런데 어떤 사람이 나라의 문제들을 돌보아 나라를 키우고 자신은 이를 통해 영예를 받을 능력이 있는데도 그걸 행하기를 주저한다면 그를 겁이 많다고 보아도 무방하겠지?" 소크라테스 선생님이 말했다. "그럴 겁니다." 그가 말했다. "그렇기는 합니다만, 무슨 이유로 제게 그걸 물으시는지요?" "내 생각에

---

47) **글라우콘의 아들 카르미데스**: 3권 6장 14절의 주에서 언급한 글라우콘과 플라톤의 외삼촌 카르미데스를 말한다.

자네가 능력이 있으면서도 나라를 돌보기를 주저하고 있기 때문일세. 시민으로서 자네에게는 그것에 관여하는 것이 필연적인데 말이지." 소크라테스 선생님이 말했다. /3/ "제 능력을 어떤 일에서 파악하셨기에 제게 그런 선고를 하시는 건가요?" 카르미데스가 말했다. "나랏일을 맡아보는 사람들과 자네가 함께하는 모임들에서일세." 소크라테스 선생님이 말했다. "그리고 그들이 자네와 무언가를 상의할 때면 자네가 훌륭하게 조언하는 것을 내가 보아왔으며, 그들이 무언가를 잘못하는 때면 옳게 질책하는 것을 보아왔기 때문일세." /4/ "소크라테스 선생님, 사적으로 대화를 나누는 일과 여러 사람과 섞여 경합하는 일은 같은 일이 아니죠." 그가 말했다. "자, 수를 셀 줄 아는 사람은 여러 사람 속에서도 혼자 셀 때 못지않게 셀 수 있으며 혼자서 키타라 연주를 아주 훌륭하게 하는 사람들은 여러 사람 속에서도 최강이라네." 소크라테스 선생님이 말했다. /5/ "하지만 사람에게 부끄러움과 두려움은 자연스러운 것이고 사적인 친교에서보다는 군중 속에서 훨씬 더 많이 생긴다는 것을 아시지 않습니까?" 그가 말했다. "그러면 나는 자네에게 얼른 이걸 가르쳐주어야겠군. 자네는 가장 사려 깊은 사람들을 부끄러워하지도 않고 가장 강한 사람들을 두려워하지도 않으면서 가장 어리석고도 허약한 사람들 속에서 말하기를 부끄러워하고 있네." 소크라테스 선생님이 말했다. /6/ "자네는 그들 중 어느 쪽에게 부끄러움을 갖는 건가? 마전장이,[48] 갖바치, 목공, 대장장이, 농부, 무역상, 장터에서 물물교환하며 작은 것을 팔아 큰 것을 살 궁리를 하는 사람 중 어느 쪽인가? 이 모든 사람으로 민회가 구성되니 하는 말일세. /7/ 자네가 하는 짓이 일반인보다 더 강하면서도 일반인을 두려워하는 운동선수와 무엇이 다르다고 생각하는가? 자네는 나라에서 제일가는 사람들 사이에서는, 그 사람들 중 어떤 사람들은 자네를 깔보는데도, 편하게 말을 나누지. 또한 자네는 나라와 대화를 나누는 일[49]에 마음을 쓰는 사람들을 훨씬 능가하면서도 정치적인 것들에 전혀 신경 써본 적이 없고 자네를 깔본 적도 없는 사람들 사이에서는 비웃음을 사지 않을까 두려워 말하기를 주저하네."

/8/ "어떻습니까?" 그가 말했다. "선생님께서는 민회에 모인 사람들이 바른 말을 하는 사람들을 비웃는 일이 자주 있다는 생각이 들지 않으시나요?" "그렇지. 그리고 다른 사람들도[50] 그런다네." 소크라테스 선생님이 말했다. "그리고 그것 때문에 자네가 저들이 그렇게 할 때는 쉽게 제압하면서 이들에게는 도무지 대적할 수가 없다고 생각한다니 놀랍군. /9/ 여보게, 자네 자신을 모르는 일이 없도록 하고 대다수의 사람들이 범하는 잘못을 범하지 않도록 하게. 많은

---

48) **마전장이**: 마전장이라고 번역한 'gnapheus'가 '피륙을 바래는 일'만 하는 것은 아니다. 고대 그리스에서 여자들이 피륙을 짜면 이 마전장이에게 보내는데, 그는 천을 받아서 잿물 등의 세제를 이용해서 세탁한 후 눌러서 압축하고 표면에 빗질을 가하여 털이 일어나게 하여 그 털을 고르게 다듬는 일을 한다. 이 모든 일을 다 담은 우리말이 없어 '마전장이'로 번역하였다. 바버(E.J.W. Barber 1991) 274쪽 참고.

49) **나라와 대화를 나누는 일**: 정치를 말한다.

50) **다른 사람들도**: 3, 4절의 사적인 모임의 사람들을 말한다.

사람들은 다른 사람들 일에는 열을 올리면서도 자기 자신들을 검토하는 일[51]로는 방향을 돌리지 않거든. 그러니 그 일에 염증을 내지 말고 자네 자신에게 집중하는 일에 더더욱 매진하게. 그리고 자네로 인해 무언가 더 나은 상태일 수 있다면 나랏일을 소홀히 하지 말게. 나랏일들이 훌륭한 상태에 있게 되면 다른 시민들만이 아니라 자네의 친구들[52]과 자네 자신에게도 득이 되는 게 아주 적지는 않을 걸세."

VIII. /1/ 한편 아리스티포스가 이전에 자신이 소크라테스 선생님에게 논박당했던 방식대로 소크라테스 선생님을 논박하려 시도하자, 함께하는 사람들을 이롭게 하려는 의도에서 소크라테스 선생님은 자기들의 논의가 어떻게든 꼬이지 않게 하려고 경계하는 사람들이 아니라 마땅한 일을 하는 것이 최선이라는 확신을 가진 사람들처럼 대답했다. /2/ 사정은 이랬다. 아리스티포스는 소크라테스 선생님에게 좋은 것을 알고 있는지 물었는데, 만일 소크라테스 선생님이 먹을 거나 마실 것 또는 돈이나 건강, 기운이나 담력

---

51) **자신을 모르는 일이 … 자신들을 검토하는 일**: 소크라테스의 유명한 말이 같이 나왔다. '너 자신을 알라(Gnothie seauton)'와 '검토되지 않은 삶은 살 가치가 없다(ho bios anexetastos bios ou biōtos)'란 말은 플라톤의 『소크라테스의 변명』, 『크리톤』, 『고르기아스』, 『카르미데스』, 『프로타고라스』, 『파이드로스』, 『법률』 등에 여러 변형된 형태로 자주 등장한다.

52) **자네의 친구들**: '친구(philos)'는 좁은 의미로는 우리말의 친구에 가깝지만 넓게는 부모, 형제, 친지, 동료 시민들까지 포함할 수 있는 말이다.

같은 것들 중 어느 하나를 말하면 때로는 그것이 나쁘기도 하다는 것을 보여주려고 그랬던 것이다. 하지만 우리를 곤란하게 하는 어떤 것이 있다면, 그걸 멈출 필요가 있다는 것을 아시는 소크라테스 선생님은 그걸 하기에 가장 좋은 방식이라는 형태로[53] 대답했다. /3/ "그러니까 자네는 열나는 데 좋은 것을 아냐고 나한테 묻는 건가?" 소크라테스 선생님이 말했다. "그걸 묻는 게 아닙니다." 그가 말했다. "아니면 눈병에 좋은 것을 묻는 건가?" "그것도 아닙니다." "아니면 배고픔에 좋은 것?" "배고픔도 아닙니다." "그렇지만 만약 자네가 어디에도 좋은 것이 아닌 어떤 좋은 것을 아느냐고 내게 묻는다면, 나는 그런 것은 알지도 못하고 필요하지도 않네." /4/ 다시 아리스티포스가 그분에게 아름다운 것을 아느냐고 묻자, 그분은 많이 안다고 말했다. "그럼 그것들은 모두 서로 닮았나요?" 그가 말했다. "그것들 중 어떤 것들은 가능한 한에서 가장 닮지 않았지." 소크라테스 선생님이 말했다. "그러면 어떻게 아름다운 것과 안 닮은 것이 아름다울 수 있지요?" 그가 말했다. "제우스께 맹세컨대, 경주와 관련해서 아름다운 사람과는 닮지 않았으나 레슬링과 관련해서 아름다운 사람이 있는가 하면, 두드려 맞는 것과 관

---

53) **그걸 하기에 가장 좋은 방식이라는 형태로**: 다소 불분명한 이 구절에 대한 번역이 번역자마다 다소 다르다. 역자는 아리스티포스가 물은 '좋은 것'의 의미를 소크라테스가 '우리를 곤란하게 하는 것이 있을 때, 그것을 멈추게 하는 데 좋은 것'이라는 의미로 이해해서 대답했다는 뜻으로 번역했다. 번역문이 이 의미를 말끔하게 전달하지는 못하고 있는데, 불분명한 구문을 어느 정도 살려두느라고 그렇게 되었다.

련해서 방패가 아름답지만 창과는 최대한 가장 닮지 않았고, 하지만 강력하고도 신속하게 움직임과 관련해서 단검은 아름답기 때문이지." /5/ "좋은 것을 아시냐고 제가 선생님께 여쭤봤을 때 하신 대답보다 특별히 다른 게 없는데요." 그가 말했다. "자네는 좋은 것 다르고 아름다운 것 다르다고 생각하나?" 소크라테스 선생님이 말했다. "동일한 것들과 관련해서 모든 것이 아름답고 좋다고 생각하지 않고? 우선 탁월함이 어떤 것들과 관련해서는 좋고 다른 것들과 관련해서는 아름답거나 하지는 않으니 말이지. 사람들은 동일한 것이 동일한 것들과 관련해서 아름답고도 좋다는[54] 소리들을 들으며, 동일한 것들과 관련해서 사람들 신체 역시 아름답고 좋아 보이고, 사람들이 사용하는 그 밖의 모든 것 역시 그것들이 유용하게 사용되는 목적들과 관련해서, 즉 동일한 것들과 관련해서 아름답고 좋다고 간주되거든." /6/ "그럼", 그가 말했다. "똥바가지[55]도 아름다운가요?" "제우스께 맹세코, 그야 물론이고", 소크라테스 선생님이 말했다. "황금으로 된 방패라도 흉한 것이라네. 제 일들에 비

---

54) **아름답고 좋다는**: 지금까지는 'kalos kai agathos'를 '아름답고 훌륭하다'라고 번역해 왔지만, 여기서는 문맥에 맞게 '아름답고 좋다'라고 번역한다.

55) **똥바가지**: 원문대로 번역하면 '똥바구니'가 맞다. 'kophinos'는 '바구니'이고 'koprophoros'는 '똥을 나르는'이란 뜻이니, 정확히는 '똥을 나르는 용도로 쓰는 바구니'가 될 것이다. 아마도 똥을 퇴비로 사용하는 것은 우리의 전통 농업과 같을 텐데, 바구니와 바가지는 사용하는 단계가 다른 듯하다. '똥바가지'가 워낙 우리에게 익숙해서 의역을 했다. 관련 자료는 퍼설(G.E. Fussel, 1972), 16쪽 이하 참고.

추어 잘 만들어진 것이면 아름답고, 나쁘게 만들어진 것이면 흉하지." 그가 말했다. "선생님은 동일한 것들이 아름답기도 하고 흉하기도 하다고 말씀하시나요?" /7/ "제우스께 맹세코 물론이고, 좋기도 하고 나쁘기도 하다고도 말한다네." 소크라테스 선생님이 말했다. "많은 경우에 배고플 때 좋은 것이 열이 있을 때는 나쁘고, 열있을 때 좋은 것이 배고플 때는 나쁘니까.[56] 또한 많은 경우에 달리기 경주할 때는 아름다운 것이 레슬링할 때는 흉하고, 레슬링할때 아름다운 것이 달리기 경주할 때는 흉하지. 목적에 비추어서 잘되는 것은 모두 좋고 아름다운 반면, 목적에 비추어서 나쁘게 되는것은 나쁘고 흉하거든." /8/ 그리고 소크라테스 선생님은 건물에서도 동일한 것들이 아름답기도 하고 유용하기도 하다고 말씀하시면서 어떤 건물들을 지어야 할지를 교육하시는 것으로 내게는 보였네. 선생님께서는 다음과 같이 살펴보셨네. "마땅한 집을 갖고자하는 사람은 어떻게 하면 그것을 살기에 가장 즐겁고 가장 유용하게 만들지 궁리해야 할까?" /9/ 이에 대한 동의가 이루어지자 "여름에는 시원한 집을 갖는 것이 즐겁고, 겨울에는 따뜻한 집을 갖는 것이 즐겁지 않은가?" 이것에도 사람들이 의견을 같이하자, "확실히 남향집에서는 겨울에는 해가 내실까지 볕을 비추고 여름에는 우리 자신과 지붕 위로 해가 지나가며 그늘을 드리운다네. 이런 게

---

56) **열 있을 때 좋은 것이 배고플 때는 나쁘니까**: 배고플 때는 음식을 먹어야 하지만, 열병이 났을 때는 굶는 게 좋다는 말이다.

잘되는 것이라면, 겨울 해가 잘리지 않도록 남향집들은 높게 지어야 하고, 북향집들은 찬바람이 들어오지 않도록 낮게 지어야 하는 게 맞네. /10/ 간단히 말하면, 본인에게는 사시사철 피난처가 되고, 본인의 재산들을 더욱 안전하게 둘 수 있는 곳이라면, 그곳이 바로 가장 즐겁고 아름다운 거처일 것이네. 그림과 자수품[57]은 흥겨움을 더 주기보다는 더 빼앗는다네. 게다가 사당과 제단으로 가장 적합한 장소는 눈에 잘 띄더라도 발이 닿지 않는 곳이라네." 소크라테스 선생님이 말했다. "보면서 기도를 드리기에 즐거운 한편, 정결해서 다가서기에 즐겁기 때문이지."

IX. /1/ 다시[58] 한편 용기는 가르쳐지는 것인지 아니면 타고나는 것인지[59]가 질문으로 나오자 소크라테스 선생님이 말했다. "내가

---

57) **자수품:** 소크라테스 선생님이 등장하는 또 다른 대화편인 크세노폰의 『가정경영론』 9장 2절에서 소크라테스는 좋은 집의 조건을 논하면서 역시 자수품의 무가치함을 말한다.

58) **다시:** 이 '다시(palin)'의 의미는 애매하다. 위치상으로 '질문받다' 앞에 있어서 1) '~란 질문을 다시 받았을 때', 즉 같은 질문을 두 번 받았을 때로 해석할 수도 있고, 2) '앞의 대화에 이어서 다시' '~란 질문을 받았을 때'로 읽을 수도 있다. 그런데 1)은 이전에 이런 논의가 없었기 때문에, 2)는 이후의 내용을 보면 아리스티포스가 대화에 참여하고 있는 것 같지가 않아서 마땅치가 않다. 그래서 대개의 번역자들이 이 '다시'를 '다른 기회에', 즉 '앞의 대화와는 다른 시점의 어떤 자리에서'라는 뜻으로 해석하는 듯하다. 본문의 번역은 애매하게 놓아두었다.

59) **용기는 가르쳐지는 것인지 아니면 타고나는 것인지:** 용기에 대한 이런 질문은 플라톤의 『라케스』에도 잠깐 언급되고 이 질문이 확장된 '덕은 가르쳐질 수 있는

생각하기로는 어떤 신체가 다른 신체보다 힘든 일과 관련해서 본래 더 강하듯이 영혼도 어떤 영혼이 다른 영혼보다 무서운 것들과 관련해서 본래 더 강인해진다네. 왜냐하면 같은 법과 관습 속에서 양육되는 사람들이 용감함에서는 서로 많이 다른 것을 내가 보게 되거든. /2/ 하지만 나는 누구의 본성이든 용기와 관련해서 배움과 연습으로 성장한다고 보네. 왜냐하면 스퀴티아 사람들과 트라케[60] 사람들이 방패와 창을 들고 라케다이몬 사람들과 감히 맞서 싸우지 않으리라는 것은 분명하지만, 라케다이몬 사람들 역시 경방패와 투창으로 트라케 사람들과 맞붙으려 하지 않을 것이고 활로 스퀴티아 사람들과 맞붙으려 하지 않으리라는 것이 확실하기 때문일세. /3/ 하지만 나는 다른 모든 경우에서도 마찬가지로 사람들이 본성적으로 서로 다르기도 하면서 또한 주의를 기울이는 노력으로 훨씬 개선되기도 하는 것을 본다네. 이로부터 분명한 것은 본성을 더 잘 타고난 사람이든 더 둔한 사람이든 모두가 자신이 남들의 입에 오를 만한 사람이 되고 싶은 분야에 대해서 배우고 익혀야 한다는 것일세."

/4/ 한편 소크라테스 선생님은 지혜와 절제를 구분하지 않으시고 아름답고 좋은 것들을 알고 그것들을 활용하고 부끄러운 것들

것인지'란 질문은 플라톤의 『메논』에서 중요하게 다루어지며, 『프로타고라스』에서도 논의된다.

60) **트라케**: 현재 그리스와 불가리아에 의해 양분된 지역으로, 그리스 북동쪽, 터키와 연한 지역이다.

을 조심하는지를 보고 지혜롭고 절제 있는 사람을 판단하셨다. 무엇을 해야 하는지를 알면서도 반대되는 것들을 행하는 사람들을 지혜롭지만 자제력이 없는 사람들이라고 생각하시는지를 추가로 질문으로 받자 소크라테스 선생님이 말했다. "그들은 지혜롭지 못하고 자제력이 없는 사람들일 뿐일세. 왜냐하면 나는 모든 사람이 가능한 한도 내에서 선택하여 자신들에게 가장 적합하다고 생각하는 것들을 행한다고 생각하기 때문일세. 그래서 나는 올바르게 행하지 않는 사람들은 지혜롭지도 절제 있지도 않다고 보네."

/5/ 한편 소크라테스 선생님은 "정의도 다른 모든 덕도 지혜"라고 말했다.[61] "정의로운 것들과 덕에 의해 행해지는 모든 것은 아름답고도 좋기 때문"이라고 하셨다. "그리고 이것들을 아는 사람들은 이것들 말고는 어떤 것도 선택하지 않고, 이것들을 모르는 사람들은 행할 능력이 없으며, 만약 그들이 시도하게 되면 실수를 한다."고 말했다. "그렇게 해서 아름답고도 좋은 것들을 지혜로운 사람들이 행하고, 지혜롭지 못한 사람들은 능력이 없을 뿐만 아니라, 시도한다고 해도 실수한다."고 말했다. "그리하여 정의로운 것들과 그 밖의 모든 아름다운 것과 좋은 것은 지혜에 의해 실행에 옮겨지니, 정의도 그 밖의 모든 덕도 지혜인 것이 분명하다."는 것이다.

---

61) **정의도 ⋯ 지혜라고 말했다:** 정의를 포함한 모든 덕이 지혜라는 주장은 플라톤의 『프로타고라스』 361b에도 나오며 『국가』 360a에는 정의가 지혜라는 주장이 나온다.

/6/ 더 나아가 소크라테스 선생님은 "미친 상태는 지혜에 반대된다."고 말했지만, 물론 그렇다고 무지를 미친 상태로 보지는 않으셨다. 하지만 자기 자신을 모르는 것, 그리고 자기 자신이 모르는 것을 안다고 믿고 그렇게 생각하는 것은 광기에 가장 가까운 것으로 치셨다. 하지만 "대중들은 대부분의 사람들이 알지 못하는 일에 실수하는 사람들을 미쳤다고 주장하는 것이 아니고 대중들이 아는 일들에 대해 실수하는 사람들을 미쳤다고 부른다."고 말했다. /7/ "만약 어떤 사람이 자신이 성문을 통과하면서 숙여야 할 만큼 크다고 생각한다거나, 집을 들어 올리려 하거나 누가 보더라도 불가능한 것이 분명한 다른 것을 시도할 만큼 자신이 힘이 세다고 생각한다면, 이 사람을 미쳤다고 주장하는 것이고, 작은 일들에 실수하는 사람들은 대중들에게 미친 것으로 여겨지지 않고 강력한 욕구를 정욕이라고 사람들이 부르는 것처럼 그렇게 강한 정신적 혼란을 미친 상태라고 사람들이 부른다."고 말씀하신 것이다.

/8/ 한편 소크라테스 선생님은 질투가 무엇일지를 살펴보시면서 그것이 고통의 일종이라는 것을 발견하셨는데, "그렇지만 그것은 친구들의 불행에 대한 고통도 아니요 적들의 행운에 대한 고통도 아니고 다만 친구들이 잘되는 것에 대해 괴로움을 느끼는 사람들만이 질투를 한다."고 하셨다. 반면에 누군가를 친구로서 사랑하면서 그가 잘되는 것에 대해 고통을 느끼는 사람이 있다는 것을 어떤 사람들이 의아해하자, 소크라테스 선생님은 "많은 사람들이 다른 사람들에 대해서 잘못되면 보고 넘어가질 못하고 불행에 처한 사

람들을 돕지만, 그들이 운이 좋으면 고통을 느끼는 상태에 있다."
고 언급하셨다. "그렇지만 현명한 사람에게는 그런 일이 일어나지
않고 어리석은 사람이 그런 일을 겪는다."고 말했다.

/9/ 한편 여가가 무엇인지를 살펴보시면서 "대부분의 사람들은
무엇인가를 하고 있다는 것을 발견했다."고 하셨다. "페테이아[62]를
하는 사람들도 익살을 부리는 사람들도 뭔가를 한다."고 말씀하셨
던 것이다. "그러나 이들은 모두 여가를 갖고 있다."고 하셨다. "그
들에게는 이것들보다 더 나은 것을 하는 것이 가능하기 때문"이라
는 말씀이셨다. "하지만 어느 누구도 더 나은 것들로부터 더 나쁜
것들로 이행하는 여가는 없다."고 하셨다. "그러나 만약 누군가가
그렇게 한다면, 이 사람에게는 여가가 없어서 일을 그렇게 잘못하
게 된 것"이라고 하셨다.

/10/ 한편 소크라테스 선생님은 "왕과 통치자는 지휘봉을 가진
사람들도 아니요, 어중이떠중이들[63]에 의해 선출된 사람들도 아니
며, 추첨으로 뽑힌 사람들도 아니고 무력을 사용해서 된 사람들도
아니며 사람들을 기만해서 된 사람들도 아니라 다스릴 줄을 아는
사람들"이라고 말했다. /11/ "왜냐하면 누군가가 다스리는 사람이
하는 일은 무엇을 해야 할지를 지시하는 것이고 다스림을 받는 사

---

62) **페테이아:** 주사위를 던져서 나온 수만큼 말을 움직이고, 상대방의 말이 움직일
  자리를 막으면서 자신의 말들을 상대편 자리로 보내는 게임.
63) **어중이떠중이들:** 'tychōn'은 말 그대로는 '우연히 만난 사람들'이라는 뜻이지만
  식견이 없는 대중의 의미를 함축한다고 봐서 이렇게 의역했다.

람의 일은 복종하는 것이라는 데 동의한다면, 배에서 아는 사람은 다스리고, 선주와 배에 탄 다른 모든 사람은 아는 사람에게 복종하고 농사의 경우에도 경작지를 소유한 사람들이, 병의 경우에도 아픈 사람들이, 운동의 경우에도 운동을 하는 사람들이, 또한 돌봄이 필요한 무언가를 가진 다른 모든 사람도 자신들이 돌보는 방법을 안다고 생각하면 모르지만, 그렇지 않으면 그런 일들을 아는 사람이 주변에 있으면 그들에게 복종할 뿐만 아니라 주변에 없을 경우에는 사람을 보내 불러와 저들의 말에 복종하여 해야 할 바를 하고자 할 것"이라고 소크라테스 선생님은 말씀하셨다. 한편 소크라테스 선생님은 "실잣기의 경우 여자들은 실잣기를 어떻게 해야 하는지를 알지만 남자들은 모르기 때문에 여자들이라고 해도 남자들을 다스린다."고 하셨다. /12/ 한편 누군가가 이에 대해서 참주에게는 올바르게 말하는 사람들에게 복종하지 않을 권능이 있다고 말한다면, "어떻게 복종하지 않을 권능이 있다고 하겠는가? 맞는 말을 하는 사람에게 복종하지 않는다면 벌이 부가될 텐데 말이지. 왜냐하면 누군가 어떤 문제 상황에서 맞는 말을 하는 사람에게 복종하지 않는 경우, 그는 아마 잘못을 범할 것이고, 잘못을 범함으로써 벌을 받게 될 테니까 말이지."라고 말할 것이라고 소크라테스 선생님은 말했다. /13/ 한편 누군가가 참주에게는 잘 사려하는 사람을 죽일 수 있는 권능도 있다고 말한다면, "자네는 가장 강력한 동맹군을 죽인 사람이 벌을 안 받게 되리라고 생각하는가? 아니면 가볍게 벌을 받으리라고 생각하는가? 그런 짓을 하는 자가 처벌받지 않고 구제받으리라고 생각하는가, 아니면 그렇게 해서 최대한 빠른 시간 안에 파멸하리라고 생각하는가?"라고 그분은 말했다.

/14/ 한편 누군가가 소크라테스 선생님에게 사람에게 가장 대단한 과업으로 여기시는 게 무엇인지를 묻자, '잘 행함'이라고 대답하셨다. 행운도 과업으로 간주하시는지를 다시 묻자, "나로서는 운과 행함은 완전히 반대되는 것이라고 생각한다."고 말했다. "왜냐하면 찾고 있지도 않았는데 필요한 것을 우연히 얻는 것은 행운이라고 생각하고, 무엇인가를 배우고 연습해서 잘하는 것을 '잘 행함'[64]으로 간주하며 그것을 과업으로 수행하는 사람들은 잘 행하는 것으로 내게는 보이기 때문이다."라고 말했다. /15/ 그리고 농사에서는 농사일을 잘 행하는 사람들이, 의술에서는 의학적인 것들을 잘 행하는 사람들이, 정치에서는 정치적인 것들을 잘 행하는 사람들이 가장 훌륭하고 신의 사랑을 가장 많이 받는 사람들이라고 말했다.

X. /1/ 게다가 언젠가 자기 기술을 가지고 자기 작업에 사용하는 사람들과 그분이 대화를 나누었을 때, 이 사람에게도 그분은 도움이 되었다. 언젠가 화가 파라시오스[65]의 집에 가서 그와 대화를 나

---

64) **잘하는 것을 '잘 행함'**: '잘하는 것을 잘 행함이라고 한다'라는 말이 동어반복처럼 어색하지만, '잘 행함(eupraxia)'에는 '성공'이라는 일반적인 의미가 있다. 그러니까 소크라테스의 말은 '성공하기 위해서는 행운을 기대하지 말고 잘 배우고 연습하여 잘 행할 능력을 길러야 한다'는 뜻이 된다. 이와 관련된 논의는 플라톤의 『에우튀데모스』 279e와 281b에서도 볼 수 있다.

65) **파라시오스**: 에페소스 출신으로 아테네에서 활동한 화가. 크세노폰의 이 책에

190

누며, "파라시오스, 보이는 것들의 모사가 그림이지요?"라고 말했다. 아무튼 당신들은 움푹하고 치솟고, 어둡고 밝고, 단단하고 말랑하고, 거칠고 부드러운, 새롭고 낡은 물체들을 색깔들을 통해 모사하여 딱 모방해 내니까요."라고 말했다. /2/ "맞는 말씀입니다." 그가 말했다. "더 나아가 당신들은 아름다운 모습들을 모사하면서 흠결 없는 모든 것을 갖고 있는 한 사람을 만나기가 쉽지 않으니 여러 사람으로부터 각자가 가진 가장 아름다운 것들을 모아서 육체 전체가 아름다워 보이게 만듭니다." "예. 그렇게 만들죠." /3/ "어떤가요?" 소크라테스 선생님이 말했다. "가장 설득력 있고 가장 사랑스러우며 가장 그립고 가장 사랑받는 것인 영혼의 상태를 당신들은 모방하시나요? 아니면 그것은 모방의 대상이 되지 못하나요?" "소크라테스, 비례도 색깔도, 간단히 말해 방금 말씀하신 가시적인 것을 전혀 갖지 않는 것이 어떻게 모방의 대상이 될 수 있겠습니까?" 그가 말했다. /4/ "그러면 말이죠, 누군가를 다정하게 쳐다보거나 적대적으로 쳐다보는 것이 사람에게 나타나나요?" 소크라테스 선생님이 말했다. "제가 보기에는 그렇습니다." 그가 말했다. "적어도 이건 눈에서 모방의 대상이 되나요?" "물론입니다." 그가 말했다. 친구들의 좋은 일과 나쁜 일에 마음을 쓰는 사람들과 그렇지 않은 사람들이 갖는 얼굴 표정이 비슷해 보이시던가요?"

그와 소크라테스의 일화가 소개된 것이 그의 활동 연대 추정의 주요 근거가 된다. 플리니우스의 『자연사』에 당대의 화가 제욱시스와의 대결 일화가 소개된 것으로도 유명하다.

"결코 아닙니다." 그가 말했다. "좋은 일일 때는 얼굴이 밝아지고 나쁜 일일 때는 얼굴이 침울해지니까요." "그럼 그것들도 모방할 수 있지 않은가요?" 소크라테스 선생님이 말했다. "물론입니다." 그가 말했다. /5/ "뿐만 아니라 호방한 것, 자유인다운 것, 저열한 것, 자유인답지 못한 것, 절제 있는 것, 현명한 것, 막돼먹은 것, 천박한 것은 사람이 서 있든 움직이고 있든, 얼굴을 통해서도 자세를 통해서도 표출됩니다." "맞는 말씀입니다." 그가 말했다. "그러면 이것들도 모방의 대상이 되지요?" "물론입니다." 그가 말했다. "그러면 당신은 아름답고 좋고 반길 만한 성품들이 표출되는 사람들이 즐겁다고 간주하십니까, 아니면 흉하고 악하고 혐오스런 성품들이 표출되는 사람들이 즐겁다고 생각하십니까?" 소크라테스 선생님이 말했다. "맹세코, 그건 많이 다릅니다.[66] 소크라테스." 그가 말했다.

/6/ 한편 언젠가 조각가인 클레이톤[67]의 집에 가서는 그와 대화를 나누면서 "클레이톤, 당신이 만드는 달리기 선수들과 레슬링 선수들, 권투 선수들과 팡크라티온 선수들이 멋지다는 것은 내 눈에 보이기도 하고 그렇다는 것을 알기도 하겠습니다. 하지만 시각을 통해 사람들의 마음을 가장 많이 끄는 것, 즉 살아 있는 것처럼 보이는 것을 어떻게 해서 조각상에 불어넣습니까?"라고 소크

---

66) **많이 다릅니다:** 소크라테스의 말에 동의한다는 뜻으로 받아들여도 되겠다.
67) **클레이톤:** 달리 알려진 바가 없는 인물이다.

라테스 선생님이 말했다. /7/ 클레이톤이 난처해하며 얼른 대답하지 못하자, "당신은 당신 작품을 살아 있는 것들의 모습과 닮게 만듦으로써 조각상들을 더욱더 살아 있는 것처럼 보이게 만들지요?"라고 소크라테스 선생님이 말했다. "그야 물론입니다." 그가 말했다. "자세에 따라 몸에서 밑으로 당겨지는 것과 위로 당겨지는 것들, 뭉치는 것들과 벌어지는 것들, 팽팽해지는 것들과 느슨해지는 것들을 실제의 것들과 닮게 만듦으로써 더 닮고 더 설득력 있어 보이게 만들지 않습니까?" "물론입니다." 그가 말했다. /8/ "그런데 무엇인가를 하는 몸이 느끼는 상태를 모방하는 것도 보는 사람에게 어떤 희열을 주지 않을까요?" "그런 것 같기는 합니다." 그가 말했다. "그러면 싸우는 사람들의 눈매는 위협적으로 모사해야 하고, 승리한 사람의 눈빛은 즐겁게 모방해야 하지 않습니까?" "아주 맞는 말씀이십니다." 그가 말했다. "그러니 조각가는 자신의 작품을 영혼의 모습에 흡사하게 만들어야 합니다." 소크라테스 선생님이 말했다.

/9/ 흉갑 만드는 사람인 피스티아스[68]의 집에 가셔서는, 그가 소크라테스 선생님에게 잘 만들어진 흉갑을 보여드리자, "피스티아스, 헤라 여신께 맹세코 흉갑은 보호가 필요한 사람의 부분들을 보호하는 한편 손을 사용하는 데는 방해가 되지 않는 것이라는 발상이 멋지군요. /10/ 그런데 피스티아스, 내게 말씀해 주시죠. 당신

---

68) **피스티아스**: 달리 알려진 바가 없는 인물이다.

은 남들보다 더 탄탄하게 만들지도 더 비용을 들여 만들지도 않으면서 왜 흉갑을 더 비싼 값에 파시는 거죠?" 소크라테스 선생님이 말했다. "소크라테스, 그건 제가 더 균형 있게 만들기 때문이죠." 그가 말했다. "그런데 당신이 더 비싼 값을 매기면서 흉갑의 균형을 치수로 보여주시나요, 아니면 무게로 보여주시나요? 왜냐하면 흉갑들을 몸에 맞게 만들게 되면, 무게나 치수가 같지는 않을 테니까요." 소크라테스 선생님이 말했다. "맹세코 저는 흉갑을 몸에 맞게 만듭니다." 그가 말했다. "왜냐하면 그렇지 않으면 어떤 흉갑도 쓸모가 없을 테니까요." /11/ "그럼 인간의 몸은 균형 있는 몸도 있고, 불균형한 몸도 있는 건가?" 소크라테스 선생님이 말했다. "물론입니다." 그가 말했다. "그러면 당신은 어떻게 불균형한 몸에 딱 맞게 흉갑을 균형 있게 만드나요?" 소크라테스 선생님이 말했다. "몸에 딱 맞게 하는 것과도 같은 것이지요. 딱 맞게 하는 것이 균형이 있으니까요." 그가 말했다. /12/ "내가 보기에 당신은 균형 있음을 그 자체로 말씀하시는 것이 아니라 사용하는 사람과 관련해서 말씀하시는 듯합니다. 마치 방패가 맞는 사람에게 균형 있다고 말씀하시고, 외투도 그러하며 당신 말씀대로라면 다른 모든 것도 마찬가지인 것처럼 보이듯이 말이죠. /13/ 아마 잘 맞음에는 적지 않은 좋은 점이 또 있을 듯합니다." "소크라테스, 뭔지 알고 계시면 가르쳐주시죠." 그가 말했다. "잘 맞는 흉갑은 안 맞는 흉갑보다 같은 무게라도 그 무거움으로 인한 갑갑함이 덜합니다. 안 맞는 흉갑은 어깨에 전적으로 걸려 있거나 몸의 다른 어떤 곳을 갑갑하게 해서 입고 다니기 힘들고 불편합니다. 하지만 잘 맞는 흉갑은 무게를 빗장뼈와 어깨 상단, 어깨, 가슴, 등, 배에 분산시켜 거의 짐 같지 않고 부속물 같습니다." /14/ "선생님께서는 제가 제 작품이 가장 값어치 있다고 간주하는 바로 그 이유를 말씀해 주셨습니다." 그가 말했다. "하지만 어떤 사람들은 화려하고 도금된 흉갑을 더 산답니다. 하지만 그런 이유로 잘 맞지 않는 흉갑을 산다면, 화려하고 도금된 것을 사는 것은 제가 보기에 나쁩니다." /15/ "하지만 몸은 그대로 있지 않고 어떨 때는 구부러지고, 어떨 때는 펴지는데, 어떻게 흉갑이 정확하게 맞을 수가 있습니까?" 소크라테스 선생님이 말했다. "전혀 그렇지 않습니다." 그가 말했다. "당신은 잘 맞는다는 것을 딱 맞는다는 것이 아니라 사용 시에 고통을 주지 않는다는 것으로 말씀하시는 건가요?" 소크라테스 선생님이 말했다. "바로 그 말씀입니다, 소크라테스. 아주 올바르게 알아들으셨습니다." 그가 말했다.

XI. /1/ 언젠가 아테네에 테오도테[69]라는 이름의 아름다운 여인이 있었는데, 그녀는 자신의 환심을 사는 남자와 사귀었다. 주변 사람 중 누가 그녀를 언급하면서 그녀의 아름다움이 말보다 대단하다[70]고 말하고 화가들이 초상화를 그리러 그녀의 집에 가면 그녀

---

69) **테오도테**: 당시 아테네의 유명한 기녀(hetaira).
70) **말보다 대단하다**: 필설로 형용할 수 없다란 뜻이다.

는 그들에게 아름다울 수 있는 한에서[71] 그녀 자신을 보여준다고 주장하자, "그녀를 보러 가야 하겠군."이라고 소크라테스 선생님이 말했다. "말보다 대단한 것을 들어서 알 수는 없으니까." 그러자 지금껏 설명했던 사람이 "얼른 따라오시죠."라고 말했다. /2/ 그렇게 해서 테오도테의 집에 가서 어떤 화가를 위해 자세를 취하고 있는 그녀를 발견하고는 구경했다. 화가가 일을 마치자 소크라테스 선생님이 말했다. "여보게들, 테오도테가 우리에게 자신의 아름다움을 보여주었으니 우리가 그녀에게 감사해야 하는가, 아니면 우리가 그녀를 구경해 주었으니 그녀가 우리에게 감사해야 하는가? 보여줌이 그녀에게 더 이익이 된다면 그녀가 우리에게 감사해야 하지만, 봄이 우리에게 더 이익이 된다면, 우리가 그녀에게 감사해야겠지?" /3/ 정당한 말씀이라고 누군가가 말하자, 소크라테스 선생님이 말했다. "그녀는 이미 찬사를 받아 이득을 챙겼고, 우리가 더 많은 사람들에게 알리면, 더 많은 이익을 얻을 걸세. 하지만 우리는 구경한 것들을 만져보기를 이미 욕구하고 있고, 흥분된 상태로 떠날 것이고, 떠나서는 그리워할 것일세. 이런 사실로 볼 때, 우리는 섬기고 그녀는 섬김을 받는 것이 일리가 있네." 그러자 테오

---

71) **아름다울 수 있는 한에서:** '아름답다'고 번역한 'kalos'는 '고귀한' 또는 '고상한'이라고도 번역할 수 있는 말이다. 문맥상 여기서는 그녀가 자신의 아름다움을 보여주면서 노출을 하는 정도를 말하는 것으로 보면 '고상한 한에서'로 번역해도 좋을 것이다. 그러나 '아름답다'고 해도 뜻이 전혀 통하지 않는 것도 아니라서 '아름답다'란 말의 의미를 확장해서 활용하고자 '아름답다'로 번역했다.

도테가 말했다. "제우스께 맹세코, 그게 그렇다면 제가 여러분들께 보아주신 데 대한 감사를 드려야겠습니다." /4/ 그러고서 소크라테스 선생님은 그녀가 값비싼 치장을 하고 곁에 있는 그녀의 어머니도 예사롭지 않은 의상을 걸치고 보살핌을 받고 하녀들도 많고 용모가 빼어나고 꾸미지 않은 상태가 아니며, 다른 점에서도 그녀의 집이 남부럽지 않게 갖추어 있다는 것을 보고서 말했다. "내게 말씀해 보시오, 테오도테. 당신에게 농토가 있습니까?" "없습니다." 그녀가 말했다. "아니 그럼, 수입이 있는 식구가 있습니까?" "그런 식구도 없습니다." 그녀가 말했다. "그렇지만 기술을 가진 사람은 있겠지요?" "기술 가진 사람도 없습니다." 그녀가 말했다. "그러면 필요한 것들은 어디서 얻나요?" 소크라테스 선생님이 말했다. /5/ "어떤 남자가 내 남자 친구가 되어서 잘해주기를 원하면, 그 사람이 내 생계 수단이 되지요." 그녀가 말했다. "헤라께 맹세코, 아름다운 소유물이군요." 소크라테스 선생님이 말했다. "양 떼와 염소 떼와 황소 떼보다 친구들의 무리를 소유하는 것이 더 대단하지요." "그런데 말이죠, 누가 파리가 날아들듯 당신에게 친구로서 날아들지 어떨지를 당신은 운에 맡기나요, 아니면 당신 자신이 무슨 방책을 쓰나요?" 소크라테스 선생님이 말했다. /6/ "어떻게 제가 그 방책을 발견할 수 있겠어요?" 그녀가 말했다. "독거미보다 훨씬 더 적절하게 할 수 있지요. 당신은 저것들이 생존을 위해 필요한 것들을 어떻게 사용하는지를 알고 있잖아요. 분명 그것들은 가느다란 거미줄을 짜서 거기에 빠진 것은 뭐든 먹이로 삼으니까요." /7/

"그래서 당신은 저에게도 그물 같은 것을 짜라고 조언하시는 건가요?" 그녀가 말했다. "물론 최고의 가치를 지닌 먹잇감인 친구들을 그렇게 무작정 사냥하려고 생각해서는 안 되죠. 하찮은 먹잇감인 산토끼를 사냥하는 사람들도 여러 기술을 쓰는 것을 알지 않습니까? /8/ 산토끼들은 밤에 풀을 뜯기 때문에 그들은 밤 사냥에 적합한 개를 준비해서는 이 개들로 사냥을 하거든요. 그런데 한낮에는 산토끼들이 달아나기 때문에, 다른 개들을 마련하지요. 그것들은 산토끼들이 풀밭에서 보금자리로 가는 길에 나는 냄새를 맡아서 그것들을 발견하지요. 한편 산토끼들은 발이 빨라서 빤히 보이는데도 달려서 도망갈 정도니까 재빠른 다른 개들을 장만해서는 바짝 쫓아가 그것들을 잡을 수 있게 하지요. 그런데 어떤 산토끼들은 그 개들로부터도 도망을 가기 때문에 산토끼들이 달아나는 오솔길에 그물을 놓아 거기 빠져 다리가 묶이도록 하지요." /9/ "그러면 그런 식의 방법으로 제가 남자 친구들을 사냥할 수 있나요?" 그녀가 말했다. "제우스께 맹세코, 만약 당신이 개 대신에 당신을 위해서 아름다움을 사랑하는 부유한 남자들의 자취를 추적해 발견하고, 발견하고 나서는 그들을 당신의 그물에 빠지게 할 방도를 고안할 수 있는 친구를 얻는다면 가능하지요." 소크라테스 선생님이 말했다. /10/ "그물들은 또 어떤 그물들이 제게 있나요?" 그녀가 말했다. "분명 그 하나는 아주 잘 옭아매는 몸이죠. 다른 한편 그 몸에는 영혼이 있어, 당신은 그 영혼으로 당신이 어떤 얼굴로 사람을 반기고 무슨 말을 하여 기쁘게 해줄지를 배우며, 열중하는 사람은 기꺼이 받아들여야 하고 가볍게 사는 사람은 배척해야 하며 친구가 편치 않으면 세심하게 살펴봐 주고 무언가 아름다운 것을 하면 함께 몹시 즐거워하며 당신을 무척 생각해 주는 친구에게는 온 영혼을 다해 잘해주어야 한다는 것을 배웁니다. 나는 당신이 가볍게 사랑할 줄 알 뿐만 아니라 마음으로 사랑할 줄도 안다는 것을 잘 알고 있습니다. 그리고 나는 당신 친구들이 당신에게 흡족하다는 것을 당신이 말이 아니라 행동으로 설득한다는 것을 압니다."

"제우스께 맹세코, 소크라테스, 나는 그것들 중 어떤 수단도 갖고 있지 않아요." 그녀가 말했다. /11/ "그렇지만 당신이 본성에 따르면서도 사람에게 올바르게 대하는 것은 아주 대단한 것이죠." 소크라테스 선생님이 말했다. "강제로는 친구를 얻을 수도 붙잡을 수도 없지만, 베풂과 즐거움으로는 이 짐승이 붙들리기 쉽고 변함없는 친구가 되지요." "맞는 말씀이세요." 그녀가 말했다. /12/ "그럼 우선 당신은 당신에게 마음을 쓰는 사람들에게 그들이 하고서 자신들에게 가장 후회되지 않을 것들을 요구해야 하고, 그다음에는 당신이 그들에게 기쁨을 주어 동일한 방식으로 되갚아 주어야 합니다. 왜냐하면 그렇게 해서 그들은 최대한으로 친구가 될 것이고 가장 오랜 시간 동안 사랑할 것이며 가장 많이 베풀 것이기 때문입니다." 소크라테스 선생님이 말했다. /13/ "필요한 사람들에게 당신 자신으로부터 우러나오는 것들을 준다면, 그들은 가장 기뻐할 것입니다. 당신이 알다시피 아무리 맛있는 먹을 것이라도 욕구를 느끼기 전에 준다면, 불쾌해 보일 것이고, 배부른 사람들에게는 역겨

움까지도 줄 것이지만, 배가 고프게 만들고 준다면, 그게 비록 좀 하찮은 것이더라도 아주 맛있어 보일 테니까요." /14/ "그러면 어떻게 해야 제가 가진 것들에 대해서 굶주림을 만들어낼 수 있을까요?" 그녀가 말했다. "제우스께 맹세코, 우선 당신은 배부른 사람들에게는 그들의 만족한 상태가 멈추고 다시 필요를 느낄 때까지는 주지도 말고 일깨워주지도 말아야 하고, 그러고 나서 필요를 느끼는 사람들에게 최대한 절도 있는 친밀함을 보이되 기쁘게 해주고 싶어 하는 것 같아 보이지는 않는 분위기 속에서 그들을 일깨우고 그들이 최대한 필요를 느낄 때까지 몸을 빼야 합니다. 같은 선물이라도 욕구를 느끼기 전에 주는 것과 그때 주는 것은 큰 차이가 나거든요." /15/ 그러자 테오도테가 말했다. "그러면 소크라테스, 왜 당신은 나에게 친구들의 공동사냥꾼이 되어주시지 않나요?" 그녀가 말했다. "제우스께 맹세코, 당신이 나를 설득한다면야." 소크라테스 선생님이 말했다. "그러면 어떻게 해야 당신을 설득할 수 있을까요?" 소크라테스 선생님이 말했다. "당신이 내게 필요한 것이 뭔가 있다면, 당신 자신이 그것을 찾아서 방안을 짜낼 것입니다." /16/ "그럼 자주 들러주세요." 그녀가 말했다. 그러자 소크라테스 선생님은 자신이 할 일 없는 처지라는 것을 농담 삼아 "하지만 테오도테, 여가를 내기가 나로서는 그다지 쉽지가 않아요."라고 말했다. "사적으로 일이 많기도 하고 공적인 일 때문에도 여가가 없네요. 그런데 또 내게는 여자친구들도 있어서 밤이고 낮이고 그들 자신들로부터 내가 떨어져 있게 두지를 않고, 내게서 사랑의 주술과 주문을 배우지요."/17/ "소크라테스, 정말 당신은 그런 것도 아시나요?" 그녀가 말했다. "아니 당신은 여기 이 아폴로도로스[72]와 안티스테네스가 무엇 때문에 내 곁에서 한시도 떨어져 있지 않는다고 생각하나요?" 소크라테스 선생님이 말했다. "한편 테바이 사람인 케베스와 심미아스는 무엇 때문에 곁에 있다고 생각하나요? 여러 사랑의 주술과 주문과 이윙크스의 바퀴[73]가 없이는 이런 일이 없다고 보면 됩니다."/18/ "그러면 그 이윙크스의 바퀴를 제게 빌려주세요." 그녀가 말했다. "내가 당신에게 먼저 걸게요." "하지만 제우스께 맹세코 나는 나 자신이 당신에게 끌려가길[74] 원하지 않고, 당신이 내게로 오기를 바랍니다." 소크라테스 선생님이 말했다. "제가 갈게요." 그녀가 말했다. "받아만 주세요." "당신보다 사랑스런 사람이 집에 없다면 당신을 받아들이죠." 소크라테스 선생

---

72) **아폴로도로스**: 소크라테스의 열렬한 추종자로서 플라톤에 따르면 소크라테스의 재판에 참석하였고(『소크라테스의 변명』 34a), 소크라테스의 임종을 지켰으며(『파이돈』 117d), 『향연』에서는 소크라테스가 아가톤의 술자리에 참석해서 했던 이야기들을 아리스토데모스에게서 듣고 옮기는 역할로 나왔다.

73) **이윙크스의 바퀴**: 이윙크스(iynk)는 판과 에코 사이에서 태어난 늼프였으나 사랑에 빠지게 하는 마법을 가지고 있어 제우스의 바람기가 이 늼프의 탓이라 하여 헤라가 새로 변하게 했다고 한다. 이 새는 이 늼프의 이름을 딴 딱따구리과의 철새로 우리말로는 개미잡이(jynk torquilla)라고 한다. 이 새를 잡아 돌아가는 바퀴통에 넣으면 바퀴를 돌리는 이 새의 움직임이 불성실한 연인의 마음을 돌리게 해준다고 그리스인들은 믿었다고 한다. 나중에는 이 바퀴통 자체를 이윙크스라고 불렀기 때문에 여기서는 이 바퀴 자체를 가리킨다고도 볼 수 있다.

74) **끌려가길**: 앞에서는 '걸다'라고 한 이 말은 일반적으로는 '끌다'라는 뜻이다.

님이 말했다.

XII. /1/ 한편 함께하는 사람들 중 에피게네스[75)]가 다소 젊으면
서도 몸 관리를 부실하게 하는 것을 보고서는 소크라테스 선생님
이 말했다. "비전문가처럼 몸을 관리하는군, 에피게네스." 그러자
그가 말했다. "저는 비전문가니까요, 소크라테스 선생님." "하지
만 자네는 올림피아에서 경기를 하려는 사람들 못지않은 전문가라
네." 소크라테스 선생님이 말했다. "아니면 자네에게는 생명[76)]을
걸고 적들을 상대로 하는 경합이 사소해 보이는가? 아테네 사람들
이 언제든지 닥치면 벌이게 되는 경합 말이지. /2/ 더구나 위험한
전쟁 중에 신체가 부실하여 죽거나 수치스럽게 살아남는 사람이
적지 않지. 한편 많은 사람들이 바로 이 부실함 때문에 산 채로 포
로로 잡히게 되고, 잡혀서는 남은 생애 동안(그런 일이 생기게 되면)
너무도 힘든 노예의 삶을 살거나, 너무도 고통스러운 곤궁한 처
지가 되고 때로는 자신들의 재산보다 더 많은 몸값을 지불하고서
는 남은 생애 동안 생필품이 부족한 채로 곤궁하게 살아갈 것이네.
한편 많은 사람은 신체의 무력함으로 인해 겁 많아 보임으로써 부
끄러운 평판을 갖게 되네. /3/ 아니면 자네는 이런 부실함의 폐해
를 가볍게 여기고 자네가 그런 것들을 쉽게 감당하리라고 생각하

---

75) **에피게네스**: 플라톤의 『파이돈』에 소크라테스의 임종을 지킨 인물로 나온다.

76) **생명**: 본래는 영혼(psychē)인데, 그리스어에서 영혼은 생명이라는 뜻과도 통
한다.

는가? 게다가 그것들보다는 신체의 좋은 상태에 신경 쓰는 사람이 견뎌야 하는 것들이 훨씬 더 쉽고 즐거우리라는 것이 내 생각일세. 아니면 자네는 몸의 좋은 상태보다 나쁜 상태가 더 건강하고, 다른 점들에서도 더 유용하다고 보는 건가? 아니면 자네는 몸의 좋은 상태로 인해 생기는 것들을 가볍게 여기는가? /4/ 게다가 신체 상태를 좋게 유지하는 사람들에게는 신체 상태가 나쁜 사람들과는 모든 점에서 반대되는 결과들이 생긴다네. 신체 상태를 좋게 유지하는 사람들은 건강하고 강하거든. 그리고 많은 사람들은 이로 인해 전투에서 당당히 살아남고 모든 끔찍한 것도 피하는 한편, 많은 사람들이 친구들을 돕고 조국에 봉사하며 이로 인해 감사의 말을 듣고 대단한 명성을 획득하며 가장 아름다운 명예를 얻네. 또한 이것들로 인해 남은 생을 더욱더 즐겁고 아름답게 보내고 자신들의 자식들의 인생에 더 아름다운 자산을 남겨준다네. /5/ 그러니 나라가 공적으로 군사훈련을 실시하지 않는다고 해서 사적으로도 방기하는 일이 있어서는 안 될 뿐만 아니라 군사훈련을 조금이라도 소홀히 해서는 안 되네. 몸의 상태를 더 좋게 갖춰놓음으로 해서 자네가 다른 어떤 경합에서나 활동에서 더 나쁠 일은 없을 것이 확실하기 때문일세. 사람들이 하는 모든 일에 몸이 쓸모가 있기도 하고, 몸을 쓰는 모든 일에서는 몸을 가능한 한 최고의 상태로 유지하는 것이 현격한 차이를 보이지. /6/ 자네가 보기에 몸 쓸 일이 가장 적은 경우에도, 즉 생각하는 일에서도 몸이 건강하지 못함으로 인해 많은 사람이 큰 실수를 한다는 것을 누가 모르겠는가? 그리고 신체의 나쁜 상태로 인해 건망증, 의기소침, 짜증과 광증이 학문적 앎을 몰아낼 정도로 많은 사람의 생각을 엄습하는 일은 흔하다네. /7/ 반면에 몸을 좋게 유지하는 사람들은 대단히 안정적이며 신체의 나쁜 상태로 인해 그런 일을 겪을 위험이 전혀 없으며, 그보다는 신체의 좋은 상태는 나쁜 상태로 인해 생기는 일들과 반대되는 일들에 이바지하기 더 쉽다네. 그러니 지각 있는 사람이라면 어느 누군들 지금껏 이야기된 것들과 반대되는 것들을 위해서라면 그 무엇인들 감당하지 않겠는가? /8/ 한편 자기 자신이 육체적으로 어느 정도까지 아름답고 강해질 수 있는지를 보지 못하고 나태하게 늙어가는 것 역시 부끄러운 일세. 그런데 나태한 사람은 그걸 보지 못한다네. 그건 저절로 될 수가 없는 것이기 때문일세.

XIII. /1/ 한편 언젠가 어떤 사람이 누군가에게 반갑다는 인사를 하고서 답인사를 받지 못했다고 화를 내자 소크라테스 선생님이 말했다. "만약 몸의 상태를 좋지 못하게 유지한 어떤 사람을 만났는데 화를 내지 않을 수 있으면서 영혼이 좀 투박한 상태에 있는 사람을 당신이 만났다고 해서 그게 당신을 고통스럽게 한다면, 그건 우스운 일일세."

/2/ 한편 다른 사람이 자신은 먹는 게 즐겁지가 않다는 말을 하자 소크라테스 선생님이 말했다. "아쿠메노스[77]가 그것에 대한 좋

---

77) **아쿠메노스:** 아테네인 의사. 소크라테스와 가까운 사이였던 것으로 보이며, 플

은 약을 가르쳐주고 있네." 그가 "어떤 약인데요?"라고 묻자, 소크라테스 선생님이 말했다. "아쿠메노스는 단식할 것을, 즉 단식하고 나서 더 즐겁고 더 적은 비용으로 더 건강하게 살라고 말한다네."

/3/ 또 다른 사람이 자신이 마시는 자기 집 물이 다 뜨겁다고 말하자 소크라테스 선생님이 말했다. "그럼 자네가 더운 물로 씻고 싶은 생각이 들 때는, 그게 자네에게 맞춤이겠군." 그가 말했다. "하지만 씻기에는 차갑습니다." 소크라테스 선생님이 말했다. "그럼 자네 식구들도 그걸 마시고 그걸로 씻으면서 짜증내는가?" 그가 말했다. "천만에요. 사실은 그 반대로 식구들이 그 두 가지 용도로 어찌나 잘 사용하는지 제가 자주 놀라기까지 한답니다." 소크라테스 선생님이 말했다. "그런데 자네 집에 있는 물이 마시기에 더 뜨거운가 아스클레피오스 신전에 있는 물[78]이 더 뜨거운가?" 그가 말했다. "아스클레피오스 신전에 있는 물이죠." "그럼 자네 집에 있는 물이 씻기에 더 차가운가 암피아라오스[79] 성소에 있는 물

라톤의 『파이드로스』 227a, 268a~b에 이름이 언급되며, 플라톤의 『향연』에는 그의 아들이며 역시 의사인 에뤽쉬마코스가 등장인물로 나온다.

78) **아스클레피오스 신전에 있는 물**: 아스클레피오스는 전설상의 의사로서 그의 신전은 병자들을 치유하는 장소로도 유명했다. 에피다우로스에 있던 그의 신전이 특히 유명했고, 아테네에도 그의 신전이 있었다고 한다.

79) **암피아라오스**: 암피아라오스는 아르고스 사람으로 제우스와 아폴론의 보호를 받는 예언자이자 치유자였다. 테바이를 공격하는 일곱 장수의 한 사람으로서 그 전쟁에서 죽기 직전에 제우스가 땅을 갈라 그 속으로 빨려 들어갔다고 한다. 오로포스에 있던 그의 신전이 유명하다.

이 더 차가운가?" 그가 말했다. "암피아라오스의 성소에 있는 물이죠." 소크라테스 선생님이 말했다. "그러니 자네가 자네 식구들과 병약한 사람들보다 더 까탈스러운 듯하다는 것을 유념하게나."

/4/ 어떤 사람이 하인을 심하게 꾸짖자 그분께서 시중드는 사람에게 왜 화를 내냐고 물었다. 그가 말했다 "먹을 것은 아주 밝히면서도 아주 멍청한 데다 돈은 또 되게 밝히면서도 무지하게 게으르거든요." "그럼 자네와 시중드는 사람 중 누가 더 매를 맞아야 하는지를 이미 살펴본 건가?"

/5/ 어떤 사람이 올림피아에 갈 길을 걱정하자 그분께서 말했다. "왜 자네가 그 여행을 걱정하는가? 자네는 집에서도 거의 온종일 걸어 다니지 않는가? 거기로 가는 길을 가면서도 자네는 걷다가 아침을 먹을 것이고, 걷다가 저녁을 먹고 쉴 것이네. 그 걷기를 닷새에서 엿새로 늘려놓으면 쉽게 아테네에서 올림포스에 도착한다는 것을 모르는가? 그리고 늦게 도착하는 것보다는 하루 일찍 출발하는 편이 또 더 깔끔하다네. 왜냐하면 하루에 갈 길을 정도 이상으로 억지로 늘리는 것은 어렵지만 하루를 더 여행하는 것은 훨씬 더 쉽기 때문일세. 그러니 길에서 서두르는 것보다 출발할 때 서두르는 것이 더 낫네."

/6/ 한편 다른 사람이 먼 길을 걸어오느라 녹초가 되었노라고 말하자 그분은 짐도 지고 오셨느냐고 물었다. "제우스께 맹세코, 저는 외투 말고는 안 가져왔습니다." 그가 말했다. "혼자 걸어오셨나요 아니면 하인이 당신을 따라왔나요?" 그분이 말했다. "하인이 따

라왔지요." 그가 말했다. "그 사람은 빈손으로 왔나요 아니면 뭔가를 지고 왔나요?" 그분이 말했다. "침구와 다른 물품들을 지고 왔지요." 그가 말했다. "그리고 그는 그 여정을 마치고 어떤 상태가 되었나요?" "제가 보기에는 저보다 상태가 나았습니다." 그가 말했다. "그럼 어떤가요? 만약 당신이 저 사람의 짐을 져야 했다면 당신의 상태는 어떠했으리라고 생각하십니까?" 그분이 말했다. "제우스께 맹세코 훨씬 나빴을 것이고 나는 나를 수도 없었겠지요." 그가 말했다. "그렇다면 당신은 체력단련을 한 사람이[80] 어떻게 자기 종보다 일하는 능력이 그렇게까지 떨어진다고 생각하실 수 있나요?"

XIV. /1/ 식사 모임에 어떤 사람들은 찬을 적게 가져오고 어떤 사람들은 많이 가져올 때면[81] 소크라테스 선생님은 노예를 시켜 소량의 찬을 공동식탁에 두게 하거나 각자의 몫을 분배해 주게 하였네. 그래서 찬을 많이 가져온 사람들은 공동식탁의 찬을 나눠 먹으면서[82] 자기가 가져온 찬을 대신 내놓지 않는 것을 부끄러워하

---

80) **체력단련을 한 사람이**: 아테네인들을 비롯한 그리스인들은 규칙적으로 체력단련을 하는 것이 관습이었다.

81) **식사모임에 … 가져올 때면**: 이 식사모임은 참석자들 각자 자신이 먹을 찬을 가져오는 모임으로 보인다. '찬(opson)'은 곡물류의 정식인 보리떡이나 밀가루 빵에 곁들여 먹는 식품류를 말한다. 여기에는 소금부터 시작해서 콩류, 생선까지 다양한 식품이 속한다. 플라톤의 『국가』 372c 이하 참고.

82) **나눠 먹으면서**: OCT와 달리 부정사 'mē'를 뺀 반디니의 편집을 따랐다. 뜻은

게 되었다. 그래서 그들은 자기가 가져온 찬을 공동식탁에 두었다. 그러자 그들은 찬을 적게 가져오는 사람들보다 결코 더 많이 가져오지 않게 되니, 찬을 준비하느라 많은 돈을 들이는 일을 중단하게 되었다.

/2/ 언젠가 저녁식사 모임 중에 어떤 사람이 빵[83]은 더 먹지 않고 찬만 그냥 먹는 것을 보셨는데, 마침 각각의 행위에 대한 이름에 관한 논의를 하던 때여서 소크라테스 선생님이 말했다. "여보게들, 도대체 어떤 종류의 행위에 의해 사람이 '먹는 걸 밝히는 사람'[84]이라 불리게 되는가? 찬이 있으면 다들 빵에 찬을 곁들여 먹지만 그런다고 '먹을 걸 밝히는 사람'이라고 불리지는 않기에 하는 말일세." 함께 있는 사람들 중 누가 "물론 안 그러죠."라고 말했다. /3/ "어떤가?" 소크라테스 선생님이 말했다. "어떤 사람이 훈련을 위해서가 아니라[85] 즐거움을 위해서 빵은 없이 찬만 그냥 먹는다면 '먹을 걸 밝히는 사람'으로 불리겠는가 안 불리겠는가?" "그 사람

동일하지만 반디니의 텍스트가 더 이해하기 쉽다.

83) **빵:** 앞의 주석에 달았듯이 '빵'이라고 옮긴 'sitos'는 정확하게는 보릿가루를 개어 빚은 보리떡이나 밀가루 빵 등의 곡물류로, 우리의 밥과 같은 주식에 해당한다.

84) **먹는 걸 밝히는 사람:** '먹는 걸 밝히는 사람'은 '미식가'라고도 번역하는데, 'opsophagos'는 말 그대로는 '찬을 먹는 사람'이란 뜻이다. 우리가 반찬을 따지듯이 그리스인의 식탁에서 'opson'은 생선과 같이 맛있는 요리를 뜻하기도 한다.

85) **훈련을 위해서가 아니라:** 그리스인들은 육식을 많이 하지 않았는데, 운동선수들은 체력을 기르기 위해 육식을 했다. 플라톤의 『국가』 338c~d 참고.

말고 다른 누가 '먹을 걸 밝히는 사람'이라고 불릴 일은 거의 없습니다." 그가 말했다. 그러자 함께 있던 사람들 중 다른 누가 "빵은 적게 먹고 찬은 많이 먹는 사람은요?"라고 말했다. "내가 보기에는 이 사람도 '먹을 걸 밝히는 사람'이라고 불리는 게 온당하네."라고 소크라테스 선생님이 말했다. "그리고 다른 사람들은 신들께 풍작을 기원할 때 이 사람은 풍찬(豐饌)을 기원하기 쉽겠네." /4/ 소크라테스 선생님이 이런 말씀을 하시자 그 젊은이는 소크라테스 선생님이 하신 말씀이 자신에 대해 이야기하신 것이라고 생각하고는 찬을 먹는 걸 그만두기까지는 하지 않았지만 빵[86]을 곁들였다. 그러자 소크라테스 선생님이 그걸 보시고는 "곁에 있는 사람들은 이 젊은이가 빵에다 찬을 먹는지 찬에다 빵을 먹는지 지켜들 보시게."라고 말했다.

/5/ 한편 언젠가 저녁 식사를 같이 하는 중에 또 다른 어떤 사람이 빵 한 입에 찬을 여럿 맛보는 걸 보시고는 말씀하셨다. "한꺼번에 여러 개를 먹고 온갖 양념을 동시에 뱃속에 잡아넣는 사람이 하는 요리[87]보다 돈이 더 많이 드는 요리, 아니 차라리 요리망치기가 있을 수 있겠나? 그렇게 하는 사람은 요리사보다 더 많은 것들을 섞으니 일단 돈이 더 많이 드는 요리를 하는 것일세. 또한 요리사들이 어울리지 않는다고 생각해서 섞지 않는 것들을 그는 섞는 것

---

86) **빵**: 앞에서 빵으로 번역한 'sitos' 말고 이 빵이 진짜 밀가루로 만든 빵(artos)이다.

87) **요리**: 여기서 '요리'는 앞에서 '찬'으로 번역한 'opson'을 번역한 것이다.

이니, 만일 요리사들이 옳게 하는 것이라면 그는 잘못하는 것이고 그들의 기술을 망치는 것이지. /6/ 요리를 가장 잘 아는 요리사들을 준비시켜 놓은 데다가 자기 자신은 요리에 전혀 문외한이면서 저들이 해놓은 요리를 바꾸는 것은 정말이지 우스운 일이 아니겠나? 그리고 한꺼번에 여러 개를 곁들여 먹는 버릇이 든 사람에게 덧붙는 문제가 또 있네. 찬이 많이 차려져 있지 않으면 평소 먹던 만큼의 것이 아쉬워 부족하다고 느낄 테니 말이지. 반면에 찬 하나에 빵 한 입을 출두시키는 버릇이 든 사람은 차린 찬이 많지 않더라도 찬 한 가지로 고통 없이 식사를 할 수 있다네."

/7/ 한편 소크라테스 선생님은 아테네 방언에서 '잘 먹다'라는 말은 '먹다'라는 말로 불린다고도 말씀하셨다. 접두어로 붙은 '잘'은 영혼과 몸에 해롭지 않고 구하기 어렵지 않은 것들을 곁들여 먹는 것이라고 말씀하셨다. 이렇게 소크라테스 선생님은 잘 먹는 것도 절도 있는 삶을 사는 사람에게 귀속시키셨다.

4권

Δ

I. /1/ 소크라테스 선생님은 모든 경우에 어떤 방식으로든 도움이 되는 분이셔서 그걸 살펴보고 제대로 지각하는 사람에게는 소크라테스 선생님과 함께 하고 어디서나 어떤 상황에서도 그분과 함께 시간을 보내는 것이 그 어떤 것보다 도움이 되는 것이 분명했다. 비록 그분이 곁에 계시지 않더라도 그분에 대해 기억하는 것은 소크라테스 선생님과 함께하는 데 익숙한 사람들과 그분을 받아들인 사람들에게 적잖이 도움이 된다. 그분은 농담하실 때조차도 진지하게 말씀하실 때 못지않게 함께 지내는 사람들에게 유익함을 주셨기 때문이다. /2/ 왜냐하면 종종 그분은 누군가를 사랑한다고 말했지만 꽃다운 아름다운 몸을 타고난 사람들이 아니라 덕과 관련해서 타고난 영혼을 가진 사람들에게 끌려서 하시는 말씀이라는 것이 분명했기 때문이다. 한편 소크라테스 선생님은 자신들이 주목하는 것들을 빨리 배우고 배우는 것들을 얼른 기억하며, 가정과 나라를 훌륭하게 경영할 수 있게 해주는, 크게 보면 인간들과 인간사를 잘 다룰 수 있게 해주는 모든 배움을 열망하는 사람들을 좋은 천성을 타고난 사람들이라고 판단하셨다. 왜냐하면 그런 사람들이 교육을 받으면 자신들이 행복할 뿐만 아니라 다른 사람들과 나라들까지 행복하게 만들 수 있다고 생각하셨기 때문이다. /3/ 한편 소크라테스 선생님은 모든 사람에게 동일한 방식으로 접근하지는 않으셨고 스스로 천성이 훌륭하다고 생각하고 배움을 깔보는 사람

들에게는 아주 좋은 천성을 타고난 말들은 성질이 격정적이고 격렬한데 새끼 때부터 길을 들이면 아주 쓸모 있고 뛰어난 말이 되지만 길을 들이지 못하면 다루기 아주 힘들고 아주 보잘것없는 말이 되어버린다는 점을 지적하시면서 최고의 천성은 최고의 교육을 필요로 한다고 가르치셨다. 그리고 천성이 뛰어난 개들은 부지런하고 사냥감에 달려들 태세가 되어 있지만, 그 개들이 훈련을 잘 받으면 사냥에 아주 뛰어나고 아주 쓸모 있는 개가 되지만 못 배운 개들은 게으르고 미친 것 같고 말을 듣지 않는 개가 된다는 것도 제시하셨다. /4/ 마찬가지로 사람들도 아주 좋은 천성을 타고난 사람들은 그 영혼이 혈기 왕성하고 손대는 일들을 완수할 수 있는 능력이 아주 뛰어난데, 그들이 교육을 받고 어떤 일을 행할지를 배우면 가장 뛰어나고 가장 도움이 되는 사람들이 된다고 말씀하셨다. 그들이 가장 많고 가장 큰 좋은 일들을 하기 때문이라는 것이다. 하지만 교육을 받지 않고 배움이 없으면 그들은 아주 나쁘고 아주 해악을 끼치는 사람들이 된다고 말씀하셨다. 왜냐하면 그들은 자신들이 행해야 할 것들을 분별하는 법을 알지 못해 종종 악한 일들에 손을 대고 거만하고 격렬한 성격 탓에 다루기 어렵고 말리기 힘들며 그런 탓에 아주 많고 큰 나쁜 일들을 한다고 소크라테스 선생님은 말했다. /5/ 다른 한편 자신의 부에 자부심을 느끼고 전혀 교육이 추가로 필요하지 않고 자신의 부가 원하는 것은 무엇이든 이루고 사람들로부터 존경을 받기에 충분하다고 생각하는 사람들의 경우에 소크라테스 선생님은 어떤 사람이 배우지 않고도 도움이 되는 일과 해로운 일들을 분간할 수 있다고 생각한다면 그는 멍청하고, 어떤 사람이 이것들을 분간하지 못하면서도 자신의 부로 원하는 것은 무엇이든 얻고 이로운 일들을 행할 수 있는 능력이 된다고 생각한다면 그는 멍청하며, 어떤 사람이 이로운 일들을 행할 능력이 없으면서도 자신이 잘살고 있고 자신의 삶을 위해 필요한 것들을 훌륭하게, 또는 충분히 갖추어놓았다고 생각한다면, 그는 어리석고, 어떤 사람이 아는 게 아무것도 없으면서 자신의 부로 인해 자신이 훌륭하다고 여겨질 것이라고 생각하거나 어떤 점에서도 훌륭하다고 여겨지지 않으면서 명성을 얻으리라고 생각한다면, 그는 어리석다고 말씀하심으로써 그들을 가르치셨다.

II. /1/ 다른 한편 최고의 교육을 받았고 자신의 지혜에 대해 자부심을 가진 사람들을 소크라테스 선생님이 어떻게 대하셨는지에 대해 이야기해 보려고 한다. 이를테면 미남 에우튀데모스[1]는 시인들과 최고의 명성을 지닌 소피스트들의 글들을 많이 수집하고서는 이로 인해 이미 자신이 동년배들보다 지혜에서 뛰어나며 말하고 행동하는 능력 면에서 모든 사람을 능가하게 되리라는 큰 기대를 품고 있다는 것을 소크라테스 선생님이 아셨고, 우선 그가 무언가 해내고 싶은 것이 있으면 나이가 어린 탓에 아고라에는 들어가지 못하고[2] 아고라 근처의 어떤 마구제작공의 가게에 앉아 있는다는

---

1) 1권 2장 29절 주석 참고.

것을 아시고는 당신이 몸소 제자 몇몇을 데리고 가셨다. /2/ 그리고
처음에 누군가가 묻기를 출중한 사람이 필요할 때 나라가 주목할
정도로 테미스토클레스가 시민들 중에서 뛰어난 것은 그가 어떤
지혜로운 사람과 교유한 탓입니까 천성 탓입니까라고 묻자, 소크
라테스 선생님은 에우튀데모스를 자극하고 싶어서 사소한 기술들
의 경우에 자격이 충분한 선생들 없이 출중해질 수가 없는데 모든
일 중에 가장 중한 일인 나라의 지도자가 되는 일이 사람들에게 저
절로 생긴다고 생각하는 것은 순진한 것이라고 말씀하셨다. /3/ 다
시 언젠가 에우튀데모스가 같이 있으면서도 모임에서 멀찍이 떨어
져 앉아 소크라테스의 지혜에 경탄하는 것으로 여겨질까봐 경계하
는 것을 보고 말씀하셨다. "여보게들, 여기 있는 에우튀데모스는
성년이 되어 나라가 그에게 어떤 사안에 대해 연설을 제안하면 조
언하는 것을 피하지 않을 것일세. 그건 그가 열중하고 있는 것들을
보면 아주 분명하네. 내가 보기에 그는 누군가로부터 무언가를 배
운다고 여겨지지 않도록 경계하면서 대중연설의 멋진 서론을 준비
하고 있는 것 같네. 그는 다음과 같은 서론으로 연설을 시작할 것
이 분명하니 말이지." /4/ "아테네 사람들이여, 저는 어느 누구로부
터도 어떤 것에 대해서도 배워본 적도 없고 어떤 사람들이 말하고
행동하는 데 충분한 능력이 있다는 소리를 들어도 그런 사람들을

---

2) **나이가 어린 탓에 아고라에는 들어가지 못하고:** 아고라는 원칙적으로 자유인인 성
인 남성만 출입이 가능했다.

만나려 꾀하지도 않았으며 앎을 가진 사람들 중 누군가를 저의 스승으로 삼으려고 애쓰지도 않고 그 반대로 했습니다. 저는 시종일관 누군가로부터 무언가를 배우는 것을 피했을 뿐만 아니라 그렇게 보이는 것도 피하면서 살았습니다. 그럼에도 불구하고 저에게 저절로 떠오르는 것은 무엇이든 여러분에게 조언하려고 합니다." /5/ 서론을 이렇게 시작하는 것은 나라로부터 의사직을 받고자 원하는 사람들에게도 어울릴 걸세. 연설을 여기서부터 시작하는 것이 그들에게 유용할 테니 말일세. "아테네 사람들이여, 저는 어느 누구로부터도 의사 기술을 배운 적이 없고 의사들 중 누구도 저의 스승으로 삼으려 꾀한 적도 없습니다. 왜냐하면 저는 시종일관 의사들로부터 무언가를 배우는 것을 경계했을 뿐만 아니라 이 기술을 배웠다고 여겨지는 것조차 경계하며 살아왔기 때문입니다. 그럼에도 불구하고 저에게 의사직을 주십시오. 여러분들에게 실험을 해가며 배우려 시도할 테니까요." 그리하여 함께했던 모든 사람이 그 서론을 듣고 웃었다. /6/ 비로소 에우튀데모스가 소크라테스 선생님이 말씀하시는 것들에 주의를 기울이고 있었지만, 여전히 그 자신은 뭔가 말을 하는 것을 경계하고 침묵으로써 현명함의 평판을 두를 수 있으리라 믿고 있는 게 분명했기에 소크라테스 선생님은 그때 그가 그런 일을 그만두게 하고 싶어서 말씀하셨다. "도대체가 키타라를 탄주하거나 아울로스를 불거나 말을 타거나 그 밖에 그런 어떤 일을 충분히 잘하게 되기를 원하는 사람들이 자기가 능력을 갖추고 싶어 하는 것을 최대한 꾸준히 하려고 노력하며, 그

것도 자기 혼자서가 아니라 최고라는 명성을 듣는 사람들 곁에서
노력하면서 어떤 것들을 하든 저들의 지도가 없이는 아무것도 하
지 않고 참는 것은 다른 방법으로는 자신들이 입에 올릴 만한 사람
이 될 수 없다고 믿기 때문인데, 어째서 나랏일에 대해 말하고 나
랏일을 할 능력을 갖기를 원하는 사람들 중에 어떤 이들은 준비와
연습 없이 저절로 갑자기 이것들을 할 수 있는 능력이 생긴다고 믿
는 것인지, 놀랍지 않은가? /7/ 그렇지만 이 능력은 이에 대해서는
더 많은 사람들이 공을 들이지만 더 적은 사람들이 성공하는 그만
큼 저들 능력보다 더 성취하기 어려워 보이네. 그러니 이 능력을
열망하는 사람들에게는 저 능력들을 열망하는 사람들보다 연습 또
한, 더 많고 더 강도 높은 연습이 필요할 것이 분명하네." /8/ 처음
에 소크라테스 선생님은 마지못해 듣고 있는 에우튀데모스에게 이
런 이야기들을 하셨다. 하지만 소크라테스 선생님이 말씀을 나누
실 때 점점 더 참아내는 태도가 되고 더 열성적으로 듣는 것을 아
시고는 혼자서 마구제작공의 가게에 가셨고, 에우튀데모스가 당신
곁에 앉자 말씀하셨다. "에우튀데모스, 말해 보게. 내가 들은 것처
럼 정말로 자네는 이른바 지혜로웠다고 하는 사람들의 글들을 많
이 모았는가?" 그러자 에우튀데모스가 말했다. "제우스께 맹세코
그렇습니다, 소크라테스 선생님. 그리고 저는 아직도 모으고 있습
니다. 가능한 한 최대한 많이 구입할 수 있을 때까지 말입니다."
/9/ 소크라테스 선생님이 말씀하셨다. "헤라께 맹세코 나는 자네에
게 경탄하네. 지혜보다 금은보화를 갖기를 더 선호하지 않는다니

말이지. 은과 금은 사람들을 전혀 나은 사람들로 만들지 못하고, 지혜로운 사람들의 식견이 그걸 가진 사람들을 덕에서 더 부자로 만든다고 자네가 생각하는 것이 분명하니 말이지." 그러자 에우튀데모스는 그 말을 듣고는 소크라테스 선생님에게 자기가 올바르게 지혜를 추구하는 것으로 보인다고 믿고서 기뻐했다. 하지만 그분은 그 칭찬에 그가 즐거워하는 것을 보시고는 /10/ 말씀하셨다. "에우튀데모스, 자네는 어떤 점에서 훌륭해지기를 원해서 그 글들을 모으고 있는가?" 에우튀데모스가 무슨 대답을 할지 궁리하느라 침묵하자 다시 소크라테스 선생님이 말씀하셨다. "의사 아닌가? 의사도 글이 많으니 말이지." 그러자 에우튀데모스가 말했다. "제우스께 맹세코, 아닙니다." "건축가가 되기를 원하는가? 그 분야 또한 식견 있는 사람들을 필요로 하니 말이지." "저는 아닙니다." 그가 말했다. "하지만 테오도로스[3] 같은 훌륭한 기하학자가 되기를 바라기는 하는가?" 소크라테스 선생님이 말씀하셨다. "기하학자도 아닙니다." 그가 말했다. "하지만 천문학자가 되기를 원하지는 않는가?" 소크라테스 선생님이 말씀하셨다. 그가 그것도 부정하자 소크라테스 선생님은 "하지만 소리꾼은 아닌가?"라고 말씀하셨다. "사람들 말로는 자네가 호메로스의 시들을 모두 구했다고도 해서 하는 말일세." "제우스께 맹세코 저는 아닙니다." 그가 말했다. "아

---

3) **테오도로스**: 기원전 5세기경 활동한 퀴레네 출신의 기하학자. 그의 생애에 대해서는 플라톤의 『테아이테토스』에 전해지는 것이 전부이다.

시다시피 소리꾼들이 시는 정확하게 하지만[4] 그들 자신은 아주 멍청하다는 것을 제가 알거든요." /11/ 그러자 소크라테스 선생님이 말씀하셨다. "에우튀데모스, 아무래도 자네는 정치가와 가정경영자가 될 수 있고 통치하기에 충분하고 다른 사람들과 자신에게 유익한 사람이 될 수 있는 이 탁월함[5]을 열망하는 것 아닌가?" 그러자 에우튀데모스가 말했다. "소크라테스 선생님, 저는 몹시도 이 탁월함이 필요합니다." 소크라테스 선생님이 말씀하셨다. "제우스께 맹세코, 자네는 가장 아름답고 가장 중요한 기술을 열망하고 있네. 이 기술은 왕들에 속하는 것으로 왕술이라 불리거든." "그렇지만", 소크라테스 선생님이 말씀하셨다. "자네는 정의롭지 않고서 이것들에서 훌륭하게 될 수 있을지 생각해 보았는가?" "많이 생각했지요." 그가 말했다. "그리고 정의 없이는 훌륭한 시민도 될 수 없다고 생각했습니다." /12/ "그럼 어떤가?" 소크라테스 선생님이 말씀하셨다. "자네는 그것을 이루었는가?" "제 생각으로는 소크라테스 선생님, 저는 어느 누구 못지않게 확실히 정의롭습니다." 그

---

4) **소리꾼들이 시는 정확하게 하지만**: '소리꾼'으로 번역한 'rhapsōidos'는 '음유시인' 이라고도 하고, 호메로스는 자신이 지은 시를 직접 음송했다고도 하지만, 여기서 'rhapsōidos'는 창작시인이 아닌 호메로스의 시와 같이 기존의 시를 음송하는 소리꾼으로 봤다. '시를 정확하게 한다(akriboun)'라는 말이 '음송을 틀리지 않고 정확하게 한다'라는 뜻으로 이해했기 때문이다.

5) **탁월함**: 많은 경우 '덕'으로 번역한 'aretē'를 여기서는 '탁월함'으로 번역했다. 뒤에 '정의'를 겸비해야 이 탁월성을 발휘할 수 있다는 언급이 번역을 구별하게 했지만, 논의의 속뜻은 이 탁월함이 결국 덕이라는 뜻일 것이다.

가 말했다. "그렇다면 목수가 그렇듯 정의로운 사람들에게도 일이 있는가?" 소크라테스 선생님이 말씀하셨다. "물론 있습니다." 그가 말했다. "그러면 목수들이 자신들의 일을 보여줄 수 있듯이 정의로운 사람들은 자신들의 일을 설명할 수 있겠는가?" "제가 정의의 일을 설명할 능력이 없을 것 같아서 그러십니까?" 에우튀데모스가 말했다. "제우스께 맹세코 저는 부정의의 일까지도 설명할 수 있습니다. 매일매일 그런 일을 적지 않게 보고 들으니까요." /13/ "그러면 여기에 델타라고 쓰고 저기에 알파라고 쓰면[6] 어떻겠나?" 소크라테스 선생님이 말씀하셨다. "그러고서는 우리에게 정의의 일로 여겨지는 것은 델타 쪽에 놓고 부정의 일은 알파 쪽에 놓을까?" "그런 것도 필요하다고 생각되신다면 그렇게 하시죠." 그러자 소크라테스 선생님은 말씀하신 대로 쓰고 /14/ 말씀하셨다. "사람들 사이에는 거짓말하는 일이 있지 않은가?" "물론 있습니다." 그가 말했다. "그러면 그건 어디에 둘까?" 소크라테스 선생님이 말씀하셨다. "분명 부정의 쪽이죠." 그가 말했다. "속이는 일도 있는가?" 소크라테스 선생님이 말씀하셨다. "물론 많지요." 그가 말했다. "그럼 그건 어느 쪽에 놓을까?" "그것도 부정의 쪽에 두는 것이 확실합니다." 그가 말했다. "도둑질하는 것[7]은 어떤가?" "그것도요."

---

6) **여기에 델타 … 저기에 알파라고 쓰면:** '델타(Δ)'는 그리스어로 정의(dikaiosynē)의 첫 글자이고, '알파(A)'는 부정의(adikia)의 첫 글자이다.

7) **도둑질하는 것:** 사본의 '악행을 하는 것(kakourgein)' 것 대신에 스토바이오스의 사본을 선택한 반디니의 편집을 따랐다.

"인신매매는?" "그것도요." "우리가 보기에 정의 쪽에는 이것들 중 어느 것도 놓여 있지 않은가, 에우튀데모스?" "그건 끔찍한 일일 겁니다." 그가 말했다. /15/ "어떤가? 장군으로 뽑힌 어떤 사람이 부정의하고 적대적인 나라를 노예로 만들어버린다면 자네는 이 장군을 부정의하다고 말할 텐가?" "전혀 아닙니다." 그가 말했다. "정의로운 것을 한다고 우리가 말하지 않겠는가?" "그야 물론이죠." "어떤가? 그들과 전쟁을 하면서 속인다면?" "그것도 정의롭습니다." 그가 말했다. "그들의 재산을 도둑질하고 강탈한다면 그는 정의로운 일을 하는 게 아닌가?" "물론 무척 정의롭지요." 그가 말했다. "하지만 저는 선생님께서 처음에 친구들을 상대로 해서만 이런 질문을 하시는 것이라고 짐작했었습니다." "부정의에 우리가 놓았던 이것들을 정의 쪽에도 놓아야 하지 않겠나?" 소크라테스 선생님이 말씀하셨다. "그런 것 같습니다." 그가 말했다. /16/ "그러면 이것들을 이렇게 놓고서 적들을 상대로는 이런 것들을 하는 것이 정의롭지만 친구들을 상대로는 부정의하며 친구들에게는 최대한 솔직해야 한다고 다시 규정하기를 원하는가?" 소크라테스 선생님이 말씀하셨다. "물론입니다." 에우튀데모스가 말했다. /17/ "어떤가?" 소크라테스 선생님이 말씀하셨다. "어떤 장군이 자기 군대의 사기가 떨어진 것을 보고서 지원군이 오고 있다고 거짓으로 말을 했고, 이 거짓말로 자기 병사들의 사기저하를 막았다면, 이 속임을 우리가 어디에 놓을까?" "제가 보기에는 정의 쪽에 놓아야 합니다." 그가 말했다. "어떤 사람이 자신의 아들에게 약이 필요한데

아들이 약 먹는 것을 거부해서 음식이라고 속여서 약을 주고 이렇게 거짓말을 써서 아들을 건강하게 만들었다면, 이 속임은 또 어디에 두어야 하는가?" "제가 보기에는 이것도 같은 쪽에 두어야 합니다." 그가 말했다. "어떤가? 어떤 사람이 자기 친구가 낙담해서 자해할까 걱정이 된 나머지 칼이나 그와 유사한 다른 것을 그에게서 훔치거나 강탈한다면, 이것 또한 어느 쪽에 놓아야 할까?" "제우스께 맹세코, 그것도 정의 쪽에 두어야 합니다."[8] 그가 말했다. /18/ "자네는 친구들을 상대로도 매사에 솔직해서는 안 된다고 말하는 건가?" 소크라테스 선생님이 말씀하셨다. "제우스께 맹세코, 그렇습니다." 그가 말했다. "만약 허용이 된다면 말했던 것들을 번복하고자 합니다." "옳지 못하게 두는 것보다는 당연히 더 허용되어야 하지." 소크라테스 선생님이 말씀하셨다. /19/ "그런데 해를 끼치려고 친구들을 속이는 경우 역시 간과하고 살펴보지 않은 일이 없도록 해야 하네. 이들 중 자발적으로 하는 자와 비자발적으로 하는 자 중에서 어느 쪽이 더 부정의한가?" "소크라테스 선생님, 이제 저는 더 이상 제가 하는 대답들을 믿지 못하겠습니다. 정말이지 이제는 이전에 제가 했던 모든 말이 그때 제가 생각했던 것과는 다른 것으로 제게 보이거든요. 그럼에도 불구하고 제 대답은 자발적으로 거짓말을 하는 사람이 비자발적으로 하는 사람보다 더 부정의

---

8) **적들을 상대로는 … 정의 쪽에 두어야 합니다:** 플라톤의 『국가』 382c, 389b~c 등에도 친구들과 환자, 피통치자를 위한 친구, 의사, 통치자의 거짓말을 인정하는 대목이 있다.

한 것으로 해두죠." /20/ "자네가 보기에는 글에 대해서 그렇듯이 정의로운 것에 대해서도 배움과 앎이 있는가?" "그렇습니다." "그런데 자네는 자발적으로 글을 틀리게 쓰고 읽는 사람과 비자발적으로 그러는 사람 중에 누가 더 글을 잘 아는 사람이라고 판단하는가?" "자발적으로 하는 사람이죠." 그가 말했다. "그는 원하면 그걸 바르게 쓸 능력도 있으니까요." "자발적으로 틀리게 글을 쓰는 사람은 글을 아는 사람이고 비자발적으로 그러는 사람은 글을 모르는 사람 아닌가?" "어찌 아니겠습니까?" "자발적으로 거짓말을 하고 속이는 사람[9]이 정의로운 것들을 아는가, 아니면 비자발적으로 그러는 사람이 아는가?" "자발적으로 하는 사람이 분명합니다." "자네는 글을 아는 사람이 모르는 사람보다 글에 더 밝은 사람이라고 말하지 않는가?" "예." "그런데 정의로운 것들을 아는 사람은 모르는 사람보다 더 정의로운가?" "그래 보입니다. 하지만 제가 보기에 저는 이것에 대해서도 어떻게 이야기할지 모르고 있는 것 같습니다." /21/ "그럼 어떤가? 진실을 말하고자 하는 사람이 동일한 것들에 대해서 한 번도 동일하게 말하지 않고 같은 길을 일러주더라도 어떤 때는 동쪽을, 어떤 때는 서쪽을 일러주고, 계산 결과를 보여주면서 어떤 때는 동일한 것을 더 많다고 하고 어떤 때는 더 적다고 한다면,[10] 그런 사람은 자네에게 어떻게 보이는가?" "제우

---

9) **자발적으로 글을 틀리게 쓰고 … 자발적으로 거짓말을 하고 속이는 사람**: 글을 쓰고 정의를 말하는 사례를 들어 이러한 역설을 펼치는 장면은 플라톤의 『소히피아스』 366c, 373c~376c에 나온다.

스께 맹세코 그는 자신이 안다고 생각하는 것들을 모르는 것이 분명합니다." /22/ "그런데 자네는 어떤 사람들은 노예 같다고 불리는 것을 아는가?" "압니다." "지혜 때문인가 무지 때문인가?" "무지 때문인 게 분명합니다." "그럼 대장장이 일에 대한 무지 때문에 이 이름을 그들이 얻게 되는가?" "전혀 아닙니다." "그러면 집짓는 일에 대한 무지 때문인가?" "그것 때문도 아닙니다." "갖바치의 일에 대한 무지 때문인가?" "그것들 중 어느 하나 때문도 아닙니다." 그가 말했다. "그 반대입니다. 그런 것들을 알고 있는 대다수의 사람들은 노예 같은 자들이거든요." "그러면 아름다움과 좋고 정의로운 것들을 알지 못하는 사람들에게 그 이름이 속하는가?" /23/ "제가 보기에는 그렇습니다." 그가 말했다. "우리는 전력을 다해 어떻게 하든 노예 같은 자가 되지 않도록 도망쳐야 되지 않겠나?" "신들께 맹세코, 소크라테스 선생님", 그가 말했다. "저는 '아름답고 훌륭함'을 갈망하는 사람에게 적합한 것들에 대한 최고의 교육을 받을 수 있는 철학을 탐구하고 있다고 확신했었습니다. 하지만 지금 제가 얼마나 낙담했으리라 생각하시나요? 앞선 노고에도 불구하고 반드시 알아야 할 것들에 대한 질문에 대답할 수도 없고 더 나아지기 위해 가야 할 다른 어떤 길도 알고 있지 못한 저 자신을

---

10) **진실을 말하고자 하는 사람이 … 어떤 때는 더 적다고 한다면:** 무지의 징표에 대한 이와 같은 논의는 플라톤의 『알키비아데스』 117a, 『고르기아스』 482a, 490e, 509a, 527e, 『향연』 221e 등에서도 찾아볼 수 있다. 그리고 앞의 19~20절의 내용과 관련된 계속된 논의가 『소히피아스』 372d~e, 376e에 나온다.

보고 있으니 말입니다." /24/ 그러자 소크라테스 선생님이 말씀하셨다. "말해 보게, 에우튀데모스. 델포이[11]에 가본 적이 있는가?" "제우스께 맹세코, 두 번이나 갔습니다." 그가 말했다. "그러면 신전 어딘가에 '너 자신을 알라'[12]라고 쓰인 것을 봤는가?" "봤습니다." "그러면 그 글귀가 자네에게는 아무 상관이 없었는가, 아니면 그 글귀에 주목하고 자네 자신이 누구인지 자네 자신을 살펴보려 노력했는가?" "전혀 그렇지 않습니다." 그가 말했다. "사실 그건 아주 잘 안다고 생각했으니까요. 나 자신도 알지 못한다면 다른 것은 거의 알 수가 없을 테니까요." /25/ "자네 생각에는 자신의 이름만 아는 사람이면 자신을 아는 건가, 아니면 말을 사는 사람들이 말이 말을 잘 듣는지 듣지 않는지, 강한지 허약한지, 빠른지 느린지, 그리고 말의 쓸모와 관련하여 적합하거나 부적합한 것들이 어떻게 되는지를 살펴보기 전에는 자신이 알기를 원하는 것을 안다고 생각하지 않는 것처럼, 인간의 쓸모와 관련해서 자신이 어떠한지를 자신을 살펴봄으로써 자신의 능력을 안 사람이 자신을 아는가?" "그런 것 같습니다." 그가 말했다. "자신의 능력을 알지 못하는 사람들은 자신을 알지 못하는 것 같습니다." /26/ "자기 자신들

---

11) **델포이**: 아폴론 신전을 비롯한 많은 신전들이 있는 그리스의 성소. 그리스 중부 파르나소스산 남쪽에 있다.

12) **너 자신을 알라**: 플라톤의 『프로타고라스』 343a~b에는 철학 시대 이전의 7현인들이 모여 자신들의 지혜에 대해 신들께 감사드리기 위해 이 말을 비롯한 말들을 델포이의 아폴론 신전에 바쳤다는 이야기가 나온다.

을 앎으로써 사람들이 최대의 좋은 것들을 겪고, 스스로를 기만함으로써는 최대의 나쁜 것들을 겪는다는 것은 분명하지 않은가? 왜냐하면 자신들을 아는 사람들은 자신들에게 적합한 것들을 알고 자신이 할 수 있는 것들과 할 수 없는 것들을 식별하네. 그리고 자신들이 아는 것들을 실천함으로써 자신들에게 필요한 것들을 구하고 잘살게 되고,[13] 자신들이 알지 못하는 것들은 삼가서 잘못을 범하지 않고 잘 못살게 되는 일을 피한다네. 이 때문에 그들은 다른 사람들도 평가할 능력이 되어 다른 사람들을 이용함으로써 좋은 것들을 얻고 나쁜 것들을 경계한다네. /27/ 반면에 자신의 능력을 알지 못하고 자기기만에 빠진 사람들은 다른 사람들과 다른 인간적인 문제들과 관련해서 비슷한 상태에 놓여서 자신들이 필요한 것도 알지 못하고 무엇을 해야 할지도 누구를 이용해야 할지도 모르며 이 모든 것에 대해 잘못을 저질러 좋은 것들은 놓치고 나쁜 것들에 빠지게 되네. /28/ 그리고 자기들이 무엇을 하고 있는지 아는 사람들은 자신들이 행하는 것에 성공함으로써 유명해지고 존경을 받게 된다네. 그리고 이들과 닮은 사람들은 이들을 기꺼이 뽑아 쓰고 목표를 달성하지 못한 사람들은 이들이 자신들을 위해 조언

---

13) **잘살게 되고**: '잘살다(eu prattein)'란 말은 말 그대로 번역하면 '잘 실천한다'란 말이다. 여기서처럼 '잘 앎'이 '잘 실천함'을 끌어내어 결국 '잘삶' 또는 '번영함'으로 이어진다는 생각은 플라톤의 『알키비아데스』 116b 이하, 『카르미데스』 171d 이하에서 찾아볼 수 있다. 이 책 3권 9장 14~15절에도 이런 생각이 간략하게 나타나 있다.

해 주고 이들이 자신들의 지도자가 되어주기를 바라고 좋은 것들의 기대를 이들 사이에서 품으며 이 모든 것으로 인해 이들을 가장 반기게 된다네. /29/ 반면에 자신들이 무엇을 하는지 알지 못하는 사람들은 나쁜 선택을 하고 자신들이 시도했던 것들을 놓치고 이 일들 자체에서 손해를 보고 혼이 날뿐더러 이 때문에 평판이 나빠지고 웃음거리가 되며 업신여김을 당하고 불명예스럽게 살아간다네. 나라의 경우에도 자신들의 능력을 알지 못하는 나라들은 더 강한 나라들과 전쟁을 벌여 어떤 나라들은 폐허가 되고 어떤 나라들은 자유로운 처지에서 노예의 처지가 되는 것을 자네는 볼 수 있네." /30/ 그러자 에우튀데모스가 말했다. "소크라테스 선생님, 자기 자신을 아는 것이 중요하다는 것, 그게 정말 제게 너무도 그렇게 보인다는 것을 알아주세요. 그런데 자신을 살펴보는 일을 어디서부터 시작해야 하는지, 그 점에 대해서 저는 선생님께서 제게 설명해 주시지 않을까 싶어 선생님을 바라보고 있습니다." /31/ 소크라테스 선생님이 말씀하셨다. "자네는 좋은 것들이 어떤 것이고 나쁜 것들이 어떤 것인지 아마 전적으로 알지 않는가?" "제우스께 맹세코 물론입니다. 제가 그것들조차 모른다면 저는 전쟁노예보다도 하찮을 테니까요." 그가 말했다. "자 그럼, 내게도 그걸 설명해 보게." 소크라테스 선생님이 말씀하셨다. "어렵지 않지요." 그가 말했다. "우선 저는 건강한 것은 좋다고 보고 병드는 것은 나쁘다고 봅니다. 그다음에 그것들 각각의 원인이 되는 것들인 마실 것, 먹을 것, 생활습관 등에서 건강을 가져다주는 것들은 좋다고, 질병을 가져다주는 것들은 나쁘다고 봅니다." /32/ 소크라테스 선생님이 말씀하셨다. "건강한 것도 병드는 것도 어떤 좋은 것의 원인이 될 때에 좋고, 나쁜 것의 원인이 될 때는 나쁘지 않은가?" "언제 건강한 것이 나쁜 것의 원인이 되고 병드는 것이 좋은 것의 원인이 되나요?" 그가 말했다. "제우스께 맹세코", 소크라테스 선생님이 말씀하셨다. "수치스러운 원정과 해로운 항해 및 유사한 다른 많은 일들에 힘이 넘쳐 참여한 사람들은 파멸하고 허약한 탓에 남겨진 사람들은 무사한 경우에 그렇지." "맞는 말씀입니다. 하지만 유익한 일들의 경우에도 어떤 사람들은 힘이 넘쳐 참여하지만 어떤 사람들은 허약한 탓에 남겨지는 것을 저는 봅니다." "그렇다면 이것들은 어떤 때는 유익을 주고 어떤 때는 해악을 끼치니, 왜 이것들이 나쁘기보다는 좋은가?" "이 논의에 따르면 제우스께 맹세코 전혀 그렇게 보이지 않습니다. /33/ 하지만 지혜만큼은, 소크라테스 선생님, 반론의 여지가 없이 좋습니다. 어떤 사람이 무지할 때보다 지혜로울 때 무슨 일을 더 잘 못하겠습니까?" "어떤가? 자네는 다이달로스[14]가 자신의 지혜 때문에 미노스에게 붙들려 강제로 그에게 노예살이를 하게 되었고 조국과 자유를 동시에 빼앗기게 되었

---

14) **다이달로스**: 그리스 신화의 명장으로서 아테네의 왕 에렉크테우스의 손주이다. 조카의 재주를 시기하여 죽이고 미노스왕의 크레테로 와서 미노타우로스의 미궁을 지어주는 등 여러 가지 일을 했으나 본인이 미궁에 갇히는 신세가 되자 날개를 만들어 아들 이카로스와 함께 크레테를 탈출하다 이카로스는 추락해 죽고 본인은 시칠리아의 카미코스에 도착해 그곳의 왕 코칼로스에게 의탁했으나 여기까지 미노스왕이 추적해 오자 코칼로스왕이 미노스왕을 죽였다.

으며 그의 아들과 함께 탈출을 시도하다 아들을 잃고 자신도 무사하지 못하고 이민족의 땅으로 쓸려 들어가 거기서 다시 노예살이를 했다는 것을 듣지 못했는가?" "제우스께 맹세코, 그런 이야기가 있지요." 그가 말했다. "팔라메데스[15]의 처지에 대해서는 들어보지 못했는가? 모든 시인이 노래하기를 그는 그의 지혜 때문에 질투를 받아 오뒤세우스에게 죽음을 당했다고 하니 말이지." "그런 이야기도 있지요." 그가 말했다. "자네 생각에는 얼마나 많은 다른 사람들이 그들의 지혜 때문에 왕의 궁전에 끌려서 거기서 노예살이를 했겠는가?" /34/ "소크라테스 선생님, 행복하게 사는 일은 전혀 의심의 여지없이 좋은 것 같습니다." 그가 말했다. "에우튀데모스, 어떤 사람이 그것을 의심의 여지가 있는 좋은 것들로 구성하지 않는다면, 그렇지." 그가 말했다. "그런데 행복에 관계되는 것들 중 무엇이 의심의 여지가 있을까요?" "없지. 적어도 거기에 아름다움이나 완력, 부, 명성 또는 그와 유사한 다른 어떤 것을 포함시키지 않는다면 말이지." "하지만 제우스께 맹세코, 우리는 그것들을 포함시킬 겁니다. 어떻게 그것들 없이 누군들 행복할 수 있겠습니까?" /35/ "제우스께 맹세코", 그분이 말씀하셨다. "그렇게 되면 우리는

---

15) **팔라메데스**: 그리스의 전설적인 영웅. 헬레네가 납치되자 그리스 연합군에 참여할 영웅들을 모으러 다녔으며, 전쟁에 참여하기 싫어 미치광이 행세를 하던 오뒤세우스의 정체를 밝혀 참전하게 하였다. 많은 발명을 한 인물로도 알려져 있는데, 몇 개의 알파벳 글자와 숫자, 척도, 저울, 동전, 역법 등을 발명했다고 한다. 나중에 트로이 전쟁 중에 트로이와 내통한다는 오뒤세우스의 모함을 받아 죽게 되었다고 한다.

인간에게 많은 곤란한 것들을 야기하게 하는 것들을 포함시키는 것이 될 것이네. 왜냐하면 많은 사람들이 자신들의 꽃다움에 정신 나간 사람들에 의해 자신들의 아름다움 탓에 타락하게 되고, 다른 많은 사람들은 자신들의 완력 탓에 자신들의 힘에 부치는 일에 덤벼들었다가 작지 않은 나쁜 일들에 떨어지게 되며, 또 많은 사람들이 부유한 탓에 타락하고 음모에 휘말려 죽게 되며, 또 많은 사람들은 명성과 정치권력 탓에 크나큰 나쁜 일들을 겪게 되는 법이거든." /36/ "그렇지만 행복하게 사는 것을 칭송하면서도 제가 옳게 이야기하고 있지 않다면, 신들께 무엇을 기원해야 할지조차 모르겠다고 저는 인정합니다." 그가 말했다. "아마도 이것들은 자네는 이것들을 안다고 강하게 확신한 탓에 아예 살펴보지를 않았던 것 같네." 소크라테스 선생님이 말씀하셨다. "하지만 자네는 민주주의에 의해 통치되는 나라의 지도자가 될 준비가 되어 있으니, 민주주의가 무엇인지는 알고 있을 것이 분명하네." "그야 물론입니다." 그가 말했다. /37/ "그러면 자네가 보기에 민중을 모르면서 민주주의를 아는 것이 가능한가?" "제우스께 맹세코, 그렇게 보이지 않습니다." "그럼 자네는 민중이 무엇인지 아는가?" "저야 알지요." "그럼 자네는 민중이 무엇이라 보는가?" "시민들 중 빈민층[16]이라고 봅니다." "그럼 빈민층을 아는가?" "어찌 모르겠습니까?" "그러면

---

16) **시민들 중 빈민층**: 민주주의의 중심세력을 빈민층으로 보는 것은 당시의 일반적인 생각이었다. 크세노폰의 『아테네 정치제도』 1장 이하, 플라톤의 『국가』 565a 참고.

부자들도 아는가?" "결코 빈민층보다 못지않게 압니다." "그런데 자네는 어떤 사람들을 빈민층이라고 부르고 어떤 사람들을 부자라고 부르는가?" "제 생각으로는 필요한 것들을 위해 지불할 만큼 갖고 있지 않은 사람들을 빈민층이라 부르고, 충분한 것보다 더 많이 가진 사람들을 부자라고 부릅니다." /38/ "자네는 아주 적게 가진 어떤 사람들에게는 그것으로 충분할 뿐만 아니라 그것들에서 남겨 저축도 하지만, 아주 많은 것을 가진 어떤 사람들에게는 그것으로 충분하지 않다는 것을 알지 못하나?" "제우스께 맹세코, 그렇습니다." 에우튀데모스가 말했다. "사실 제대로 상기시켜 주셨습니다. 어쨌든 저는 극빈자처럼 자신들의 곤궁함으로 인해 부정의를 저지를 수밖에 없는 참주들도 알고 있으니까요." /39/ "사정이 그렇다면 우리는 참주들을 민중에 놓고 적게 가진 사람들은, 그들이 가정 경영에 능한 사람들일 경우에, 부자에 놓지 않겠는가?" 소크라테스 선생님이 말씀하셨다. 그러자 에우튀데모스가 말했다. "이 점에 있어서도 저로 하여금 저의 변변찮음의 분명함을 인정하지 않을 수 없게 만드시네요. 그리고 저로서는 침묵하는 것이 최선이 아닐까 생각합니다. 저는 그냥 아무것도 모르는 것 같으니까요." 그리고 그는 아주 낙담해서 자신을 비하하고 노예 같다고 생각하며 그 자리를 떠났다. /40/ 소크라테스 선생님에 의해 이런 상태에 처하게 된 사람들 중 많은 사람들이 더 이상 그를 찾지 않았는데, 소크라테스 선생님은 이들을 더욱 멍청한 이들이라고 보셨다. 하지만 에우튀데모스는 최대한 소크라테스 선생님과 같이 지내는 것 외에 다른 방법으로는 입에 올릴 만한 사람이 될 수 없으리라고 생각했다. 그리고 부득이한 일이 아니면 그분 곁을 떠나지 않았다. 그리고 그분이 일상적으로 하시던 일들 중 몇 가지를 따라 하기까지 했다. 그분은 그의 상태가 이런 것을 아시고 가급적이면 그를 혼란에 빠뜨리지 않는 한편, 그가 알아야 한다고 생각하신 것들과 일상적으로 하는 것이 최선이라고 생각하시는 것들을 최대한 단순하고 분명하게 설명해 주셨다.

III. /1/ 이렇게 소크라테스 선생님은 함께하는 사람들이 말도 잘하고 실천에 능하며 수완도 좋게 되는 것은 서두르지 않으시고 이것들 전에 현명함[17]이 그들에게 있어야 한다고 생각하셨다. 현명함이 없이 이것들에 능한 사람들은 더 부정의하다고 생각하셨고 못된 짓을 하는 능력이 더 생긴다고 생각하셨기 때문이다. /2/ 그래서 그분은 함께하는 이들을 신들과 관련해서 현명하게 만들고자

17) **현명함:** '현명함'으로 번역한 'sōphrosynē'를 이전까지는 '절제'라고 번역해 왔고, 그리스 고전에서 '절제'로 많이 번역하는 말이기도 하다. 그런데 본래 이 말은 'saos(건전한) + 마음(phrēn)'으로 형성된 말로서 말 그대로는 '건전한 마음'이라는 뜻이다. 플라톤의 『카르미데스』 164c 이하를 보면 절제를 '자기 자신에 대한 앎'을 포괄하는 것으로 보는데, '현명함'과 '절제' 사이를 연결하는 고리가 이것일 것이다. 감각적 쾌락을 절제하여 내가 나를 이기는 힘은 '나 자신'에게 진정으로 좋은 것이 무엇인지를 아는 것으로부터 나온다는 것이 이 고리의 의미일 것이다. 문맥에 맞기로는 절제와 현명함의 중간쯤 되는 '적절한 것에 대한 지혜'라고 할 수 있을 텐데 마땅한 번역어가 없어서 '현명함'으로 번역어를 맞췄다.

애쓰셨다. 그리하여 다른 사람들을 상대로 소크라테스 선생님이 이런 식의 대화를 나눌 때 곁에 있던 다른 사람들은 그 대화를 기술했다. 나는 에우튀데모스를 상대로 그분이 다음과 같은 대화를 나누실 때 곁에 있었다. /3/ "내게 말해 보게, 에우튀데모스." 소크라테스 선생님이 말했다. "자네는 인간들에게 필요한 것들을 신들이 얼마나 주의를 기울여 갖추어 주셨는지를 숙고해 본 적이 있는가?" "제우스께 맹세코 저한테는 그런 일은 없었습니다." 그가 말했다. "하지만 자네는 처음에 우리가 불을 필요로 했고 신들이 그것을 우리에게 주셨다는 것을 알지?" "예. 제우스께 맹세코, 만약 우리에게 없었다면 눈에 관한 한 우리가 장님과 다를 게 없었을 그것을 신들께서 주셨습니다." 그가 말했다. "더구나 휴식도 필요한 우리에게 가장 아름다운 휴식 시간인 밤을 주신다네." "물론입니다. 이에 대해서도 감사할 가치가 있습니다." /4/ "또한 해는 밝아서 낮의 때들과 다른 많은 것들을 우리에게 명확히 해주시지만, 밤은 어두운 탓에 훨씬 불확실하니, 신들은 밤에 별을 보이게 하여, 그 별들이 밤의 때들을 우리에게 보여주고 우리는 이로 인해 우리가 필요한 많은 것들을 행하지 않는가?" "그렇습니다." 그가 말했다. "더구나 달은 밤뿐만 아니라 한 달의 부분들도 우리에게 분명하게 해주네." "물론입니다." 그가 말했다. /5/ "한편 우리가 양식을 필요로 하니 이것을 땅으로부터 우리에게 주시고 이 일과 조화를 이루는 계절을 주시니, 그 계절들이 우리가 필요로 하는 것들뿐만 아니라 우리가 즐기는 것들도 풍성하고 다양하게 제공하는 것은 어떤가?" "물론 그것 역시 인간을 사랑하심입니다." /6/ "한편 신들은 우리에게 물을 주서서 땅과 계절들을 도와 우리에게 유용한 모든 것을 낳고 기르며 우리 자신을 먹이고 우리에게 양식이 되는 모든 것과 섞여 그것들을 쉽게 소화되게 하고 더 유익하게 하시며, 특히 우리가 물을 아주 많이 필요로 하니 아낌없이 그것을 우리에게 주신 것은 어떤가?" "그것도 신들께서 미리 내다보심입니다." 그가 말했다. "추위에 대한 조력자이며 어둠의 조력자이며 유익을 위해 인간들이 만들어내는 것들과 모든 기술을 위한 협력자인 불을 우리를 위해 마련하신 것은 또 어떤가? 간략하게 말하자면 불이 없으면 인간들이 삶의 편이를 위해 만들어낸 것들은 전혀 보잘것없네." "이 또한 신들의 넘치는 인간애입니다." /8/ "해가 겨울에 방향을 틀어 어떤 것들은 익히고 철 지난 것들은 시들게 한 후에 더는 다가가지 않고 물러나면서 우리가 필요 이상의 뜨거움으로 해를 입지 않게 하고, 해가 후퇴하다가 더 이상 후퇴하면 우리가 추위로 얼어붙을 것이 명백한 지점에 이르러 다시 방향을 틀어 우리에게 가장 유익할 만한 천구의 지점까지 나아가는 것은 어떤가?" "제우스께 맹세코, 이 또한 전적으로 인간들을 위해 생긴 것 같습니다." 그가 말했다. /9/ "우리가 갑자기 생기는 더위나 추위를 견디지 못함이 분명하여, 양극단의 한쪽에 이르러도 이를 알아채지 못하도록 해가 조금씩 앞으로 나아가고 조금씩 물러나는 것은 어떤가?" "저는 인간들을 돌보는 것 외에 신들께 무슨 일이 있을지, 그걸 벌써부터 살펴보고 있었습니다." 에우튀데모스가 말했다. "다른 동물들도 이런 혜택들을 나눠 받고 있다는 점만은 저에게 꺼림칙하네요." /10/ "동물들 또한 인간들을 위해서 생기고 길러지는 것 또한 분명하지 않은가?" 소크라테스 선생님이 말했다. "다른 어떤 동물이 염소, 양, 소, 말, 당나귀 및 다른 동물들로부터 인간들이 누리는 좋은 것들만큼의 혜택을 보겠는가? 내가 보기에 식물한테서보다 더 많은 혜택을 보고 있네. 어쨌든 식물들로부터 못지않게 동물들로부터 영양분을 제공받고 재물을 얻으니 말이지. 많은 인간 종족들이 땅에서 자라나는 것들을 양식으로 삼지 않고 초식 동물들로부터 젖과 치즈, 고기를 양식으로 삼아 산다네. 한편 모든 인간은 짐승들 중 쓸모 있는 것들을 길들이고 굴복시켜서 전쟁과 다른 많은 일들의 협력자로 삼는다네." "이 점도 저는 선생님께 동의합니다." 그가 말했다. "제가 보니 짐승들 중 우리보다 훨씬 강한 것들도 인간들에게 복종하여 인간들이 원하는 용도로 그것들을 이용할 수 있을 정도니까요." /11/ "아름답고 유용한 많은 것들이 서로 다르기 때문에 신들께서는 우리가 모든 좋은 것의 혜택을 누릴 수 있도록 각각의 것들에 어울리는 감각들을 우리에게 주신다네. 한편 추론 능력도 우리에게 심어주셨으니 우리가 감각하는 것들과 관련해서 우리는 그것으로 추론하고 기억하여 각각의 것들이 어떻게 이로운지를 이해하고 좋은 것들의 혜택을 누리고 나쁜 것들을 방비할 많은 것을 우리가 고안하지. /12/ 표현능력을 주셔서 가르침을 통해 모든 좋은 것을 서로 나눠주고 공동체를 꾸리고 법률을 제정하며 나라를 경영할 수 있게 하신 것은 또 어떤가?" "소크라테스 선생님, 신들은 전적으로 인간들을 많이 돌봐주시는 것 같습니다." 그가 말했다. "미래의 일들에 이로운 것들을 우리가 예지할 능력이 없다는 점에서 신들께서는 일어날 일들을 탐문하는 자들에게 예언술을 통해 그것을 일러주시고 가장 좋아지는 방법을 가르쳐주심으로써 우리를 도와주시는 것은 어떤가?" "그런데 소크라테스 선생님, 신들께서는 다른 사람들보다 선생님을 더 친근하게 대하시는[18] 것 같습니다. 선생님께 문의를 받지도 않았는데 해야 할 것과 하지 말아야 할 것들을 선생님을 위해 예언해 주신다면 말입니다." /13/ "만약 자네가 신들의 모습을 볼 때까지 기다리지 않고, 그분들의 업적들을 보는 것으로 자네가 신들께 경배를 드리고 존경하기에 충분하다면 내 말이 진실이라는 것을 자네도 알 걸세. 신들 스스로도 그렇게 넌지시 일러주신다는 것을 명심하게. 다른 신들도 우리에게 좋은 것들을 주시면서 어느 누구도 모습을 드러내서 주시지는 않지만 특히 모든 아름답고 좋은 것이 있는 우주 전체를 배치하시고 결속하시고, 또한 우주를 이용하는 우리를 위해 언제나 손상되지 않고 건강하고 늙지 않는 상태로 제공하시는가 하면 생각의 속도보다 더 빨리 실수 없이 봉사하게 하시

---

18) **선생님을 더 친근하게 대하시는**: '신령스런 것(daimonion)' 등을 통해서 소크라테스에게 계시를 주는 것을 말한다. 플라톤의 대화편에서 신령스러운 것은 부정적인 명령만 내리는 데 비해 크세노폰은 소크라테스의 신령스러운 것이 적극적인 조언도 하고 타인을 위한 조언도 하는 것으로 나타난다. '대하다'로 번역한 'chrēsthai'는 '신탁을 주다'란 뜻도 있어서 이중적인 언어유희를 하는 측면도 있다.

는 이 신은[19] 가장 중요한 것들을 행하실 때에는 눈에 보이시지만, 그것들을 경영하실 때에는 우리 눈에 보이지 않으신다네.[20] /14/ 모든 이에게 분명히 드러나는 것으로 보이는 해조차도 인간에게 자신을 뚜렷하게 보는 것을 허용하지 않고, 만약 누가 무엄하게도 해를 바라보고자 시도한다면 그는 시력을 잃는다는 점을 명심하게. 자네는 신들의 보조자들도 눈에 보이지 않는다는 것을 발견하게 될 걸세. 벼락은 위에서 내려오고 만나는 것은 무엇이든 제압하는 것이 분명하지만 다가올 때도 충돌할 때도 떠날 때도 눈에 보이지 않지. 바람도 그 자체는 보이지 않지만, 그것이 하는 일들이 우리에게 분명하고 그것이 다가올 때 우리가 감각한다네. 더구나 인간적인 것들 중에 다른 뭐가 또 그럴지도 모르겠지만 신적인 것에 참여하는 인간의 영혼은 우리 안에서 왕으로 군림하는 것이 분명

---

19) **이 신은:** 도리옹은 비아노(Viano, 2001)를 인용하여(도리옹, 2011 해당 주석) 소크라테스가 여기서 다른 신들과 이 신을 구분하는 것이 플라톤의 『티마이오스』 63c에서 하는 구분을 연상시킨다고 지적한다.

20) **가장 중요한 것들을 … 보이지 않으신다네:** 앞의 주석에서 언급했듯 이 신이 『티마이오스』의 데미우르고스를 연상하게 한다면, 여기서 '가장 중요한 것들을 행한다'는 것은 우주에 질서를 부여하는 일, 즉 우주를 창조하는 일을 말하는 것일 테고 '그것들을 경영한다'는 것은 그 창조된 것들이 실제로 운행되는 일을 말할 것이다. 다시 말해 이 신은 창조를 행할 때에는, 또는 창조된 것을 관조하게 되면 모습이 드러나지만, 평소에 천지만물이 운행할 때에는 그 손길이 느껴지지 않는다는 뜻일 것이다. 도리옹은 역시 해당 주석에서 퐁티에르(Pontier, 2001)를 인용하여 신에 대한 크세노폰의 이러한 언급이 『퀴로스의 교육』 8권에 나오는 '모습을 드러내지 않는 정치지도자상'을 연상시킨다고 지적하고 크세노폰의 『히에론』 9권 4장에도 유사한 이야기가 나온다고 지적한다.

하지만 그 자체는 보이지 않네. 이 점을 잘 보고 안 보이는 것들을 깔보지 말고 일어나는 일들을 근거로 그것들의 힘을 이해하고 신령스런 것을 존경해야 하네." / 15/ "소크라테스 선생님, 저는 저 자신이 신령스런 것을 조금도 경시하지 않으리라는 것을 명확하게 압니다. 하지만 제가 보기에 인간 중에는 어느 한 사람도 신들의 은혜에 값하는 감사로 보답할 사람이 없다는 점이 저를 낙담시킵니다." 에우튀데모스가 말했다. / 16/ "그런 일로 낙담하지 말게, 에우튀데모스." 그분이 말했다. "델포이에 계신 신[21])께서는 어떤 사람이 그 신께 어떻게 하면 신들을 기쁘게 해드릴 수 있는지를 물었을 때 '나라의 법으로'라고 답하셨다는 것을 자네는 알고 있으니 말이지. 생각건대 어디서든 능력껏 제물로서 신들을 기쁘게 해드려야 하는 법일세. 그러니 신들이 직접 시키시는 대로 행하는 것 말고 어떻게 더 아름답고 더 경건하게 신들을 존경하겠는가? / 17/ 하지만 자신의 능력보다 낮춰 해서는 안 되네. 누가 그렇게 하는 경우에는 그가 신을 존경하지 않으면서 그러는 것이 분명하니 말이지. 그러니 능력에 따라 모자람이 없이 신들을 존경해야 하고, 자신감을 갖고 최고의 좋은 것들을 기대해야 하네. 최고의 유익을 주실 능력이 있는 분들보다 다른 것들에 더 큰 기대를 건다는 것도 그분들을 만족시켜 드리는 것 외에 다른 방식으로 하는 것도 현명

---

21) **델포이에 계신 신**: 아폴론을 말하며, 델포이에 있는 아폴론 신전에서는 퓌티아가 신탁을 내렸다.

한 처사가 아니니 말이지. 그런데 최대한 그분들의 말씀에 따르는 것 말고 어떻게 더 그분들을 만족시킬 수 있겠는가?" /18/ 이와 같은 말씀을 함으로써 그분은 함께하는 사람들을 더 경건하고 더 현명하게 준비시키셨다.

IV. /1/ 더구나 그분은 정의로운 것과 관련해서도 당신이 가진 식견을 숨기지 않았고 행동으로도 드러내 보이셨으며, 사적으로는 모든 사람을 법을 지키고 유익이 되는 방식으로 대하셨고 공적으로는 나라에서나 원정을 나가서나 통치자들과 법이 명하는 것들에 복종해서 다른 사람들을 능가하게 공손한 것이 눈에 확연할 정도였으며, /2/ 민회에서 의장직을 맡으셨을 때도[22] 법률에 반해 민중이 표결하는 것을 허용하지 않으시고 다른 사람은 누구도 견디지 못했을 민중의 충동에 저항하셨다. /3/ 그리고 30인정이 그분께 법률에 반하여 무엇인가를 명령했을 때, 그분은 말을 듣지 않으셨다. 젊은이들과 대화하는 것을 그들이 금지하고[23] 그분과 다른 어떤 사람들에게 시민들 중 어떤 사람을 끌고 와 사형에 처하라는 명령을 내렸을 때, 법에 어긋나게 그분께 명령을 한다는 이유로 그분만이 말을 듣지 않으셨다.[24] /4/ 또한 멜레토스[25]의 고발에 따른 재판을

---

22) **의장직을 맡으셨을 때도**: 1권 1장 17절 참고.

23) **젊은이들과 대화하는 것을 그들이 금지하고**: 1권 2장 32~38절 참고.

24) **그분과 다른 … 듣지 않으셨다**: 플라톤의 『소크라테스 변명』 32c~d에 보면 30인정이 소크라테스와 4명의 다른 사람에게 살라미스에 있는 레온이라는 젊은이

받게 되었을 때도, 다른 사람들이 재판정에서 으레 자비를 바라는 말을 재판관들과 나누고 아첨하고 법률에 어긋나는 요구를 했으며, 또한 이런 방식으로 많은 사람들이 많은 경우에 재판관들에 의해 무죄방면되었지만, 그분께서는 으레 법정에서 법률들에 어긋나게 행하는 것들 중 어느 것도 원치 않으셨으며, 그것들 중 뭐라도 적당히 구사하셨으면 재판관들에 의해 쉽게 무죄방면되셨겠지만, 그분께서는 법을 위반하며 사느니 법률에 복종하며 차라리 죽기를 택하셨다. /5/ 또한 그분은 다른 사람들을 상대로도 종종 이런 말씀을 하셨고, 언젠가는 그분이 엘리스 사람 히피아스[26]를 상대로도 정의로운 것에 대하여 다음과 같이 대화를 하신 것을 나는 알고 있다. 히피아스가 오랜만에 아테네에 도착해 어떤 사람들을 상대로 다음과 같은 말씀을 하고 계신 소크라테스 선생님 곁에 있었다. 그분께서는 누가 어떤 사람에게 제화공 교육이나 목수 교육 또는 대장장이 교육이나 기수 교육을 받게 하기를 원하면 어디로 보내야 이런 교육을 받을지에 대해서 난처해하지 않는데(그런데 어떤 사람들이 말이든 소든 정의롭게 만들기를[27] 원하는 사람에게는 어디서나 가

를 잡아오도록 시킨 사건이 언급된다.

25) **멜레토스**: 소크라테스를 고발한 3인 중 하나. 1권 1장 1절 주석 참고.

26) **히피아스**: 히피아스(기원전 481~411)는 소피스트로서 플라톤은 그에 관한 대화편 『대히피아스』, 『소히피아스』를 썼으며 크세노폰의 『향연』 4장 62절에서는 소크라테스가 그를 기억술의 선생으로 언급한다.

27) **말이든 소든 정의롭게 만들기를**: '정의롭다(dikaois)'란 말에는 일상적으로 '훈련이 잘된', '개화된'이란 뜻이 있어서 언어유희를 하는 것이다.

르칠 사람으로 넘쳐난다고 말들 하네), 누가 자신이 정의로운 것을 배우고 싶어 하거나 아들이나 집안 노예들에게 그것을 가르치고 싶어 한다면 어디로 가야 그런 것을 얻을지 알지 못한다는 것은 놀라운 일이라고 말씀하셨다. /6/ 그러자 히피아스는 이 말을 듣고 그분을 놀리듯이 말했다. "소크라테스, 당신은 여전히 내가 전에 언젠가 당신한테서 들었던 것과 똑같은 그 말을 하고 있군요." 그러자 소크라테스 선생님이 말씀하셨다. "히피아스, 그보다 더 끔찍한 것은 내가 언제나 같은 말을 할 뿐만 아니라 같은 주제들에 대해서도 같은 말을 한다는 것이지요. 당신은 박학다식하니[28] 아마 같은 주제들에 대해 결코 같은 말을 하지는 않으시겠지요." 그가 말했다. "물론이지요. 나는 늘 새로운 것을 이야기하려고 노력한답니다." /7/ 그분이 말씀하셨다. "당신이 알고 있는 것들과 관련해서도 그런가요? 예컨대 글자와 관련해서 누가 당신에게 '소크라테스'는 글자가 몇 개고 어떤 글자들인지 묻는다면, 이전 다르고 지금 다른 이야기를 하시려고 시도하시나요? 또는 수와 관련해서 5의 2배는 10인지 묻는 사람들에게 이전에 대답했던 것과 똑같은 대답을 이제는 하지 않으시나요?" "이것들과 관련해서는, 소크라테스, 당신처럼 나도 언제나 같은 말을 하지요." 그가 말했다. "하지만 정의로운 것과 관련해서는 지금 나는 당신도 다른 어느 누구도 반박할 수

---

28) **박학다식하니**: 플라톤의 『대히피아스』 285c, 『소히피아스』 368b, 『프로타고라스』 315c에는 그가 자신의 몸에 걸친 모든 것을 자기 기술로 만들었다고 소개된다.

없는 것을 이야기할 수 있다고 생각합니다." /8/ "헤라에게 맹세코, 당신은 엄청난 좋은 것을 발견했다고 말씀하시는군요. 재판관들이 둘로 나뉘어서 투표하는 일을 그만두고, 시민들이 정의로운 것들과 관련해서 서로 반박하고 송사하며 내란을 일으키는 일을 그만두고, 나라들이 정의로운 것들과 관련해서 반목하고 전쟁을 벌이는 일을 중단한다면 말이죠. 그리고 나는 그렇게나 좋은 것을 발견한 당신으로부터 이야기를 듣기 전에 당신을 어떻게 떠날 수 있을지 모르겠네요." /9/ 그가 말했다. "제우스께 맹세코, 당신이 정의로운 것을 무엇이라고 생각하는지를 당신 자신이 밝히기 전에는 결코 당신은 그걸 듣지 못할 겁니다. 모든 사람에게 질문을 하고 논박을 하며 남들을 조롱하면서도 당신 자신은 누구에게도 설명하기를 원하지 않고 어떤 것에 대해서도 당신의 견해를 밝히기를 원하지 않는 일[29]은 이제 그만 됐으니까요." /10/ "뭐라고요, 히피아

---

29) **모든 사람에게 ⋯ 원하지 않는 일**: 이 장면과 바로 앞의 정의로운 것이 무엇인지를 아는 것이 얼마나 대단한 일인지를 설명하는 장면은 플라톤의 『국가』 1권에서 소크라테스가 트라쉬마코스를 상대로 말하는 장면을 떠올리게 한다.(『국가』 336c, 337a, e) 하지만 지금까지 크세노폰이 밝힌 소크라테스에 대한 기억들은 이런 소크라테스의 모습과 맞지 않는다. 사실 이 부분에 이어지는 내용을 봐도 소크라테스가 자신의 견해를 밝히려 들지 않는 게 아니라 적극적으로 자신의 견해를 드러내고 있다. 도리옹은 해당 부분의 주석에서 이런 장면은 크세노폰이 히피아스가 하는 소크라테스에 대한 비난에 대한 반박을 하기 위해 설정한 것이라고 보는 해석을 내놓는다. 만약 도리옹의 견해가 맞다면 아테네 사람들로부터 소크라테스가 받았던 평판인, 이른바 '소크라테스의 시치미 떼기(Socratic irony)'에 대한 두 제자의 서로 다른 방향의 해석을 보여주는 것이다.

스?" 소크라테스 선생님이 말씀하셨다. "내가 보기에 정의로운 것들을 나는 쉬지 않고 밝혀왔다는 것을 당신은 모르셨나요?" "당신에게 그 설명이란 어떤 식인 거죠?" 그가 말했다. "만약 내가 설명으로 하지 않는다면, 나는 행동으로 밝히고 있습니다." 소크라테스 선생님이 말씀하셨다. "혹시 당신은 설명보다 행동이 더 가치 있는 증거라고 생각하지 않으시나요?" "제우스께 맹세코 물론입니다." 그가 말했다. "많은 사람들이 말로는 정의로운 것들을 말하면서 부정의를 저지르지만, 어느 누구도 정의롭게 행동하면서 부정의할 수는 없지요." /11/ "그러니 당신은 내가 위증하거나 무고하거나 친구들과 나라를 분쟁에 던져 넣거나, 또는 다른 부정의한 짓을 하는 것을 본 적이 있나요?" "나는 못 봤습니다." 그가 말했다. "그런데 당신은 부정의한 것들을 피하는 것이 정의롭다고 생각하지 않나요?" "소크라테스, 당신은 지금도 정의로운 것이 무엇이라고 당신이 생각하는지를 밝히고자 하는 것을 피하고 있는 것이 분명합니다." 그가 말했다. "당신은 정의로운 사람들이 행하는 것들이 아니라 정의로운 사람들이 행하지 않는 것들을 말하고 있으니까요." /12/ "하지만 나로서는 부정의를 행하지 않으려는 것이 정의의 충분한 증거라고 생각했습니다. 당신에게 그렇게 보이지 않는다면 이런 것이 당신에게 더 만족스러울지 보시죠. 나는 법을 지키는 것이 정의롭다고 주장하기에 드리는 말씀입니다." "소크라테스, 그럼 당신은 법을 지키는 것과 정의로운 것이 동일한 것이라고 말씀하시는 건가요?" 그가 말했다. /13/ "그렇습니다." 소크라테스 선생님이 말씀하셨다. "나는 당신이 어떤 것을 법을 지키는 것이라고 하거나 정의롭다고 하는지 짐작이 안 갑니다." "당신은 나라의 법률들을 아시죠?" 소크라테스 선생님이 말했다. "알죠." 그가 말했다. "그것들이 무엇이라고 생각하시나요?" "무엇을 해야 하고 무엇을 멀리해야 할지 시민들이 뜻을 모아 기록한 것이죠." 그가 말했다. "이것에 따라 시민적 삶을 사는 사람은 법을 지키는 것이고 이것을 위반하는 사람은 무법적이지 않나요?" 소크라테스 선생님이 말했다. "물론입니다." 그가 말했다. "정의로운 것들을 행하는 사람은 정의롭고 부정의한 것들을 행하는 사람은 부정의하지 않나요?" "어찌 아니겠습니까?" "그러니 법을 지키는 사람은 정의롭고 무법적인 사람은 부정의합니다." /14/ 그러자 히피아스가 말했다. "소크라테스, 그걸 제정한 사람들 자신이 거부하고 개정하는 일이 흔한 법률을, 또는 법률에 복종하는 것을 어떻게 진지하게 생각할 수 있겠습니까?" "나라가 전쟁을 일으키고는 평화를 이루곤 하는 것은 흔한 일이거든요." 소크라테스 선생님이 말씀하셨다. "그야 물론이지요." 그가 말했다. "그러니 법률이 폐지될 수 있다는 이유로 법률에 복종하는 사람들을 당신이 하찮게 보는 것이 평화조약이 맺어질 수 있다는 이유로 전쟁 중에 규율을 지키는 사람들을 비난하는 것과 뭐가 다르다고 생각합니까? 아니면 당신은 전쟁 중에 조국을 열성적으로 돕는 사람들도 헐뜯나요?" "제우스께 맹세코, 아닙니다." 그가 말했다. /15/ "당신은 라케다이몬 사람 뤼쿠르고스[30]가 스파르타에 최대한 법률에 복종하는 것을 심어주지 않았다면 스파르타를 다른 나라들과 전혀 다를 게 없게 만들었으리라는 것을 알지 못하나요?" 소크라테스 선생님이 말했다. "나라의 통치자들 가운데 시민들로 하여금 법률에 복종하도록 하는 데 최고의 원인이 되는 통치자가 최선의 통치자이며, 나라도 시민들이 법률에 최대한 복종하는 나라가 평화 중에도 최선의 시절을 보내고 전쟁 중에도 대적할 수 없다는 것을 당신은 알지 못합니까? /16/ 더구나 생각의 일치는 나라에서 최대의 좋음이라 여겨지고 나라의 원로들과 가장 훌륭한 사람들은 시민들에게 생각의 일치를 이루라고 자주 권하며, 헬라스 어디에나 시민들이 생각의 일치를 이루겠다고 맹세하게 하는 법이 있으며 어디서나 사람들은 이 맹세를 합니다. 내 생각에 이런 일이 이루어지는 것은 다 같이 동일한 가무단을 승자로 판정하기 위해서도 아니고 동일한 아울로스 연주자를 칭송하기 위해서도 아니며 동일한 시인을 선택하기 위해서도 아니고 동일한 것들을 즐기기 위해서도 아니며 법률에 복종하기 위해서입니다. 시민들이 법률을 준수할 때 나라는 가장 강건하고 가장 행복해지니까요. 생각의 일치 없이 나라도 잘 통치되지 않고 가정도 훌륭하게 경영되지 않습니다. /17/ 사적으로 볼 때 법률에 복종하는 사람보다 나라로부터 벌은 덜 받고 존경은 더 받는 사람이 어떻게 있을 수 있겠습니까? 어떻게 재판정에서 덜 패소하고

---

30) **뤼쿠르고스**: 기원전 9세기경에 활동했으리라 추정하는 스파르타의 전설적인 입법가. 군영국가를 이루는 엄격한 법을 제정함으로써 후세에 '스파르타식 삶'이라 불리는 시민적 삶을 형성하였다.

더 승소할 수 있겠습니까? 누구를 신뢰하여 재물이나 아들들이나 딸들을 맡기겠습니까? 법률을 지키는 사람보다 누구를 나라 전체가 신뢰할 만한 사람으로 간주하겠습니까? 누구로부터 부모나 친척이나 집안 노예들이나 친구들이나 시민들이나 외지인들이 정의로운 것들을 더 많이 얻겠습니까? 적들이 협정이나 조약 또는 평화와 관련된 협약에서 누구를 더 많이 신뢰하겠습니까? 법률을 지키는 사람 말고 누구와 동맹이 되고 싶겠습니까? 동맹군들은 누구를 더 믿고 지휘권이나 성채의 방어나 나라를 맡기겠습니까? 누군가가 호의를 베풀 때 법을 지키는 사람보다 누구를 더 감사해하는 사람으로 생각하겠습니까? 또는 감사로 보답하리라고 생각되는 사람보다 누구에게 더 호의를 베풀겠습니까? 이런 사람보다 누구와 더 친구가 되거나 덜 적이 되려고 하겠습니까? 누군가가 친구이기를 가장 원하고 적이기를 가장 덜 원하는 사람, 가장 많은 사람들이 친구이자 동맹이기를 바라는 한편 최소의 사람들이 적대적이고 적이 되길 원하는 사람보다 누구와 덜 전쟁을 하겠습니까? /18/ 이렇게 해서, 히피아스, 나는 법을 지키는 것과 정의로운 것이 같은 것이라는 것을 증명합니다. 그런데 당신이 반대의 것을 알고 계신다면, 가르쳐주십시오." 그러자 히피아스가 말했다. "제우스께 맹세코, 소크라테스, 나는 정의로운 것과 관련해서 당신이 말한 것들과 반대되는 것들을 알고 있다고 생각하지 않습니다." /19/ "그런데 히피아스, 당신은 불문법이 무엇인지 아십니까?" 그가 말했다. "모든 지역에서 똑같이 지켜지는 법률이지요." "그러면 사람들이 그 법들을 제정했다고 말씀하실 수 있을까요?" 그분이 말했다. "모든 사람이 한 데 모일 수도 없고 같은 말을 쓰지도 않는데, 어떻게 그럴 수 있겠습니까?" "그러면 당신은 누가 이 법률을 제정했다고 생각하십니까?" 그가 말했다. "나는 신들이 이 법들을 인간들에게 제정해 주었다고 생각합니다. 모든 사람이 으뜸으로 지키는 것은 신들을 숭배하는 것이니까요. /20/ 부모를 공경하는 것도 어디서나 지켜지지 않나요?" "그것도 그렇죠." 그가 말했다. "부모가 자식과 몸을 섞지 않고 자식을 낳지도 않는다는 것도 그렇지 않나요?" "소크라테스, 나는 그것까지는 신의 법이라고 여기지 않습니다." "왜죠?" 소크라테스 선생님이 말했다. "어떤 사람이 그 법을 어기는 것을 내가 봤기 때문입니다." 그가 말했다. /21/ "다른 많은 것들도 위반하니까요." 소크라테스 선생님이 말했다. "하지만 신들이 제정한 법을 어기는 사람들은 어떤 방법으로도 인간이 피할 수 없는 죗값을 치릅니다. 인간에 의해 제정된 법률을 어기는 경우에는 누구는 들키지 않아서 누구는 폭력을 써서 죗값을 치르는 것을 피하는 사람들이 있지만 말입니다." /22/ "소크라테스, 자식과 몸을 섞은 부모, 부모와 몸을 섞은 자식들은 어떤 죗값을 피할 수 없나요?" "제우스께 맹세코, 가장 큰 죗값이지요." 소크라테스 선생님이 말했다. "사람들이 자식을 낳으면서 잘못된 자식을 낳는 것보다 더 큰 벌이 어디 있겠습니까?" /23/ 그가 말했다. "아버지가 훌륭하면서 훌륭한 어머니로부터 자식을 만드는 것을 막을 게 없는데, 어떻게 잘못 출산할 수 있나요?" "제우스께 맹세코 서로 자식을 낳는 양친이 훌륭해야 할 뿐만 아니라 그 몸이 한창때여야 하기 때문입니다. 혹시 당신은 한창때인 부모의 씨앗이 아직 한창때가 아니거나 한창때가 지난 부모의 씨앗과 비슷하다고 생각하시나요?" "제우스께 맹세코, 비슷할 것 같지 않네요." 그가 말했다. "그러면 어느 쪽이 더 나은가요?" 소크라테스 선생님이 말했다. "한창때의 부모의 씨앗인 것이 분명합니다." 그가 말했다. "그럼 한창때가 아닌 부모들의 씨앗은 충실하지 않겠군요?" "제우스께 맹세코, 그렇지 싶습니다." "그렇게 해서 자식을 낳으면 안 되지 않습니까?" "그야 물론이죠." 그가 말했다. "그렇게 해서 자식을 낳는 사람들은 해서는 안 되는 방식으로 자식을 낳는 것 아닙니까?" "제가 보기에는 그렇습니다." 그가 말했다. "그럼 이 사람들이 아니라면 다른 어느 누가 자식을 잘못 낳겠습니까?" "나는 이것도 당신에게 동의합니다." 그가 말했다. /24/ "어떻습니까? 잘해주는 사람들에게 보답하는 것은 어디서나 법으로 지켜지지 않나요?" "법으로 지켜지긴 하지요." 그가 말했다. "그것도 어기는 사람들이 있기는 합니다만." "그들은 좋은 친구들을 잃게 되고 자신들을 미워하는 사람들을 따라다닐 수밖에 없게 되니, 이것을 어기는 사람들도 죗값을 치르지 않습니까? 아니면 자신들이 상대하는 사람들에게 잘해주는 사람들이 좋은 친구들이 아닌 건가요? 이런 사람들에게 보답하지 않는 사람들은 그들의 배은망덕으로 인해 그들에게 미움을 받지만 이런 사람들을 상대하는 것이 가장 이익이 되기 때문에 이들을 최대한 따라 다니는데 말이죠." "제우스께 맹세코, 소크라테스, 이 모든 것이 신들과 닮았습니다. 법률 자체가 그 법을 어기는 사람들에 대한 벌을 담고 있다는 것은 내 생각에는 그 법이 인간보다 더 나은 입법자의 작품인 것 같으니까요." /25/ "히피아스, 그러면 당신이 생각하기에 신들이 정의로운 것들을 입법하는 것 같습니까, 아니면 정의로운 것들과는 다른 것들을 입법하는 것 같습니까?" "제우스께 맹세코, 다른 것들을 입법하지 않습니다." 그가 말했다. "신이 아니라면 다른 누가 정의로운 것들을 입법할 일은 거의 없으니까요." "그러니 신들에게도 정의로운 것과 법을 지키는 것이 동일하다는 점이 만족스럽겠군요." 이와 같이 말하고 실천하면서 소크라테스 선생님은 가까이하는 사람들을 더 정의롭게 만드셨다.

V. /1/ 소크라테스 선생님은 자신과 함께하는 사람들을 실천에 능한 사람들로 만드셨는데, 이제 이번에는 이 점에 대해 말하고자 한다. 실제로 소크라테스 선생님은 장차 뭔가 아름다운 일을 행할 사람은 자제력을 갖는 것이 좋다고 생각하셔서, 먼저 모든 사람 가운데 자신이 가장 많이 훈련했음을 함께하는 사람들에게 분명히 하셨고, 그다음으로 대화를 함으로써 함께하는 사람들에게 무엇보다도 자제력을 가장 권면하셨다. /2/ 그리하여 그분은 스스로는 늘 덕에 유용한 것들을 끊임없이 상기하셨고 함께하는 사람들을 모두 일깨워주셨다. 언젠가 그분이 에우튀데모스를 상대로도 자제력에 대하여 다음과 같은 대화를 나누신 것을 알고 있다. "내게 말해

보게, 에우튀데모스." 그분이 말했다. "자네는 자유가 사람과 나라에 가장 아름답고 대단한 재산이라고 생각하는가?" "가능한 한에서 최대한 그렇습니다." 그가 말했다. /3/ "그러면 육체적 쾌락에 지배를 받고 이 때문에 최선의 행위를 할 수 없는 사람을 자네는 자유롭다[31]고 생각하는가?" "전혀 아닙니다." 그가 말했다. "아마 그건 자유로운 것은 최선의 것들을 행하는 것으로 자네에게 보이기 때문이고, 그다음으로는 자네가 그런 일들을 행하는 것을 막을 이들이 있다는 것은 자유롭지 못한 것이라고 생각하기 때문이겠지?" "전적으로 그렇습니다." 그가 말했다. /4/ "그럼 자네에게는 자제력이 없는 사람들은 전적으로 자유롭지 못한 것으로 여겨지는가?" "제우스께 맹세코, 그런 것 같습니다." "그런데 자네에게는 자제력이 없는 사람들이 가장 아름다운[32] 행위들을 하지 못하게 방해를 받는 것으로만 보이는가, 아니면 가장 수치스러운 행위들도 하게끔 강제받는 것으로 보이는가?" "저것들을 방해받는 것 못

---

31) **자유롭다:** '자유롭다(eleutheros)'는 본래 사람의 지위를 나타내는 말로, 노예에 대비되어 '자유인'을 가리키는 말이다. 그래서 이 부분의 번역을 '자유인답다'라고 할 수도 있고, 그것이 원래 그리스어 어감에는 더 맞는다. 마찬가지로 바로 뒤이어 나오는 '자유롭지 못하다(aneleutheros)'는 '자유인답지 못하다' 또는 '노예와 같다'라고 번역할 수 있다. 이렇게 번역할 경우, 이 말 바로 앞에 있는 '그런 일들을 행하는 것을 막을 이들'은 밑의 5절에 나오는 '주인'으로 해석해서 '그런 일들을 행하는 것을 막을 주인들'이라고 봐도 좋겠다. 쾌락을 주인 삼는다는 말이다.

32) **아름다운:** '고귀한'이라고 번역할 수도 있다.

지않게 이것들을 강요받는 것으로 제게는 보입니다." /5/ "그런데 자네는 최선의 것들은 막고 최악의 것들은 강제하는 주인들은 어떤 주인이라고 생각하는가?" "제우스께 맹세코 가능한 한에서 가장 최악의 주인이라고 생각합니다." 그가 말했다. "그런데 자네는 어떤 노예살이가 최악이라고 생각하는가?" "저는 최악의 주인에게서 하는 노예살이라고 생각합니다." 그가 말했다. "그럼 자제력이 없는 사람이 최악의 노예살이를 하는가?" "제게는 그렇게 여겨집니다." 그가 말했다. /6/ "그런데 자제력 없음[33]은 최고의 좋음인 지혜를 사람들로부터 멀어지게 하면서 그들을 그 반대로 몰아넣는 것으로 자네에게 보이지 않는가?[34] 아니면 자네에게는 자제력 없음이 쾌락으로 이끎으로써 사람들이 이로움을 주는 것들에 주목하고 그것들을 배우는 것을 방해하며, 좋은 것들과 나쁜 것들을 같이 감각하는 사람들을 자주 얼빠지게 해서 더 나은 것을 선택하는 대신에 더 못한 것을 하게 한다고 여겨지지 않는 건가?" "그런 일이 일어나지요." 그가 말했다. /7/ "에우튀데모스, 자제력 없는 사람보다 누가 덜 현명함을 가지고 있다고 말하겠는가? 아무래도 현

---

33) **자제력 없음:** 자제력 없음에 대한 아리스토텔레스의 논의는 『니코마코스 윤리학』 7권 5절 1146b31~35와 1147a10~24 참고. 아리스토텔레스의 논의는 바로 소크라테스가 논한 '자제력 없음'에 대한 문제제기를 검토하는 것으로부터 출발한다.

34) **자제력 없음은 … 보이지 않는가:** 자제력 없음(akrasia)이 지혜를 끌고 가는지, 좋음에 대한 앎이 사람을 끌고 가는지에 대한 논의는 플라톤의 『프로타고라스』 352b~c에도 나온다.

명함과 자제력 없음의 작품은 정반대되는 것이니 말이지." "그것 역시 동의합니다." 그가 말했다. "자네는 적합한 것들을 돌보는 데 자제력 없음보다 더 방해가 되는 것이 있다고 생각하는가?" "아닙니다." 그가 말했다. "이로움을 주는 것들 대신에 해를 끼치는 것들을 선택하게 만들고 이것들은 돌보는 한편 저것들에는 무관심하도록 설득하고 현명하게 처신하는 것과는 반대되는 것들을 행하도록 강제하는 것보다 인간에게 나쁜 것이 무엇이 있겠는가?" "없습니다." 그가 말했다. /8/ "자제력은 자제력 없음이 원인이 되어 사람들에게 생기기 십상인 것과는 반대되는 것들의 원인이지 않겠는가?" "물론입니다." 그가 말했다. "반대되는 것들의 원인 또한 가장 아름답기 십상이지 않은가?" "그럴 것 같습니다." 그가 말했다. "에우튀데모스, 그럼 인간에게 자제력은 가장 좋은 것 같네." 그분이 말했다. "그런 것 같습니다, 소크라테스 선생님." 그가 말했다. /9/ "에우튀데모스, 자네는 이런 생각을 해본 적이 있는가?" "어떤 거요?" 그가 말했다. "즐거운 것들에 있어서도 자제력 없음은 사람들을 이것들에로만 이끈다고 여겨지지만, 사실은 이것은 이끌지 못하고 자제력이 무엇보다도 사람들을 즐겁게 만든다는 생각 말일세." "어떻게요?" 그가 말했다. "자제력 없음은 우리가 즐겁게 먹고 마시며 성적 쾌락을 누리고 즐겁게 쉬고 취하고 잠들 수 있게 하는 유일한 수단인 배고픔이나 목마름, 성욕, 수면 부족을 인내하는 것을 허용하지 않고, 가능한 한 이것들이 가장 즐겁게 될 때까지 참고 기다리는 것을 허용하지 않으며 가장 필수적이고 빈번하게 발생하는 것들에서 이렇다 할 만한 즐거움을 갖는 것을 방해하네. 반면에 자제력만은 앞서 말한 것들을 인내하게 만들며, 자제력만이 앞서 말한 것들에서 기억할 만하게 즐거움을 누리도록 만든다네." "전적으로 맞는 말씀입니다." 그가 말했다. /10/ "더구나 아름답고 좋은 어떤 것을 배우고 우리가 우리의 몸을 멋지게 다스리고 우리 집안을 훌륭하게 경영하고, 우리를 친구들과 나라에 유익하게 해주며 적들을 제압하게 해주며, 유익뿐만 아니라 최대의 즐거움까지 낳는 것들을 돌보는 일과 관련해서, 자제력이 있는 사람들은 이런 것들을 행하면서 즐거워하지만 자제력이 없는 사람들은 이러한 즐거움 중 어떤 것에도 참여하지 못한다네. 가장 가까이 있는 쾌락에 대한 열정에 사로잡혀서 이것들을 실행할 능력이 가장 적은 사람보다 어느 누구에게 그런 것들이 덜 속한다고 자네는 주장하겠는가?" /11/ 그러자 에우튀데모스가 말했다. "소크라테스 선생님, 선생님께서는 육체로 인한 쾌락에 지는 사람에게는 결코 어떤 덕도 속하지 않는다고 말씀하시는 것으로 제게는 여겨집니다." "에우튀데모스, 자제력 없는 사람이 가장 무지한 동물과 다른 점이 무엇이겠는가? 가장 중요한 것들을 살피지 않고 온갖 방법으로 가장 즐거운 것들을 할 것을 추구하는 사람이 가장 어리석은 소 떼와 무엇이 다르겠는가? 반면에 오로지 자제하는 사람들만이 가장 중요한 것들을 살필 수 있고 말로도 행동으로도 종에 따라 그것들을 분류함으로써 좋은 것들은 선택하고 나쁜 것들은 멀리할 수가 있네." /12/ 소크라테스 선생님은 이렇게 해서 가장 훌륭하고 행복한 사람이 되며 대화하는 데에서도 가장 유능할 수 있게 된다고 말했다. 한편 그분은 '대화하다'라는 말도 모여서 종에 따라 사물들을 분류하고[35] 의논하는 것에서 그 이름이 왔다고 말했다. 그리하여 가능한 한 최대로 이것과 관련하여 우리 자신이 대비태세를 갖추고 이것을 보살피도록 노력해야 한다는 것이었다. 왜냐하면 이로부터 우리는 훌륭한 사람이 되며 가장 지도적인 사람이 되고 대화에 가장 능한 사람이 되기 때문이라는 것이었다.

VI. /1/ 소크라테스 선생님이 어떻게 해서 함께하는 사람들을 대화에 가장 능하게도 만드셨는지에 대해서도 이야기해 보도록 하겠다. 소크라테스 선생님은 있는 것들 각각이 무엇인지를 아는 사람들은 다른 사람들에게도 설명해 줄 수 있다고 생각하셨다. 반면에 모르는 사람들이 자기 자신도 쓰러지고 남들도 쓰러트리는 것[36]은 전혀 놀라운 일이 아니라고 말했다. 이런 이유 때문에 소크라테스 선생님은 함께하는 사람들과 함께 있는 것들 각각이 무엇인지를 살펴보는 일을 결코 멈추신 적이 없었다. 그분이 규정한 것처럼

---

35) **'대화하다'라는 말도 … 분류하고:** '대화하다(dialegesthai)'와 '분류하다 (dialegein)'는 형상상으로 앞엣것은 중간태(간략하게 말하면 자신의 행동이 자신에게 돌아오는 것, 예컨대 '얼굴을 씻다'와 같은 말에 적용되는 변화형이다)이고, 뒤엣것은 능동태이다. 그리고 '말하다(legein)'에는 '모으다'란 뜻이 있어서 'dialegein'의 '따로따로 모으다'란 의미에서 '분류하다'란 뜻이 나온다.
36) **자기 자신도 쓰러지고 남들도 쓰러트리는 것:** 레슬링 기술 중 하나에 비유한 것이다.

모든 것을 샅샅이 살펴보는 것은 큰일일 것이다. 그렇지만 그분의 탐구방식이 잘 나타나리라고 내가 생각하는 것들을 이야기하고자 한다.

/2/ 우선 경건에 대해서 다음과 같은 어떤 식으로 살펴본 적이 있다. "나에게 말해 주게, 에우튀데모스." 그분이 말했다. "자네는 경건이 어떤 것이라고 생각하는가?" 그러자 그가 말했다. "제우스께 맹세코 가장 아름다운 것이라 생각합니다." "그러면 경건한 사람은 어떤 사람이라고 자네는 말할 수 있는가?" "제가 보기에는 신들을 존경하는 사람입니다." 그가 말했다. "자신이 원하는 방식으로 신들을 존경하는 것이 가능한가?" "아니요. 그것을 할 때 따라야 하는 법이 있습니다." /3/ "그 법들을 아는 사람들은 신들을 어떻게 존경해야 하는지를 알지 않겠나?" "제 생각에는 그렇습니다." 그가 말했다. "그러면 신들을 어떻게 존경해야 하는지 아는 사람은 자신이 아는 것과 다르게 그것을 해서는 안 된다고 생각하겠지?" "그야 물론이지요." 그가 말했다. "그럼 자신이 마땅하다고 생각하는 것과 다른 식으로 신들을 존경하는 사람이 있을까?" "없다고 생각합니다." 그가 말했다. /4/ "그럼 신들과 관련해서 적법한 것들을 아는 사람은 신들을 적법하게 존경하겠는가?" "물론입니다." "적법하게 존경하는 사람은 마땅하게 존경하지 않겠나?" "어찌 아니겠습니까?" "마땅하게 존경하는 사람은 경건하지?" "물론입니다." 그가 말했다. "그럼 신들과 관련해서 적법한 것들을 아는 사람은 우리가 경건하다고 규정하는 것이 옳겠지?" "제게는 그리 여겨집니

다." 그가 말했다.

/5/ "그런데 자기가 원하는 방식대로 사람을 대해도 되는가?"
"아니요. 이와 관련해서도 서로를 대해야 하는 적법한 것들이 있습
니다." "이에 따라 서로를 대하는 사람들은 마땅한 방식으로 대하
지 않는가?" "어찌 아니겠습니까?" "마땅한 방식으로 대하는 사람
들은 아름답게 대하지 않는가?" "물론입니다." 그가 말했다. "사람
들을 아름답게 대하는 사람들은 사람의 일을 아름답게 행하지 않
는가?" "그럴 것 같습니다." 그가 말했다. "법률에 복종하는 이 사
람들은 정의로운 것들을 행하지 않는가?" "물론입니다." 그가 말
했다. /6/ "그런데 자네는 정의로운 것들이 어떻게 불리는지 아는
가?" "법률이 시키는 것들입니다." 그가 말했다. "그러니 법률이
시키는 것들을 하는 사람들은 정의로운 것들과 마땅한 것들을 행
하는가?" "어찌 아니겠습니까?" "정의로운 것들을 행하는 사람들
은 정의롭지 않은가?" "저는 그렇게 생각합니다." "그러면 법률이
시키는 것이 무엇인지 모르면서 법률에 복종하는 사람들이 있다고
생각하는가?" "저는 없다고 생각합니다." 그가 말했다. "그런데 무
엇을 해야 하는지 알면서 그것들을 하지 말아야 한다고 생각하는
사람들이 있다고 생각하나?" "없다고 생각합니다." 그가 말했다.
"그런데 자네는 마땅하다고 생각하는 것들 말고 다른 것들을 하는
사람들을 아는가?" "아니요." 그가 말했다. "그럼 사람들과 관련해
서 적법한 것들을 아는 사람들, 이 사람들은 정의로운 것들을 행하
는가?" "그야 물론이지요." 그가 말했다. "정의로운 것들을 행하는

사람들은 정의로운 사람들 아닌가?" "다른 누가 있겠습니까?" 그
가 말했다. "그럼 사람들과 관련해서 적법한 것들을 아는 사람들을
정의롭다고 규정함으로써 도대체 우리는 옳게 규정하는 것인가?"
"제가 보기에는 그렇습니다." 그가 말했다.

/7/ "우리는 지혜를 무엇이라고 말할 수 있는가? 내게 말해 보
게. 자네에게 지혜로운 사람들은 자신들이 아는 것에서 지혜로운
것으로 보이나, 아니면 자신들이 모르는 것들에서 지혜로운 사람
들이 있는가?" "자신들이 아는 것에서가 분명합니다." 그가 말했
다. "어떻게 자신들이 모르는 것들에서 지혜로울 수 있겠습니까?"
"그러면 지혜로운 사람들은 앎에서 지혜로운가?" "앎에서가 아니
고 다른 어느 것에서 지혜로울 수 있겠습니까?" 그가 말했다. "자
네는 지혜로운 사람들을 지혜롭게 하는 것 말고 지혜가 다른 어떤
것이라고 생각하는가?" "아닙니다." "그럼 지혜는 앎인가?" "제게
는 그리 보입니다." "그러면 자네가 보기에는 모든 있는 것을 아는
것이 사람에게 가능하겠는가?" "제우스께 맹세코 그들 중 아주 작
은 부분이라도 가능하지 않습니다." "그러면 사람은 모든 일에 있
어서 지혜로울 수 없는가?" "제우스께 맹세코, 안 됩니다." 그가 말
했다. "그럼 각자가 아는 것에 있어서는 지혜롭기도 한가?" "제게
는 그리 여겨집니다."

/8/ "그러면 에우튀데모스, 좋은 것도 그렇게 찾아야 하는가?"
"어떻게요?" 그가 말했다. "자네가 보기에 모든 사람에게 동일한
것이 이로운가?" "아닙니다." "어떤가? 어떤 사람에게 이로운 것이

어떤 때는 다른 사람에게 해롭다고 자네에게는 여겨지지 않는가?"
"그렇죠." 그가 말했다. "좋은 것은 이로운 것과 다른 어떤 것이라
고 자네는 주장하는가?" "아닙니다." 그가 말했다. "그럼 이로운
것은 이롭게 되는 사람에게 좋은가?" "제게는 그리 보입니다." 그
가 말했다.

/9/ "아름다움을 우리는 어떻게 달리 말할 수 있을까? 아니면 몸
이 됐든 도구가 됐든 다른 어떤 것이 됐든 자네가 아름답다고 부
르는 것이 있는가? 어떤 목적에 비추어서도 아름다운 것 말이지."
"제우스께 맹세코 없습니다." 그가 말했다. "그러면 각각이 유용한
측면과 관련해서 각각을 아름답게 사용할 수 있는가?" "물론입니
다." 그가 말했다. 그런데 각각을 아름답게 사용할 수 있는 목적 외
에 다른 어떤 목적에 비추어서 아름다울까? "다른 어느 목적으로
도 아름다울 수 없습니다." 그가 말했다. "그럼 유용한 것은 유용한
측면에 비추어서 아름다운가?" "제가 보기에는 그렇습니다." 그가
말했다.

/10/ "에우튀데모스, 그럼 자네는 용기가 아름다운 것들에 속한
다고 생각하는가?" "저로서는 가장 아름다운 것이라고 생각합니
다." 그가 말했다. "그럼 가장 사소한 목적에 비추어서 유용한 것
을 용기라고 생각하는가?" "제우스께 맹세코 가장 큰 목적에서 비
추어서 그렇다고 생각합니다." "그러면 끔찍하고 위험한 것들과 관
련해 그것들을 모르는 것이 유용하다고 자네에게는 여겨지는가?"
"전혀 그렇지 않습니다." 그가 말했다. "그럼 그게 무엇인지 모르

는 탓에 그것들을 두려워하지 않는 사람들은 용감하지 않은가?"
"제우스께 맹세코 아닙니다. 그렇게 되면 미친 사람들과 겁쟁이들
중에도 용감한 사람들이 있을 테니까요." "끔찍하지 않은 것들도
무서워하는 사람들은 어떤가?" "제우스께 맹세코, 더더구나 용감
하지 않습니다." 그가 말했다. "그러면 끔찍하고 위험한 것들과 관
련해 훌륭한 사람들을 자네는 용감하다고 생각하고, 못난 사람들
을 비겁하다고 생각하는가?" "물론입니다." 그가 말했다. /11/ "그
런데 자네는 그런 끔찍하고 위험한 것들을 아름답게 다룰 수 있
는 사람들 말고 다른 누구를 그런 것들과 관련해 훌륭하다고 생각
하는가?" "아닙니다. 그 사람들을 훌륭하다고 생각합니다." 그가
말했다. "그럼 그런 것들을 잘못 다루는 사람들은 나쁘다고 생각
하나?" "다른 누가 있겠습니까?" 그가 말했다. "그럼 각자는 각자
가 마땅하다고 생각하는 방식대로 다루는가?" "어찌 달리 하겠습
니까?" 그가 말했다. "그러면 아름답게 다룰 능력이 없는 사람들
은 다뤄야 하는 방식을 아는가?" "전혀요." 그가 말했다. "그럼 다
뤄야 할 방식을 아는 사람들, 이 사람들은 능력도 있는가?" "그들
만이 능력 있지요." 그가 말했다. "어떤가? 그럼 실수하지 않은 사
람들은 그런 것들을 잘못 다루는가?" "아니라고 생각합니다." 그
가 말했다. "그럼 잘못 다루는 사람들은 실수하는가?" "그런 것 같
습니다." 그가 말했다. "그럼 끔찍하고 위험한 것들을 아름답게 다
루는 사람들은 용감하고, 이것에 대해 실수하는 사람들은 비겁한
가?" "제게는 그리 여겨집니다." 그가 말했다.

/12/ 그런데 소크라테스 선생님은 왕정과 참주정이 둘 다 통치체제라고 생각하고 계셨지만, 서로 다르다고 보셨다. 왜냐하면 자발적인 사람들을 나라의 법에 따른 다스리는 통치체제는 왕정이고 비자발적인 사람들을 법이 아니라 통치자가 원하는 대로 다스리는 통치체제는 참주정이라고 생각하셨기 때문이다. 그리고 관습과 법을 충족하는 사람들로 관직이 정해지는 정치체제는 귀족정이라고 믿었고, 평가재산을 토대로 관직이 정해지는 정치체제는 금권정이며, 누구라도 관직을 맡을 수 있는 정치체제는 민주정이라고 보셨다.

/13/ 한편 어떤 사람이 누군가와 관련해 그분에게 반론을 제기하면서 명확한 것은 전혀 말하지 못하고 증명 없이 자신이 이야기하는 사람이 더 지혜롭다거나 더 정치적 역량이 있다거나 더 용감하다거나 유사한 다른 어떤 점을 주장하면, 그분은 그 모든 논의를 다음과 같은 어떤 방식으로 그 사람이 가진 전제로 되돌렸다. /14/ "자네는 내가 말하는 사람보다 자네가 칭송하는 사람이 더 훌륭한 시민이라고 주장하는가?" "그렇습니다." "그러면 왜 우리는 좋은 시민의 일이 무엇인지를 먼저 살펴보지 않는가?" "그렇게 하시죠." "재산의 경영에 있어서 나라를 재물에서 더 부유하게 만드는 사람이 더 훌륭한가?" "물론입니다." "전쟁에서는 적국보다 유리하게 하는 사람이고?" "어찌 아니겠습니까?" "외교에서는 적들 대신에 친구들을 만드는 사람이고?" "그런 것 같습니다." "대중연설에서도 내분을 멈추고 생각의 일치를 심어주는 사람이고?" "제게는

그리 여겨집니다." 이렇게 논의를 돌이킴으로써 반대하는 사람 자신에게도 진실이 분명해졌다. /15/ 한편 소크라테스 선생님은 논의를 통해 무엇인가를 샅샅이 검토할 때에는 가장 많이 동의를 얻는 것들을 통해 논의를 진행했는데, 이것이 논의의 안전책이라고 생각하셨기 때문이다. 그렇기 때문에 그분이 말씀을 하실 때면 듣는 사람의 동의를 내가 아는 사람들 중에서 가장 많이 받아냈다. 한편 그분은 호메로스도 오뒤세우스에게 안전한 연설가라고 이름 붙였는데, 그가 사람들이 참이라고 믿는 것들을 통해서 논의를 이끄는 충분한 역량이 있었기 때문이라는 것이었다.

VII. /1/ 이리하여 내가 보기에는 소크라테스 선생님이 자신과 교유하는 사람들에게 자신의 견해를 있는 그대로 밝혔다는 것은 이야기된 것들로부터 분명하다. 한편 그분이 그들이 적합한 행동들에 자족하도록 돌보신 것에 대해 이제 이야기하고자 한다. 내가 아는 모든 사람 중에 그분은 자신과 함께하는 사람들 가운데 누가 어떤 것에 대해 전문가인지에 관심이 가장 많은 사람이었다. 아름답고 훌륭한 사람이 알기에 적합한 것들 중에 그분 자신이 아는 것은 무엇이든 열성을 다해 가르치셨고, 자신의 경험이 부족한 것에 대해서는 그들을 전문가에게 인도했다. /2/ 한편 그분은 옳게 교육을 받은 사람은 각 사안에 대해 어느 만큼 경험을 쌓아야 하는지도 가르치셨다. 가령 그분은 기하학과 관련해서는 필요하다면 땅을 옳게 측량해서 취득하거나 양도하거나 분할하거나 작업량을 할

당하기에 충분할 능력이 되도록 배워야 한다고 말했다. 그렇게 하면 그것은 배우기가 쉬워 측량에 주의를 기울이는 사람은 바로 그 땅이 얼마나 큰지 아는 동시에 그것이 어떻게 측정되는지도 알게 된다는 것이다. /3/ 하지만 소크라테스 선생님은 이해하기 어려운 도형들에 이르기까지 기하학을 배우는 것에는 동의하지 않으셨다. 그것들이 무엇에 유용한지 알 수가 없다고 말했다. 그렇다고 그분이 그것들에 무지하신 것은 아니었다. 하지만 그분은 그것들이 사람의 삶을 소진시키고 다른 많은 유용한 배움을 방해하기에 충분하다고 말했다. /4/ 한편 그분은 천문학에 대해서도 경험을 쌓도록 하셨지만, 이 경우에도 여행과 항해와 경계근무를 위해 하룻밤과 한 달과 일 년의 기간을 아는 능력을 가질 정도까지, 또한 밤 동안이나 한 달 동안이나 일 년 동안에 행하게 되는 다른 것들을 위해 앞서 말했던 것들의 기간을 식별하기 위한 증거로 삼을 수 있을 정도까지 배우라고 하셨다. 그리고 그것들은 야간 사냥꾼이나 키잡이 또는 그것들을 아는 데 관심이 있는 사람들로부터 쉽게 배울 수 있다고 하셨다. /5/ 하지만 그분은 동일한 궤도를 돌지 않는 것들,[37] 즉 행성 및 떠돌이 별[38]을 아는 데까지 천문학을 배우는 것,

---

37) **동일한 궤도를 돌지 않는 것들:** 별들의 겉보기 운동이 동일한 궤도를 유지하지 않는 것으로 보이는 천체들을 말한다.

38) **행섬 및 떠돌이 별:** 행성(planētēs)이 원래 '떠도는' 또는 '방황하는' 별이라는 뜻이기는 한데, 이 뒤에 나오는 'astathmētos' 역시 '고정되지 않고 불안정한'이란 뜻이라서 '떠돌이'라고 했다. 이 뒤의 별을 혜성을 가리키는 표현으로 생각하는 해석자도 있다.

그리고 지구로부터 행성과 혜성까지의 거리와 그것들의 궤도와 그 원인들을 탐구하느라 녹초가 되는 것은 강력하게 만류하셨다. 이런 것들에서는 하등의 유용함을 볼 수 없기 때문이라고 말했다. 그렇다고 그분이 이런 것들에 문외한이지는 않았다. 하지만 그분은 이런 것들 또한 사람의 삶을 소진하고 많은 유용한 것들을 방해한다고 말했다. /6/ 그분은 하늘의 것들에 대해 전반적으로 신이 각각의 것들을 고안한 방식에 대한 연구자가 되는 것을 만류하셨다. 왜냐하면 그분은 사람들에게 이것들은 발견되지 않는다고 생각하셨고 신들이 명확하게 하는 것을 원치 않으시는 것들을 탐구하는 사람들은 신들을 기쁘게 하지도 못한다고 보셨기 때문이다. 그분은 이런 것들에 노심초사하는 사람은 신들의 고안물들을 설명하는 것에서 엄청난 자부심을 느꼈던 사람인 아낙사고라스가 실성한 것[39] 못지않게 실성할 위험도 있다고 말했다. /7/ 저 사람은 불과 해가 같다고 말하지만 불은 사람들이 쉽게 바라볼 수 있지만, 해는 응시할 수 없으며, 해를 쬐면 살갗이 더 검어지지만 불로는 그렇게 되지 않는다는 것을 몰랐기 때문이다. 또한 그는 햇빛이 없이는 땅에

---

39) **아낙사고라스가 실성한 것:** 아낙사고라스(기원전 500?~428)는 이오니아 클라조메나이 출신의 자연철학자이다. 그는 클라조메나이를 떠나 아테네에서 활동했는데, 뒤에 나오듯이 그는 해가 돌덩어리라고 말했다고 해서 불경죄로 고발당해 추방당했다고 한다. 여기서 아낙사고라스는 인간의 한계를 넘어 신의 영역을 넘보는 불경한 철학자로 비판받지만, 플라톤의 『파이돈』 97b~c에는 '지성'의 의미를 충분히 규명하지 못하고 '좋음'에 대한 이해를 중심으로 자연철학을 하지 못했다는 이유로 비판받는다.

서 자라는 것 중에 어느 것도 잘 자랄 수가 없지만, 불에 의해 가열되면 모든 식물이 죽는다는 것을 몰랐다. 한편 그는 해가 불타는 돌이라고 주장하면서 돌은 불 속에서 빛을 발하지도 않고 오랜 시간 견디지도 못하지만 해는 만고의 시간 동안 모든 것 중에서 가장 빛나면서 존속한다는 것도 몰랐다.

/8/ 한편 그분은 계산을 배우라고 시키셨지만 이것의 경우에도 다른 것들과 마찬가지로 공연한 수고를 경계시키셨다. 반면 유익한 것에 관한 한, 그분은 함께하는 사람들과 함께 탐구하고 함께 자세히 살피셨다.

/9/ 한편 그분은 건강에 대해 아는 사람들로부터 가능한 만큼 배우고 평생 각자가 자신에게 주의를 기울여 어떤 먹을거리가, 어떤 마실 거리가, 어떤 종류의 노동이 자신에게 이로우며, 어떻게 이런 것들을 이용해야 가장 건강하게 지낼 수 있을지를 알아서 건강 역시 돌보라고 함께하는 사람들에게 강력하게 권면하셨다. 그분은 이렇게 자신에게 주의를 기울이는 사람이 건강상 자신에게 유익한 것들을 자신보다 더 잘 식별해 내는 의사를 발견하기란 힘든 일이라고 말했던 것이다.

/10/ 한편 만약 누군가가 인간의 지혜에 따른 것보다 더 많이 이로움을 받기 원하면, 그분은 예언술에 문의하라고 조언하셨다. 왜냐하면 그분은 신들이 사건들과 관련해서 인간들에게 징표를 주시는 수단을 아는 사람이 신들의 조언에 대해 문외한일 리 없다고 생각하셨기 때문이다.

VIII. /1/ 만약 누군가가 그분이 신령스런 존재가 자신에게 해야 할 것들과 하지 말아야 할 것들에 대해 미리 일러준다고 주장했지만 재판관들에 의해 사형판결을 받았으니 신령스런 존재에 대해서 그가 거짓말을 한 것이 입증된 것이라고 생각한다면, 그때 이미 그분은 한창때에서 그만큼 멀어진 때였고, 그때 그렇지 않았어도 머지않은 나중에 생을 마치셨을 것이라는 점을 그가 우선 명심하게 해야 한다. 그다음에 그분은 인생의 가장 힘겨운 시기이며 사고력이 나빠지는 시기를 피하고, 그 대신 영혼의 활력을 보여주시고 영광을 보태셨으며, 재판에 있어 모든 사람 중에서 가장 진실하고 자유롭고 정의롭게 말하고 사형선고를 가장 온화하고 용감하게 견뎌내셨다는 점을 명심하게 해야 한다. /2/ 기억하는 사람들 중에서 누구도 더 아름답게 죽음을 견뎌낸 사람은 없다는 데 누구나 동의하기 때문이다. 왜냐하면 재판 후에 그분은 그달에 델리아 제전[40]이 있는 바람에 30일을 더 사셔야 했고, 델로스에서 사절이 돌아오기 전까지는 누구도 공적으로 사형에 처해지지 않는다는 법이 있었으며, 이 기간 동안 그분이 이전의 시기보다 별반 다르지 않게 지내

---

40) **델리아 제전**: 아폴론과 아르테미스의 출생지로 알려진 델로스섬에는 두 가지 델리아 제전이 있었는데, 하나는 대델리아 제전으로 4년마다 열렸다. 다른 하나는 소델리아 제전으로 매년 열렸으며 아폴로니아라고도 불렸다. 현재의 5월과 6월 사이의 걸친 달인 타르겔리온 달 6일째(대략 현재의 5월 24일이나 25일)에 거행되는 이 제전에 아테네인들은 신성한 배를 보냈는데, 이 배가 델로스로 출항해서 돌아오는 대략 30일이 걸리는 이 기간 동안 아테네에서는 공식적으로 사형을 집행하지 않았다.

시는 것이 그분의 지인들에게 분명히 보였기 때문이다. 게다가 그분은 이전에도 즐겁고 평온하게 사시는 것에서 모든 사람 중에 가장 경탄을 받았다. /3/ 이렇게 죽는 것보다 어떻게 더 아름답게 죽겠는가? 또는 가장 아름답게 죽은 죽음보다 어떤 죽음이 더 아름답겠는가? 가장 아름다운 죽음보다 어떤 죽음이 더 행복하겠는가? 또는 가장 행복한 죽음보다 어떤 죽음이 더 신의 사랑을 받는 죽음이겠는가?

/4/ 한편 나는 히포니코스의 아들 헤르모게네스로부터 들은 그분에 관한 이야기를 하고자 한다. 멜레토스가 그분에 대한 고발장을 작성했으나 그분이 재판에 관련해서가 아니라 온갖 것들에 대해 더 많이 대화를 나누시는 것을 듣고 그분께 무슨 변론을 하실지 살펴봐야 한다고 말씀을 드렸다고 그가 말했다. 한편 그분은 처음에 이렇게 말했다고 한다. "자네가 보기에 내가 평생을 들여 그것을 연습한 것으로 보이지 않는가?" 그가 어떻게 그런지 물으니 그분이 그에게 자신은 정의로운 것들과 부정의한 것들을 살피고 정의로운 것들은 실행하고 부정의한 것들은 멀리하는 것 외에 다른 어떤 것도 하지 않고 살아왔으니 그것이 변론에 대한 가장 아름다운 연습이라고 생각하신다고 말했다고 한다. /5/ 그가 다시 말했다고 한다. "소크라테스 선생님, 아테네의 재판관들은 이미 아무런 부정의를 저지르지 않은 많은 사람을 그들의 말에 언짢아져서 죽였는가 하면 많은 부정의한 사람들을 무죄방면했다는 것을 아시지 않습니까?" 그분이 말했다고 한다. "하지만 제우스께 맹세코 헤

르모게네스, 이미 나는 재판관들에 대한 변론을 궁리하려 시도했지만 신령스런 존재가 반대했다." /6/ 그러나 그가 말했다고 한다. "놀라운 말씀을 하시는군요." 그분이 말했다고 한다. "자네는 내가 지금 내 삶을 마치는 것이 신에게는 더 좋아 보인다고 하면 그게 놀라운가? 자네는 내가 이날 이때까지 어떤 사람도 나보다 더 잘, 더 즐겁게 살았다고 인정하지 않았으리라는 것을 자네는 모르나? 왜냐하면 나는 자신이 최대한 훌륭해지도록 최선을 다해 돌보는 사람들이 가장 잘 살고, 자신이 더 나아지고 있다는 것을 가장 많이 느끼는 사람들이 가장 즐겁게 산다고 생각하기 때문이네. /7/ 나는 이날 이때까지 이런 일들이 나 자신에게 일어나는 것을 느껴왔고 다른 사람들을 만나고 다른 사람들과 나 자신을 비교하면서도 여전히 나 자신에 대하여 그렇게 판단하며 살아왔네. 나뿐만 아니라 내 친구들도 나에 대해서 그런 생각을 계속해서 가져왔지만, 나를 좋아해서가 아니라(그렇다면 다른 사람들을 좋아하는 사람들 역시 자신들의 친구들에 대해서 그렇게들 생각할 테니 말이지), 그들 자신들도 나와 함께하면서 자신들이 더 나아지리라고 생각하기 때문에 그런 것일세. /8/ 하지만 내가 더 오랜 시간 동안 살게 된다면, 아마도 나는 노년의 짐을 질 수밖에 없을 것이고 덜 보고 덜 듣고 생각도 더 잘 못하고 점점 더 배움도 더디고 더 잘 잊어먹게 될 수밖에 없으니, 이전에 내가 더 나았던 것들에서 나는 더 못해질 수밖에 없을 것이네. 더 나아가 그렇게 되는 것을 느끼지 못하는 사람에게 삶은 살 만하지 못할 것이고, 그걸 느낀다면 어찌 그가 더 못하고 더 불쾌한 삶을 살지 않을 수 있겠는가? /9/ 게다가 내가 불의하게 죽음을 당한다면, 불의하게 나를 죽인 사람들에게 그것은 수치스러운 것이 될 것이네. 불의를 저지르는 것이 수치스럽다면 불의하게 하는 것 역시 그것이 무엇이든 어찌 수치스러운 것이 아니겠는가? 반면에 다른 편 사람들이 나에 대해서 정의로운 판단도 못하고 정의로운 일도 하지 않는 것이 내게 무슨 수치스러운 것이 되겠는가? /10/ 한편 나는 옛사람들의 평판도 불의를 저지른 사람들의 경우와 불의를 당한 사람들의 경우가 후세에 동일하게 남지 않은 것을 알고 있네. 그런데 나 또한 사람들의 주목을 받을 텐데, 내가 지금 죽더라도 나를 죽인 사람들과 동일한 주목을 받지는 않으리라는 것을 내가 알고 있네. 왜냐하면 나는 내가 어떤 사람에게도 부정의한 짓을 하지 않았고 나쁘게 만들지도 않았으며 나와 함께하는 사람들을 언제나 더 낫게 만들려고 노력했다는 증언이 나에 대해 이루어지리라고 생각하기 때문이네.

그분은 이런 대화를 헤르모게네스와 그 밖의 사람들과 나누셨다. /11/ 그런데 소크라테스 선생님이 어떤 분인지 아는 사람들 중에서 덕을 열망하는 사람들은 모두 덕을 돌보는 데 가장 큰 도움을 주셨던 그분을 지금까지도 계속해서 무엇보다도 그리워한다. 나에게 그분은 내가 상세히 설명한 그런 분이었다. 신들의 판단 없이는 아무것도 하지 않을 만큼 경건하셨고, 누구에게도 조금도 해를 끼치지 않고 그분을 대하는 사람들에게 최대의 이로움을 줄 만큼 정의로우셨으며, 더 좋은 것 대신에 더 즐거운 것을 선택하는 법이 전혀 없을 만큼 자제력이 있으셨고 더 좋은 것과 더 나쁜 것을 분간하는 데 실수하지도 않고 그것들을 결정하는 데 다른 사람이 별도로 필요하지 않고 스스로 그것들을 결정하기에 충분할 만큼 현명하시고, 그런 것들을 설명도 하고 규정도 하기에 충분하셨으며, 다른 사람들을 시험하고 잘못하는 것을 논박하고 덕과 아름답고 훌륭함으로 권면하기에 충분한 분으로서 가장 훌륭하고 가장 행복한 그런 분으로 내게는 보였다. 이것들이 만족스럽지 않은 사람이 있다면, 이것들과 다른 사람들의 품성을 비교해서 판단하게 하라.

옮긴이 해제

1. 저자 소개

『소크라테스 회상』의 저자 크세노폰은 기원전 430년경에 태어나 기원전 350년경에 사망[1]한 아테네의 역사가, 철학자, 군인이었다. 그의 아버지 이름은 그륄로스였고,[2] 그의 집안은 기사계층이었던 것으로 보인다.[3] 그의 저술 중 소크라테스와 관련된 작품으로는 이『소크라테스 회상』외에『가정경영론(*Oikonomikos*)』,『향연

---

1) 크세노폰의 생몰연대 추정의 근거에 대해서는 플라워(Flower, M.A., 2016)의 *Xenophon and his time*(John W.I.Lee), 16쪽 이하 참고.
2) 디오게네스 라에르티오스,『유명한 철학자들의 생애와 사상』2권 48절 참고.
3) 플라워의 앞의 책, 19쪽에서 리(Lee)는『아나바시스』에 크세노폰이 말을 갖고 참전한 점을 들어 그의 집안이 솔론이 재산 정도로 분류한 아테네인들의 계층 중 두 번째인 기사계층(hippeis)에 속한다고 추정한다. 이 책의 본문 3권 3장 3절과 관련 주석 참고.

(*Symposion*)』, 『소크라테스의 변론(*Apologia Sōkratous*)』이 있다. 비록 그가 생전의 소크라테스와 가까운 인물로서 그의 제자로 평가되고, 소크라테스 사후에 그와 관련된 글들을 썼지만, 그런 작품들 이전에 그는 역사학자[4]로서 펠로폰네소스 전쟁 후반기를 그린 『헬레니카(*Hellēnika*)』를 저술했으며, 그가 용병으로 참여한 페르시아 내전을 배경으로 페르시아 여행기 격인 『아나바시스(*Anabasis*)』를 저술하였다. 또한 그는 그가 만난 인물들의 전기를 쓰는 전기작가의 면모도 있어서 그가 만난 스파르타의 왕 아게실라오스의 전기 『아게실라오스(*Agēsilaos*)』도 썼으며 스파르타에 체류한 경험을 토대로 『라케다이몬 사람들의 정치체제(*Lakedaimoniōn politeia*)』를 저술하기도 했다.[5] 그는 또한 페르시아 내란에 참여한 것에도 보이듯이 페르시아에도 지대한 관심을 갖고 페르시아의 태조인 퀴로스에 대해서 『퀴로스의 교육』을 저술하기도 했다. 다만 이러한 인물들에 대한 관심은 그저 전기작가로서의 관심에 그치는 것이 아니라 정치철학자로서 이상적인 정치적 인물과 제도를 탐구하는 작업의 의미를 가진다고도 할 수 있다.[6]

---

4) 근대 말부터 크세노폰은 철학자라기보다는 역사가로 더 평가받기는 하지만, 고대로부터 근대에 이르기까지 크세노폰은 일차적으로 철학자로 평가받아 왔다. 디오게네스 라에르티오스의 책에는 그가 "철학자들 가운데 최초로 역사책을 썼다."(2권 48절)고 되어 있다.

5) 그러나 고대로부터 『라케데이몬 사람들의 정치체제』는 위서라는 주장이 제기되어 왔다. 디오게네스 라에르티오스, 앞의 책, 2권 57절 참고.

6) 크세노폰, 『키루스의 교육』, 12쪽 이하 참고.

그러나 앞서 말한 저술가로서의 그의 면모는 실제 여러 전쟁에 지휘관으로 참여한 군인으로서의 그의 면모와 분리되어 이해될 수는 없다. 페르시아 내전에 참여했다 퇴각하던 중 장군들이 포로가 되는 바람에 새로 장군의 직위에 오른 크세노폰은 퇴각작전을 성공적으로 수행해 큰 인명 손상 없이 그리스로 복귀했다. 또한 그 과정에서 스파르타의 왕 아게실라오스를 만나 그의 병영에 머물며 그를 도와 코로네이아에서 아테네, 아르고스, 코린토스 등의 연합군을 상대로 싸웠다. 이렇게 그는 자신이 실제로 참여했던 전쟁에 대한 경험을 『아나바시스』와 『아게실라오스』 등에 담아 세상에 알림으로써 후일 알렉산드로스의 페르시아 원정에서 전략적 기반을 다져준 장군으로 평가받으며[7] 전쟁사에 길이 남은 인물이 되었다. 대단히 창의적이지는 않고 다분히 전술적으로 보수적이면서도 세심하게 실용적인 측면을 중시했던 그의 전략가적 기질[8]은 그의 저술과 사상 전반에도 동일한 기조를 유지하고 있다.

크세노폰이 코로네이아에서 아테네, 아르고스, 코린토스 등의 연합군을 상대로 싸웠기[9] 때문이거나 아마 크세노폰이 아테네에서 추방형을 받은 것은 이 일이거나 그 이전에 퀴로스의 내란에 참여

---

7) 아더 훼릴, 『전쟁의 기원』, 194쪽 이하 참고.

8) 존 워리, 『서양 고대 전쟁사 박물관』, 104쪽 이하 참고.

9) 플루타르코스, 『영웅 비교열전』 「아게실라오스」편; 크세노폰, 『헬레니카』 4권 3장 이하 참고. 하지만 크세노폰의 네 대화편을 번역한 워터필드(Robin Waterfield)는 그가 실제로 아테네를 상대로 싸웠는지는 불분명하다고 주장한다.(*Conversation of Socrates*, Penguin Books, 1990, 7쪽 참고)

했던 일 때문인 것으로 보인다.[10] 아무튼 그는 고향 아테네에서 궐석재판을 받아 추방형에 처하여 스파르타인들이 내어준 엘리스 지역에서 23년간 전원생활을 하면서 사냥과 저술에 집중한 삶을 보냈다. 기원전 371년 엘리스인들이 이 땅을 회복하여 그를 추방하자 그는 소크라테스의 죽음 이후 30년 만에 아테네로 귀환했거나 코린토스로 이주해 거기서 남은 여생을 보냈다고 한다.[11]

2. 작품의 성립 배경과 저술 시기

크세노폰은 플라톤과 비슷한 연배인데, 소크라테스가 죽기 2년 전인 기원전 401년에 앞에서 이야기한 페르시아 내전에 용병으로 참가하기 위해서 아테네를 떠난다. 역시 앞에서 이미 밝힌 이유로 크세노폰은 아테네로 돌아가지 못하고 스파르타의 보호 아래 있다가 소크라테스가 죽은 후 30년이 지나서야 고향 아테네로 돌아올 수 있었다.[12]

그의 저술들의 저술 시기에 대해서는 여전히 논란이 많지만,[13]

---

10) 크세노폰, 『아나바시스』 5권 3장 7절 참고. 그러나 그가 추방된 것이 정확히 어느 이유인지는 분명하지 않다. 크세노폰 본인이 분명히 밝히지 않은 탓이다.
11) 디오게네스 라에르티오스, 앞의 책, 2권 53~56절 참고.
12) 같은 책, 2권 51절 이하 참고.
13) 그의 저술들의 저술 시기에 대한 안내는 파웰 & 리처(Powell & Richer, 2020), 85쪽 이하 참고.

그중 『소크라테스 회상』에 대해 대략 1, 2권과 3, 4권의 저술 시기가 다르다는 데에는 학자들이 의견의 일치를 보고 있다. 크세노폰이 페르시아 원정 이후 여러 전쟁에 참여한 후 펠로폰네소스반도 올림포스 남쪽 작은 마을인 스킬루스에 정착한 것이 기원전 390년경이다. 대략 이때부터 380년 사이에 크세노폰은 『소크라테스 회상』 집필에 착수한 것으로 보이며, 기원전 371년에 스킬루스를 떠나기 전까지 1권과 2권을 완성한 것으로 보인다. 학자들이 3권과 4권의 완성 시기를 따로 잡는 데에는 텍스트 내용에 따른 이런저런 이유가 있는데, 크세노폰 저술들의 정합성을 따져 기원전 355~354년경으로 그 시기를 잡기도 하고,[14] 플라톤의 저술들을 참고할 수 있었던 시기를 이유로 들어 크세노폰이 아테네로 돌아왔을 시기로 추정되는 기원전 360년 이후로 완성 시기를 잡기도 한다.[15]

3. '소크라테스적 대화편들(Socratic dialogues)'과 크세노폰의 소크라테스적 대화편들의 관계

소크라테스는 생전에 글을 써서 자신의 생각을 남기지 않았다. 그래서 소크라테스의 생각을 알아보려면 그의 생각을 글로 써서

---

14) 같은 책, 89쪽에 인용된 들르베크(Édouard Delebecque)의 견해이다.
15) 찰스 칸, 『플라톤과 소크라테스적 대화』, 302쪽 참고.

남긴 제자들의 글을 보고 그의 생각을 읽어내야 한다. 소크라테스가 기원전 399년에 죽은 후 평소 그와 함께했던 사람들은 대화 형식의 글을 줄지어 써낸다. 그중에는 소크라테스를 주인공으로 해서 소크라테스의 혐의와 관련해서 그를 변호하는 내용의 글들이 특히 많았는데, 이 대화편들의 성격과 형식을 묶어서 '소크라테스적 대화편(Sōkratikoi logoi)'이라고 부른다. 어린 시절부터 소크라테스의 친구인 크리톤은 『프로타고라스(Protagoras)』를 비롯하여 17편의 대화편을 통해, 그의 열렬한 제자 아이스키네스는 『알키비아데스(Alkibiadēs)』, 『아스파시아(Aspasia)』, 『칼리아스(Kalias)』 등 7편의 대화편을 통해 소크라테스를 그렸고, 후일 견유학파의 시조가 될 만큼 소크라테스의 절제와 내핍의 정신을 이어간 안티스테네스는 『알키비아데스』, 『아스파시아』, 『메넥세노스(Menexenos)』를 썼다. 그는 당대에는 플라톤과 쌍벽을 이루는 저술가였다고 한다. 아테네인이 아니면서 소크라테스의 제자가 되었던 메가라 출신의 에우클레이데스는 『알키비아데스』, 『아이스키네스(Aischinēs)』, 『크리톤(Kritōn)』, 『사랑에 관한 대화(Erōtikos)』를 쓰고, 이탈리아의 엘레아 출신의 철학자 파르메니데스로부터 받은 영향을 더하여 메가라학파를 창시했다. 고향 엘리스의 함락 후 아테네에 노예로 팔려 와 사창가에 있었으나 소크라테스의 도움으로 자유인이 되었다고 하는 파이돈은 『알키비아데스』 등을 썼다.[16] 소크라테스의 죽음 후

---

16) 파이돈이 『알키비아데스』를 썼다는 기록은 테일러(C.C.W. Taylor), 『소크라테

고향 엘리스로 돌아간 그는 엘리스학파의 창시자가 된다.[17] 이들은 모두 소크라테스가 임종할 때 그 곁을 지켰던 인물들로 플라톤의 『파이돈』에 전해진다.[18] 하지만 아쉽게도 그들의 작품들은 현재 거의 전해지지 않거나 단편으로만 전해질 뿐이다.

스』 51쪽 참고. 고대의 전거로는 기원후 10세기경 비잔틴의 수다라는 학자에 의해 저술된 것으로 추정되는 『수다(Souda)』의 「파이돈」 항목 참고.

17) 이들 중 견유학파의 시조가 되는 안티스테네스, 메가라학파를 세운 에우클레이데스, 그리고 소크라테스적 대화편을 쓰진 않았으나 그의 제자로서 감각적 쾌락주의학파인 퀴레네학파를 세운 아리스티포스를 묶어 이른바 '소(小)소크라테스학파(minor Socratics)'라고 부른다. 아카데미아학파를 세운 플라톤의 영향력과 구별하여 이들을 따로 묶는 전통은 고대로부터 있었으나 정작 이 명칭은 19세기 독일의 철학자이자 신학자인 에두아르트 젤러(Eduard Zeller)가 자신의 저술 『희랍철학사(Die Philosophie der Griechen)』에서 붙인 명칭이다.(A companion to ancient philosophy, 119쪽, 젤러의 한글번역본 『희랍철학사』(이창대 역) 155쪽 이하 참조) 소소크라테스학파 및 소크라테스의 제자들에 대한 고대의 저술로는 디오게네스 라에르티오스의 『유명한 철학자들의 생애와 사상』 2권 48~144절, 6권 1~19절 참고.

18) 플라톤은 소크라테스의 임종을 지킨 사람들로, 아테네 사람 중에 아폴로도로스, 크리톤과 그의 아들 크리토불로스, 헤르모게네스, 에피게네스, 아이스키네스, 안티스테네스, 크테시포스, 메넥세노스 외 몇 명이 더 있었고, 테베 사람 중에 심미아스, 케베스, 파이돈데스, 메가라 출신 에우클레이데스, 테르프시온이 있었다고 전한다. 여기에 『파이돈』에서 이 이야기를 전달하는 인물인 파이돈을 더하면 대략 20명 전후의 사람들이 그의 임종을 지켰다.(플라톤, 『파이돈』 59b~c 참고) 이 명단에 빠진 인물로 플라톤이 지적하는 인물은 저자인 플라톤 자신과 퀴레네학파의 창시자 아리스티포스이다. 소크라테스의 유명한 아내 크산티페는 감정이 격해 있다고 하여 소크라테스가 사람을 시켜 자신의 아들들과 함께 집으로 보내서 그 자리를 지키지 못했다고 역시 플라톤이 전한다.(같은 책, 60a~b 참고)

그런데 찰스 칸(Charles Kahn)이 자신의 저서 『플라톤과 소크라테스적 대화』에서 밝히고 있듯이 동일한 인물 소크라테스에 대해서 쓴 이들의 글이 내용상 그다지 일치하지 않는다.[19] 또한 실존했던 인물 소크라테스에 대한 그들의 기록은 상이한 부분이 많을 뿐만 아니라 그들이 쓴 대화편들의 대화가 실제로 이루어졌으리라는 보장도 없고, 오히려 상상의 요소가 지배적이라고 한다.[20] 이러한 소크라테스적 대화편들의 특성에서 크세노폰이라고 해서 자유로울 수 없다.[21] 다른 한편 칸은 이들 대화편이 사실로부터 자유롭고 상상의 산물이라고 보는 게 더 맞겠지만, 또한 이들 대화편은 소크라테스의 사후에 쏟아져 나오면서 하나의 장르를 형성했고, 장르물의 특성상 상호 영향을 주고받았다고 한다. 그리고 우리는 특히 현재 가장 잘 남아 있는 소크라테스적 대화편들의 작가인 플라톤과 크세노폰의 작품들에서 그것들을 읽어볼 수가 있을 것이다.

4. 플라톤 vs. 크세노폰

앞에서 말했듯이 크세노폰은 소크라테스의 재판과 사형의 시기에 아테네에 있지 않았다. 그리고 그가 다시 아테네로 돌아왔든 코

---

19) 찰스 칸, 앞의 책, 36~37쪽 참고.
20) 같은 책, 81쪽 이하 참고.
21) 같은 책, 78쪽 이하 참고.

린토스에서 인생의 말년을 보냈든 최소한 그는 30년 이상을 소크라테스 및 그의 제자들과 떨어져 살았기 때문에 소크라테스에 대한 그의 저술들은 소크라테스와 밀접히 지냈고, 그의 사후에도 관계를 유지하며 대화편들을 썼던 사람들의 저술로부터 보충해야만 했다.[22] 『소크라테스의 회상』과 관련해서 찰스 칸은 열 군데 정도에서 플라톤에게 빚진 부분을 제시하고 있는데,[23] 이런 부분들은 이 번역본에서 주석을 통해서 수시로 지적이 될 것이다. 하지만 크세노폰의 저술 몇 군데에서 소크라테스에 대한 플라톤의 언급을 빌려 왔다고 해서 그것이 크세노폰의 소크라테스에 대한 이해나 독창성에 흠집이 될 이유는 없다. 왜냐하면 찰스 칸이 말하듯이 그것들은 대개 피상적인 것들이고, 또한 도리옹(Louis-André Dorion)이 밝히듯이 소크라테스적 대화편들은 엄격한 사료로서 읽을 게 아니라[24] 상상의 산물로서, 상호 텍스트로서 읽어야 하기 때문이다. 크세노폰이 플라톤과 별도로 소크라테스에 대하여 어떠한 독자적인 이해를 가졌는지를 한 예를 통해서 살펴보자.

『소크라테스 회상』 4권 4장에서 크세노폰은 소크라테스가 소피스트인 히피아스와 정의에 관해서 나눈 대화를 전한다. 정의로운 것을 배우러 어디로 가야 할지 사람들이 모른다는 것은 놀랍다는 소크라테스의 말을 들은 히피아스는 늘 같은 소리를 한다고 소크

---

22) 같은 책, 142쪽 이하 참고.
23) 같은 책, 594쪽 이하 참고.
24) 루이-앙드레 도리옹, 『소크라테스』, 37쪽 이하 참고.

라테스를 타박한다. 이에 대해 소크라테스는 "5의 2배는 10인지 묻는 사람에게 이전에 대답했던 것과 똑같은 대답을" 히피아스가 이제 하지 않는지 묻고 앎과 관련해서는 언제나 같은 말을 할 수밖에 없다고 반박하자, 이에 대응해 히피아스는 물론 그런 경우에는 본인도 같은 말을 하지만 정의와 관련해서는 자신이 누구도 반박할 수 없는 이야기를 할 수 있다고 응수한다. 히피아스가 놀라운 것을 알고 있다고 칭송한 소크라테스는 그 이야기를 듣기 전에는 히피아스의 곁을 떠날 수 없겠다고 말하자, 히피아스는 "당신 자신은 누구에게도 설명하기를 원하지 않고 어떤 것에 대해서도 당신의 견해를 밝히기를 원하지 않는 일"을 그만두라고 말한다. 플라톤의 『국가』를 읽은 사람들은 이 부분을 읽으면 『국가』 어디엔가에 이와 비슷한 설왕설래가 있었다는 기억이 어렴풋하게 날 것이다. 『국가』 1권 336b에서 소피스트인 트라쉬마코스는 그때가 소크라테스와 폴레마로코스가 정의에 대해서 나누던 대화를 가로막으며 정의에 대해 서로 논의를 양보하거나 묻기만 하지도 말고 "누가 대답을 제시하면 갈채를 받으려고 그걸 논박하는 짓도 하지 말며"[25] 정의가 이로운 것이라든가, 유익한 것이라든가 하는 "시시껄렁한 소리를" 하지도 말라고 일갈한다. 이에 소크라테스가 자신들은 금 무더기보다 값진 것을 찾고 있기 때문에 나름대로 최선을 다하고 있으

---

25) 이하 『국가』 1권의 이 부분에 관한 요약에 등장하는 번역어는 정암학당에서 『국가』 공동 번역자의 한 사람으로서 『국가』 1권의 번역을 맡고 있는 정준영의 초역에서 가져왔다.

니 "당신같이 유능한 사람은 우리에게 화를 내기보다 동정하는 게" 온당하다고 말한다. 트라시마코스는 이 말을 듣고 냉소를 터뜨리며 "맙소사, 소크라테스 선생은 으레 그렇듯 예의 능청을 떨고 계시군요 … 누가 선생에게 뭘 물으면 대답을 하기보다 능청을 떨면서 무슨 짓이든 할 것"이라고 말한다. 이에 대해 소크라테스는 "어떤 이에게 12가 얼마만큼인가를 물으면서 '이보시오, 12가 6의 두 배라거나 4의 세 배라거나 2의 여섯 배라는 식으로 말하지 않도록 하시오.'"라고 하면 "대답할 사람이 아무도 없을 것"이라고 대꾸한다.

이야기의 순서가 약간 다르고 예도 약간 다르기는 하지만 기본적으로 같은 이야기라고 할 정도로 이 두 이야기는 닮았다. 대화주제가 정의라는 것도 똑같고, 대화상대가 히피아스와 트라쉬마코스로 다르긴 하지만 둘 다 소피스트란 점도 똑같다. 그리고 요약된 부분까지에서 두 소피스트가 똑같이 소크라테스를 자신이 적극적으로 답을 하지 않고 남을 논박할 궁리만 한다고 비판하는 점도 같다. 그런데 특이한 점은 크세노폰의 『소크라테스 회상』 중에 이런 문제, 즉 소크라테스가 묻는 말에 답변을 안 하고 능청을 부리고 논박만 한다는 문제를 제기한 곳은 이곳 말고는 없다. 반면에 플라톤의 작품에는 소크라테스가 이런 문제를 갖고 있다고 제기하는 곳은 많으며 『테아이테토스』 150c4~6에서는 "난 지혜를 낳지 못하네. 그리고 바로 이 점을 두고 이제껏 많은 사람들이 나를 비난했다네."[26]라고 소크라테스가 말한다.

그렇다면 이런 추측을 할 수 있다. 크세노폰은 『소크라테스 회

상』후반부를 쓰면서 플라톤의 『국가』를 봤고, 플라톤의 이런 문제
제기를(실제 소크라테스가 이런 모습을 보였다고 크세노폰이 생각했는지
는 확실하지 않으나, 최소한 소크라테스가 대화 상대자를 논박하는 모습
은 『소크라테스 회상』에 여러 차례 나온다) 그가 일단 수용하지 않았다
는 것이다. 그런데 이 문제제기에 대한 플라톤과 크세노폰의 해법
은 정반대의 방향을 향한다. 플라톤은 좀 전에 요약된 『국가』의 그
장면 이후에 트라쉬마코스가 정의에 대한 자신의 주장을 밝히는
장면을 배치하고, 소크라테스가 트라쉬마코스의 주장을 조목조목
논박하는 장면을 그다음 장면으로 이어 붙인다. 그러나 1권 끝까지
소크라테스는 끝내 논의 주제인 정의에 대한 자신의 입장을 적극
적으로 밝히지 않으며 "처음에는 정의로운 것이 도대체 무엇인지
를 검토하고 있었는데 … 그 문제를 내버려 두고, 그것이 못남이고
무지인지 아니면 지혜이고 탁월함인지를 검토하는 쪽으로 급히 달
려들었던 것 같습니다 … 그 결과 … 내가 알게 된 건 아무것도 없
게 되고 말았습니다."[27]라는 말로 1권의 논의를 끝맺고 만다. 상대
주장에 대한 논박을 통해 논의의 깊이를 확보하고 주제에 대한 이
해도를 심화시키지만 여전히 무지자의 입장을 고수하는 것이다.

　반면에 크세노폰은 "질문을 하고 논박을 하며 남들을 조롱하면
서도 당신 자신은 누구에게도 설명하기를 원하지 않고 어떤 것에

---

26) 플라톤, 『테아이테토스』, 88쪽.
27) 앞의 정준영의 초고 354a~b에서 발췌 인용.

대해서도 당신의 견해를 밝히기를 원하지 않는 일은 이제 그만 됐다."[28]라고 말하는 히피아스에게 자신은 정의로운 것들을 끊임없이 밝혀왔고, 말이 아니면 행동으로 밝혀왔다고 말하면서 자신이 행동으로 정의로운 것들을 밝혀왔다고 주장하는 근거를 제시한다. 그리고 여기에 그치지 않고 소크라테스는 다시 "법을 지키는 것과 정의로운 것이 정의롭다고 주장"한다. 이어서 '법을 지키는 것(to nomimon)'이 무엇인지에 대한 긴 이야기가 25절까지 이어진다. 이렇게 플라톤과 크세노폰의 이야기를 대조시키고 보면 크세노폰은 플라톤의 문제제기를 의미 있게 받아들이면서도 플라톤이 제시한 복잡하고 심층적인 해석과는 달리 소크라테스의 모습과 사상을 훨씬 담백하게 그려냈다고 볼 수 있다.

크세노폰은 소크라테스를 그리스의 전통적인 현자로 이해하는 입장에서 그를 변호하는 글들을 썼다. 철학자라기보다는 역사 저술가이며 군인에 더 가까웠던 크세노폰의 성품과 가치관은 소크라테스의 사상을 전통의 맥락에서 이해했던 것으로 보인다. 그는 우선 소크라테스의 기소장 항목을 열거하면서 그러한 비난이 잘못된 것임을 『소크라테스 회상』에서 밝히고 있다. 첫째, 그는 소크라테스가 집이나 공공 제사에서 신에 대한 전통적인 경배 의례를 잘 지켰으며, 아테네의 관행인 점복에 대해서도 믿음을 갖고 있었다고 증언하면서, 새로운 영적인 것이라는 다이모니온에 대해서도 그것

---

28) 『소크라테스 회상』 4권 4장 10절.

이 기존의 여러 점복 형태와 같은 종류의 것임을 주장한다. 이어지
는 나머지 장에서는 그가 젊은이를 망쳤다는 죄목에 관하여 그것
이 그렇지 않음을 여러 방향으로 나누어서 역설한다. 그는 소크라
테스가 극기와 겸손의 인물로서, 그가 타락시켰다고 사람들이 믿
는 젊은이들은 소크라테스의 말솜씨를 배우려고 그에게 접근했으
나 소크라테스가 그들을 제어했으며, 오히려 그의 곁을 떠남으로
써 타락하게 되었다고 주장한다. 그러나 이 같은 방식의 소크라테
스 변호는 기본적으로 아테네의 기존 가치관을 긍정하는 데서 출
발한다. 우선 당시 아테네의 종교적 가치관에 비추어 소크라테스
의 행실을 볼 때 소크라테스가 전혀 불경하지 않았다고 그는 주장
한다. 또한 소크라테스를 따르던 젊은이들의 타락은 그의 가르침
때문이 아니라 그들의 잘못된 정치적 야욕 때문이었다고 밝힌다.
이러한 크세노폰의 전략은 소크라테스가 아테네와 그 시민들에게
갖고 있었던 비판과 대립의 정신을 약화시키고 그의 주변의 정치
적 인물들 때문에 그가 희생되었다는 통설을 성립하게 했다.[29] 이

---

29) 소크라테스의 고발에 정치적 의도가 있었다는 발상은 크세노폰 이전에 이미
있었다. 아테네의 연설가인 이소크라테스는 기원전 390년경에 저술된 것으로
추정되는 그의 연설문 『부시리스』 4~6절에서 폴뤼크라테스라고 하는 연설가
또는 소피스트를 비판하면서 그가 썼다고 하는 소크라테스에 대한 고발연설문
을 거론한다. 여기서 그는 소크라테스를 고발하면서 알키비아데스를 끌어들이
는 전략은 수사학적으로 좋지 못하다는 점을 지적했을 뿐, 그에 대한 구체적인
내용은 거론하지 않는데, 크세노폰이 그의 책 『소크라테스 회상』 1권 2장 12절
에서 "그렇더라도 소크라테스의 제자가 된 크리티아스와 알키비아데스 두 사

것은 그리스인과 그 문화에 대한 서양인들의 일정한 선입견에 부응했기 때문에 인기를 끄는 관점이 되었다. 그리스를 서양의 합리적 문화의 토대라고 보았던 서양인들 사이에서는 희랍인들이 종교적 미신으로부터 자유롭고 종교에 관대했다는 통념이 있었기 때문에 소크라테스 죽음의 주된 원인을 정치적인 것이라 보는 해석이 20세기 초까지 주류를 이루었다.[30]

소크라테스의 플라톤 해석은 크세노폰의 해석과 상당히 차이가 난다. 그런데 앞의 3절에서도 간략히 이야기했듯이 이런 차이는 단지 이 두 사람 사이에만 있는 것이 아니라 소크라테스의 다른 제자들의 해석도 각기 다르다. 같은 소크라테스의 제자이면서 안티스테네스는 소크라테스로부터 극기와 금욕의 사상을 읽었으며 아리스티포스는 정반대로 소크라테스에게서 쾌락주의의 정신을 받아들였다. 반면에 메가라학파의 시조가 된 에우클레이데스는 아테네

람은 나라에 너무도 많은 나쁜 짓을 했습니다. 크리티아스는 과두정에 가담한 사람들 중에서 누구보다도 탐욕스럽고 폭력적이며 살육을 일삼는 사람이 되었는가 하면, 알키비아데스는 민주정에 참여한 사람들 중에서 누구보다도 무절제하고 오만한 사람이 되었으니까요."라고 그 내용을 밝힌다.

30) 서양의 계몽주의자들이 합리주의자로서 소크라테스를 이해하고 그의 기소를 정치적인 것으로 본 전통에 대해서는 트랩(Trapp, 2007), 3쪽 참고. 관련 내용의 우리말 자료는 테일러, 앞의 책, 147쪽 이하 참고. 이 전통의 확립이 헤겔의 『철학사 강의』에서 비롯되며, 헤겔이 플라톤보다는 크세노폰의 보고에 의거해서 소크라테스 해석의 틀을 잡게 된 것은 당대의 철학사가 브루커(J.J. Brucker)가 내린 크세노폰에 대한 평가에 영향을 받았기 때문이라는 설에 대해서는 덥스(Homer H. Dubs, 1297), 287쪽 참고.

의 유명 인사들과 소크라테스가 주고받았던 논쟁에서 극단적인 논리적 정신을 배웠다.[31] 교부철학자 아우구스티누스가 자신의 책 『신국론』에서 말했듯이, 이건 정말 이례적인 일이다.[32] 이런 해석의 다양함은 물론 각 제자들이 자신의 입장에서 소크라테스의 말과 행동을 해석했기 때문이겠지만, 이런 다양한 해석이 가능한 것은 또한 소크라테스라는 인물이 가진 사상과 삶의 폭이 그만큼 넓고 깊었다는 방증이기도 할 것이다. 큰 산일수록 각자가 서 있는 위치에서 보이는 풍경이 사뭇 다르듯이 소크라테스라는 위대한 인물은 플라톤부터 헬레니즘기의 학파에까지 이르는 다양한 사유의 원천이 되어준 것이다.

특히 크세노폰의 『소크라테스 회상』은 디오게네스 라에르티오스의 『유명한 철학자들의 생애와 사상』 7권에 소개된 일화를 통해 잘 나타나듯이 스토아학파의 현자 상에 지극한 영향을 미쳤다.[33] 그리고 도리옹의 연구에 잘 나타나듯이 크세노폰은 플라톤과는 또 다른 의미에서 소크라테스의 사상에 대한 독창적 해석을 갖고 있었고,[34] 그의 그러한 해석은 소크라테스의 사상을 이해하는 데 또 하나의 중요한 열쇠를 제공한다.

---

31) 소소크라테스학파들의 다양한 소크라테스 해석에 대한 자세한 설명은 테일러, 앞의 책, 131쪽 이하 참고.
32) 아우구스티누스, 『신국론』 8권 3절 참고.
33) 디오게네스 라에르티오스, 앞의 책, 7권 2~4절 참고.
34) 도리옹, 앞의 책, 5장 참고.

6. 『소크라테스 회상』의
   구조와 주요 주제들 및 대화 상대자

크세노폰의 『소크라테스 회상』은 플라톤의 대화편들처럼 대화의 형식을 가지고 있지만, 플라톤이 한 번에 이루어진 대화를 한 작품 안에 담은 반면에 크세노폰은 여러 사람들과 여러 차례 나눈 대화들을 대화 주제별로 나눠서 담았다. 또한 대화 형태가 아니라 작가인 크세노폰이 직접 논의를 전하거나 대화의 도입부에서 대화를 소개하거나 말미에 대화를 정리하는 등 여러 형태로 크세노폰이 대화 바깥에서 개입하는 경우가 많다. 다른 한편 하나의 주제 또는 실마리를 가지고 윤리학, 정치철학, 존재론과 형이상학적 논의들을 뽑아내고 연결지으면서도 좀처럼 속시원한 답을 주지 않고 독자의 사고를 쉼 없이 자극하는 플라톤의 저술 형태와는 달리, 크세노폰은 매번 논의를 매듭짓고 명료한 답을 내게 한다. 크세노폰은 "그의 글이 표현이 감미로웠기에 아티카의 무사(mousa) 여신"[35]으로 불렸다고 한다. 그런 크세노폰이 논의 주제들과 얽혀내 대화의 분위기를 온화하게 하는 소크라테스의 은근한 농담들 가운데 가정 경영, 성적 쾌락, 건강, 덕의 연마와 정치 참여, 신에 대한 경건과 인간의 한계에 대한 겸손 등에 대해 소크라테스가 내놓는 삶의 교훈은 마치 『채근담(菜根譚)』처럼 『소크라테스 회상』을 늘 곁에 두고

---

35) 디오게네스 라에르티오스, 앞의 책, 2권 57절.

심사가 복잡할 때 읽어보고 싶어지게 한다. 이런 이유로 여기서는 『소크라테스 회상』의 전체 구조와 논의주제들, 대화 상대자들을 개관할 수 있는 개요를 제공하고자 한다.

※ 일러두기
• 개요 첫 줄의 괄호 안에는 소크라테스와 그의 대화 상대자들을 밝히고, 크세노폰이 대화 소개 이상의 이야기를 직접 할 때, 크세노폰의 이름을 넣었다.
• 이름이 나오는 대화자에 대한 설명은 개요 끝에 간단히 달았다.
• 각 개요 둘째 줄에는 해당 부분 전체 논의를 문장 형태로 달았다.
• 해당 부분의 주제가 여럿일 때는 셋째 줄에 괄호로 표시하여 넣었다.

■ 1권 1장(크세노폰)
  : 고발장에 나온 것과 달리 소크라테스 선생님은 경건하였다.
■ 1권 2장(크세노폰; 크세노폰 – 익명의 고발자)
  : 고발장에 나온 것과 달리 소크라테스 선생님은 젊은이들을 망치지 않았다.
■ 1권 3장(크세노폰; 소크라테스 – 크리토불로스, 크세노폰)
  : 소크라테스 선생님은 행동과 대화로 함께하는 사람들을 이롭게 하였다.
  (신들과 선조에 대한 제사방식, 검소한 식사, 성적 절제)

■ 1권 4장(크세노폰; 소크라테스 - 아리스토데모스)

: 소크라테스 선생님은 덕을 권하고 덕으로 이끄셨다.

(경건, 신의 예지, 인간에 대한 신의 배려, 신에 대한 경배)

■ 1권 5장~6장(소크라테스 - 익명의 다수; 소크라테스 - 안티폰)

: 소크라테스 선생님은 사람들을 자제로 이끄셨다.

(자제, 행복과 사치와 낭비는 반대, 지혜와 돈과 친구, 정치와 교육)

■ 1권 7장(소크라테스 - 익명의 대화자)

: 소크라테스 선생님은 거짓행세하는 사람을 실제로 훌륭해지도
록 이끄셨다.

■ 2권 1장(소크라테스 - 아리스티포스)

: 소크라테스 선생님은 자제의 연마를 권유하셨다.

(다스리는 자의 자제력, 다스리지도 다스림을 받지도 않는 자의 자유와
행복, 자발적인 고역의 즐거움, 헤라클레스의 선택)

■ 2권 2장(소크라테스 - 람프로클레스)

: 소크라테스 선생님은 아들에게 어머니에게 공손할 것을 가르
쳤다.

(불쾌한 사람과 불의한 사람, 은혜와 감사와 친구)

■ 2권 3장(소크라테스 - 카이레크라테스)

: 소크라테스 선생님은 형제간의 우애를 가르쳤다.

(재물보다 형제, 형제간에 먼저 베풂의 중요성, 형제는 양손과 같다)

■ 2권 4장(소크라테스 - 익명의 대화자)

: 소크라테스 선생님은 친구들을 갖는 유용함에 대해 가르치셨다.

■ 2권 5장(소크라테스 – 안티스테네스)

: 소크라테스 선생님은 자신이 친구들에게 얼마나 가치 있는 친구인지를 검토하라고 가르치셨다.

■ 2권 6장(소크라테스 – 크리토불로스)

: 소크라테스 선생님은 친구를 갖는 것의 값어치를 산정해 보라고 하셨다.

(피해야 할 친구들, 사귀어야 할 친구들, 친구를 사귀는 법, 아름답고 훌륭한 사람들의 결속)

■ 2권 7~9장(소크라테스 – 아리스타르코스; 소크라테스 – 에우테로스; 소크라테스 – 크리톤; 소크라테스 – 디오도로스)

: 소크라테스 선생님은 친구들의 어려움이 무지로 인한 것이면 자신의 식견으로, 결핍으로 인한 것이면 친구들끼리 도와야 한다고 함으로써 해결해 주려 하셨다.

(체면과 게으름, 수호자의 몫, 친구의 은혜와 보답)

■ 3권 1~7장(소크라테스 – 어떤 젊은이; 소크라테스 – 어떤 장군 당선자; 소크라테스 – 어떤 기병대장 당선자; 소크라테스 – 니코마키데스; 소크라테스 – 페리클레스; 소크라테스 – 글라우콘; 소크라테스 – 카르미데스)

: 소크라테스 선생님은 멋진 것을 열망하는 사람들이 자신들이 열망하는 것을 돌보도록 함으로써 그들을 이롭게 하셨다.

(지도자의 할 일과 앎, 지도자의 기술과 안목, 자기 자신에 대한 지도자

의 앎)

■ 3권 8장(소크라테스 - 아리스티포스)

: 소크라테스 선생님은 논박당하는 것을 피하기 위해 대화하지 않고 마땅한 말을 하기 위해 대화를 하셨다.

(좋은 것은 어떤 것에 좋은 것, 아름다운 것과 좋은 것은 같은 것)

■ 3권 9장(소크라테스 - 익명의 대화자)

: 소크라테스 선생님은 용기는 배움과 연습으로 성장한다고 말씀하셨다.

(용기는 타고나는지 가르쳐지는지, 지혜와 절제는 같은 것, 모든 덕은 지혜, 자기 자신을 모르는 것은 광기에 가까운 것, 질투, 여가, 아는 자가 다스리는 자, 사람의 과업은 잘 행하는 것)

■ 3권 10장(소크라테스 - 파라시오스; 소크라테스 - 클레이톤; 피스티아스)

: 소크라테스 선생님은 전문가의 영역에도 도움을 주셨다.

(화가는 모습과 표정으로 영혼을 모방한다, 조각가는 작품을 영혼의 모습에 흡사하게 만들어야 한다, 균형은 각자에게 맞는 것)

■ 3권 11장(소크라테스 - 테오도테)

: 소크라테스 선생님이 기녀 테오도테를 만나 사랑의 기술을 이야기하다.

■ 3권 12장(소크라테스 - 에피게네스)

: 신체단련은 전쟁과 일상의 삶 모두에 유익하다.

■ 3권 13장(소크라테스 - 익명의 여러 대화자)

: 소크라테스 선생님이 여러 근심거리에 답하다.

(인사예절, 입맛, 수온, 나쁜 하인, 먼 길, 여독)

■ 3권 14장(소크라테스 – 식사 모임의 여러 사람)

: 소크라테스 선생님이 식탁 있는 사람들을 가르치다.

■ 4권 1장(크세노폰)

: 소크라테스 선생님은 아름다운 몸을 타고난 사람이 아니라 천성을 타고난 사람을 사랑하고 가르치셨다.

■ 4권 2장(소크라테스 – 에우튀데모스)

: 소크라테스 선생님은 최고의 교육을 받고 자신의 지혜에 자부심이 있는 사람들을 논박을 통해 그들의 무지를 밝혀 가르쳤다.

(자부심에 따른 무지, 덕에 대한 열망, 정의와 부정의에 대한 무지, 자기 자신에 대한 무지, 좋음에 대한 무지)

■ 4권 3장(소크라테스 – 에우튀데모스)

: 소크라테스 선생님은 현실적인 능력 이전에 현명함이 있어야한다고 가르치셨다.

(신들의 인간애, 보이지 않는 신, 인간의 영혼)

■ 4권 4장(크세노폰; 소크라테스 – 히피아스)

: 소크라테스 선생님은 정의로운 것을 말과 행동으로 가르치셨다.

(논박만 하는 소크라테스, 법을 지키는 것이 정의)

■ 4권 5장(소크라테스 – 에우튀데모스)

: 소크라테스는 아름다운 일을 하기 위해서는 자제력을 길러야한다고 권면하셨다.

(자유와 자제력 없음, 대화는 분류와 의논)

■ 4권 6장(소크라테스 – 에우튀데모스; 소크라테스 – 익명의 대화자)

  : 소크라테스 선생님은 있는 것들 각각이 무엇인지를 설명할 수
  있어야 한다고 말씀하셨다.

  (경건, 적법한 것과 정의로운 것, 지혜, 좋은 것, 아름다운 것, 용기, 정
  치체제, 대화의 전제)

■ 4권 7장(크세노폰)

  : 소크라테스 선생님은 적절한 배움에 머물러 삶을 낭비하거나
  인간의 한계를 넘는 앎을 추구하지 말라고 가르치셨다.

■ 4권 8장(크세노폰; 소크라테스 – 헤르모게네스)

  : 소크라테스 선생님은 가장 아름답게 죽음을 맞이하셨다.

〈대화의 등장인물 소개〉

* 크리토불로스: 소크라테스의 오랜 친구 크리톤의 맏아들.

* 안티폰: 소크라테스보다 10살가량 연상의 연설가 또는 소피스트.

* 아리스티포스: 소크라테스의 제자로서 쾌락주의학파인 퀴레네학
  파를 세운 인물.

* 람프로클레스: 소크라테스의 맏아들.

* 카이레크라테스: 소크라테스의 친구인 카이레폰의 형제.

* 안티스테네스: 소크라테스의 제자로서 견유학파의 시조.

* 아리스타르코스: 달리 알려진 바가 없는 인물.

* 에우테로스: 소크라테스의 옛 친구라고 하나 달리 알려진 바는 없

는 인물.

* 크리톤: 소크라테스의 오랜 친구.

* 디오도로스: 소크라테스의 동료라고 하나 달리 알려진 바는 없는
  인물.

* 니코마키데스: 달리 알려진 바가 없는 인물.

* 페리클레스: 아테네의 정치가 페리클레스의 아들로 장군직을 지
  낸 인물.

* 글라우콘: 플라톤의 형제.

* 파라시오스: 에페소스 출신으로 아테네에서 활동한 화가.

* 클레이톤: 조각가라고 하나 달리 알려진 바는 없는 인물.

* 피스티아스: 흉갑 만드는 사람이라고 하나 달리 알려진 바는 없는
  인물.

* 테오도테: 아테네의 기녀(hetaira).

* 에피게네스: 소크라테스의 임종을 지킨 소크라테스의 제자.

* 에우튀데모스: 미모 때문에 크세노폰과 플라톤의 책에 여러 차례
  언급된 인물.

참고문헌

텍스트, 번역 및 주석들

Bandini, Michele & Dorion, Louis-André, *Mémorables tome I–IV*, *Collection des universités de Frace. Série grecque*, Paris: Les Belles lettres 2003–2011.

Marchant, E.C. *Xenophontis opera omnia*, tomus II: *Commentarii, Oeconomicus, Convivium, Apologia Socratis* [1901], [texte]. Oxford.

Robbins, R.D.C., *Xenophon's Memorablia of Socrates with notes*, New York: D.Appleton and Company, 1867.

Sansone, David, 'Xenophon and Prodicus' choice of Heracles', *The Classical Quarterly* vol. 65, pp. 371~377, 2015.

Mensch, Pamela(trans), *Lives of the eminent Philosophers*, Miller, J.(ed), Oxford UP, 2018.

Xenophon, *Memorablilia*, Amy L.Bonnette trans. Cornell UP, 1994.

Xenophon, *Conversations of Socrates*, R. Waterfield trans. Penguin books, 1990.

크세노폰, 『소크라테스 회상록』 중 『소크라테스 회상록』, 천병희 옮김, 숲,

2018.

_____,『소크라테스 회상록 · 소크라테스의 변론』, 오유석 옮김, 부북스, 2018.

기타 문헌들

Barber, E.J., *Prehistoric Textiles: The Development of Cloth in the Neolithic and Bronze Ages with Special Reference to the Aegean*, Princeton UP, 1991.

Diels, H. & Kranz, W., *Die Fragmente der Vorsokratiker*, griechisch und deutsch von H. Diels. Sechste Auflage von W. Kranz, I-III, Berlin, 1951-1952.

Dubs, H.H., 'The Socratic problem', *Philosophical Review* vol. 36, no. 4, 1927.

Flower, Michael A.(ed), *The Cambridge Companion to Xenophon*, Cambridge UP, 2016.

Fussel, G.F., *The classical tradition in West European farming*, Fairleigh Dickinson UP, 1972.

Gill, Mary Louise & Pellegrin Pierre(ed.), *A Companion to Ancient Philosophy*, Wiley-Blackwell, 2009.

Isocrates, *Isocrates* vol. III, La Rue Van Hook trans.(Loeb Classical Library), Harvard UP.

Liddell, H.G., Scott, R., Jones, H.S. *A Greek-English Lexicon with a revised supplement* 9th ed., Oxford UP, 1961. [LSJ].

Philips, David, D., *The Law of Ancient Athens*, Michigan UP, 2013.

Pontier, P., 'Place et fonction du discours dans l'oeuvre de Xénophon', *Revue des Etudes Anciennes*(103) p. 395~408, 2001.

Powell, A & Richer, N.(ed), *Xenophon and Spara*, The Classical Press of Wales, 2020.

John William Humphrey, John Peter Oleson, Andrew Neil Sherwood, *Greek and Roman Technology*, Routledge, 2019.

Trapp, M.(ed), *Socrates in the Nineteenth and Twentieth Centuries*, Routledge, 2007.

Viano, C., 'La cosmologie de Socrate dans les *Mémorables* de Xénophon', *Socrate et les Socratiques*(ed. by G. Romeyer-Dherbey & J.B.Gourinat) 97~119: Paris, Vrin, 2001

도리옹, 루이-앙드레, 『소크라테스』, 김유석 옮김, 이학사, 2009.

도즈, 에릭 R., 『그리스인들과 비이성적인 것』, 주은영·양호영 옮김, 2002.

디오게네스 라에르티오스, 『유명한 철학자들의 생애와 사상』, 김주일 외 옮김, 나남, 2021.

아더 훼릴, 『전쟁의 기원』, 이춘근 옮김, 인간사랑, 1990.

아리스토텔레스, 『고대 그리스 정치사 사료』, 최자영·최혜영 옮김, 신서원, 2002.

아리스토파네스, 『아리스토파네스 희극 전집』 I, II, 천병희 옮김, 숲, 2010.

아폴로도로스, 『신화집』, 강대진 옮김, 민음사, 2005.

에우리피데스, 『에우리피데스 비극전집』 I·II, 천병희 옮김, 2009.

존 워리, 『서양 고대 전쟁사 박물관』, 임웅 옮김, 르네상스, 2001.

칸, 찰스, 『플라톤과 소크라테스적 대화』, 박규철 외 옮김, 세창출판사, 2015.

콜라이아코, 제임스 A., 『소크라테스의 재판』, 김승옥 옮김, 작가정신, 2005.

크세노폰, 『소크라테스 회상록』 중 『소크라테스의 변론』, 천병희 옮김, 2018.

_____, 『고대 그리스 정치사 사료』 중 『아테네 정치제도』, 최자영·최혜영 옮김, 신서원, 2002.

_____, 『페르시아 원정기(아나바시스)』, 천병희 옮김, 숲, 2011.

_____, 『소크라테스 회상록』 중 『향연』, 천병희 옮김, 숲, 2011.

_____, 『키루스의 교육』, 이동수 옮김, 한길사, 2015.

_____, 『헬레니카』, 최자영 옮김, 아카넷, 2012.

_____, 『키루스의 교육』 중 『히에론』, 이동수 옮김, 한길사, 2015.

탈레스 외, 『소크라테스 이전 철학자들의 단편 선집』, 김인곤 외 옮김, 아카넷, 2013.

테일러, C.C.W., 『소크라테스』, 문창옥 옮김, 시공사, 2001.

투퀴디데스, 『펠로폰네소스 전쟁사』, 천병희 옮김, 숲, 2011.

플라톤, 『국가』, 박종현 옮김, 서광사, 2005.

_____, 『라케스』, 한경자 옮김, 아카넷, 2020.

_____, 『메논』, 이상인 옮김, 2019.

_____, 『법률』, 김남두 외 옮김, 나남, 2018.

_____, 『소크라테스의 변명』, 강철웅 옮김, 아카넷, 2020.

_____, 『알키비아데스 I · II』, 김주일 · 정준영 옮김, 아카넷, 2020.

_____, 『에우튀데모스』, 김주일 옮김, 2019.

_____, 『에우튀프론』, 강성훈 옮김, 이제이북스, 2018.

_____, 『파이돈』, 전헌상 옮김, 아카넷, 2020.

_____, 『파이드로스』, 김주일 옮김, 아카넷, 2020.

_____, 『프로타고라스』, 강성훈 옮김, 아카넷, 2021.

_____, 『테아이테토스』, 정준영 옮김, 이제이북스, 2013.

_____, 『향연』, 강철웅 옮김, 아카넷, 2020.

_____, 『히피아스 1, 2』, 천병희 옮김, 숲, 2019.

플루타르코스, 『플루타르크 영웅전』, 김병철 옮김, 범우사, 2002.

피에르 그리말, 『그리스-로마 신화사전』, 최애리 옮김, 열린책들, 2003.

헤시오도스, 『신들의 계보』, 천병희 옮김, 숲, 2009.

호메로스, 『일리아스』, 천병희 옮김, 숲, 2015.

_____, 『오뒷세이아』, 천병희 역, 숲, 2015.

찾아보기

일러두기

1. 해당 용어의 위치는 본문의 권, 절, 장의 순서로 표시하였다.

2. 그리스 원문 표시는 정암학당의 '플라톤 전집' 표기방식을 따랐으며, 이오타 시즘을 따르지 않고 그리스 글자 윕실론(Y, υ)을 우리말 '위'로 읽고 로마자 Y(y)로 표기하였다. 다만 '피타고라스'처럼 널리 굳어진 말은 예외로 하였다.

3. 일반용어의 경우에 해당 용어의 모든 위치를 표시하지는 않고 중요 위치만 표시했으며, 해당 위치에 용어에 관한 주석이 달린 경우에는 (*)로 표시하였다. 고유명사는 모든 위치를 표시하였고, 관련 주석이 있는 경우 (*)로 표시하였다.

4. 고유명사 색인에서 동명이인의 경우에 한해서 괄호에 식별정보를 넣었다.

5. 동일한 원어에 대해 다른 번역이 된 경우, 번역어의 어근이 같으면, 번역어가 어근에 첨가될 경우에는 괄호 '( )'를 넣어 같은 항목에 넣었고, 어근 자체는 같으나 단어 순서가 약간 달라지는 경우에는 '/ '로 병기했으며, 어근이 다른 경우에는 별도의 항목으로 다루되 대표항목을 지시하는 손가락 표시를 했다.

6. 인명과 지명에는 형용사로 붙은 경우도 포함시켰다.

7. 책의 특성상 소크라테스는 인명에서 제외하였다.

8. 해당 용어나 인물이 어떤 대화의 중심 주제이거나 주요 대화 상대자인 경우, 그 용어나 이름이 나오지 않은 곳까지 포함해서 관련 범위를 표시하였다.

인명, 지명

ㄱ

글라우콘(플라톤의 형제) Glaukōn
　3.6.1*~18
글라우콘(플라톤의 외할아버지)
　Glaukōn 3.6.1*

ㄴ

나우시퀴데스 Nausikydēs 2.7.6*
니코마키데스 Nikomachidēs
　3.4.1*~12
니키아스 Nikias 2.5.2*

ㄷ

다이달로스 Daidalos 4.2.33*
데메아스 Dēmeas 2.7.6
델리아 제전 Dēlia 4.8.2*
델리온 Dēlion 3.5.4*
델로스 Dēlos 3.3.12,* 4.8.2
델포이 Delphoi 4.2.24,* 4.3.16
디오뉘소도로스 Dionysodōros
　3.1.1*
디오도로스 Diodōros 2.10.1*~6

ㄹ

라케다이몬 사람들 Lakedaimōnioi
　1.2.61,* 3.5.4, 3.5.15, 3.9.2,
　4.4.15

람프로클레스 Lamproklēs 2.2.1*
레바데이아 Lebadeia 3.5.4*
뤼디아인 Lydoi 2.1.10
뤼쿠르고스 Lykourgos 4.4.15*
리뷔아 Libya 2.1.10*
리뷔아 사람 Libyes 2.1.10
리카스 Likas 1.2.61

ㅁ

마이오티스 사람 Maiōtai 2.1.10*
마케도니아 Makedonia 3.5.11
메논 Menōn 2.7.6
멜레토스 Melētos 4.4.4,* 4.8.4
멜라니피데스 Melanippidēs 1.4.3
뮈시아 사람들 Mysoi 3.5.26*

ㅂ

보이오티아 Boiōtia 3.5.4, 3.5.25
보이오티아 사람들 Boiōtoi 3.5.2*~
　4

ㅅ

세이렌 Seirēn 2.6.11,* 2.6.31
소포클레스 Sophoklēs 1.4.3
소피스트 Sōphistēs 1.1.11,* 1.6.13,
　4.2.1
쉬리아 사람 Syroi 2.1.10*
스퀴티아 사람 Skythai 2.1.10,*
　3.9.2

김주일

성균관대학교에서 플라톤의 철학에 미친 파르메니데스의 영향에 관한 주제로 박사학위를 했다. 현재 성균관대학교와 군산대학교에서 그리스로마 신화와 글쓰기 등을 강의하며, 그리스─로마 고전을 연구하고 번역하는 정암학당의 연구원으로서 고대 그리스철학 원전들을 연구─번역하고 있다. 단독 저술로는 『소크라테스는 악법도 법이라고 말하지 않았다. 그럼 누가?』, 공저로는 『서양고대철학 1』, 『문명이 낳은 철학, 철학을 바꾼 역사』, 『플라톤의 그리스 문화 읽기』, 『고전의 고전』이 있으며, 단독 번역으로는 플라톤의 『에우튀데모스』, 『파이드로스』, 공역으로는 『아빠와 함께 떠나는 철학여행』, 『소크라테스 이전 철학자들의 단편선집』, 플라톤의 『편지들』, 『알키비아데스 I, II』, 『법률』, 디오게네스 라에르티오스의 『유명한 철학자들의 생애와 사상』이 있다.

소크라테스 회상

대우고전총서 055

1판 1쇄 찍음 | 2021년 12월 10일
1판 1쇄 펴냄 | 2021년 12월 24일

지은이 | 크세노폰
옮긴이 | 김주일
펴낸이 | 김정호

책임편집 | 이하심
디자인 | 이대응

펴낸곳 | 아카넷
출판등록 2000년 1월 24일(제406─2000─000012호)
10881 경기도 파주시 회동길 445─3
전화 031─955─9510(편집) · 031─955─9514(주문) | 팩스 031─955─9519
www.acanet.co.kr

ⓒ 김주일, 2021

Printed in Paju, Korea

ISBN 978─89─5733─765─3 94160
ISBN 978─89─89103─56─1 (세트)

이 책은 대우재단의 지원을 받아 연구 및 출간되었습니다.